Ludwig Bechstein

Thüringer Sagenbuch

– Gesamtausgabe –

Band 1

AF287071

*Nach dem Bechstein–Original
von 1858 in zwei Bänden*

Verlag Rockstuhl

Impressum

Umschlaggestaltung: Harald Rockstuhl, Bad Langensalza

Titelbild: Foto auf dem Titel: „Heimkehr vom Felde" – um 1890, von Wilhelm Dressen, Meiningen. Original Sammlung Harald Rockstuhl

Der 2. Band vom Thüringer Sagenbuch 1858 von Ludwig Bechstein hat die ISBN 978-3-936030-08-2

Bisherige Auflagen:
Neu gesetzt - unverändert nach dem Original: „Thüringer Sagenbuch. Von Ludwig Bechstein. Coburg. Georg Sendelbach. 1858."
1. Reprintauflage 2002 / 2. in 2004 / 3. in 2008 und die 4. im Jahr 2014

5. Reprintauflage 2020
ISBN 978-3-936030-07-5

Innenlayout: Harald Rockstuhl, Bad Langensalza

Druck und Bindearbeit: Digital Print Group Oliver Schimek GmbH, Nürnberg/Mittelfranken

Gedruckt auf alterungsbeständigem Papier nach ISO 9706

Die Deutsche Nationalbibliothek verzeichnet diese Publikation in der Deutschen Nationalbibliografie. Detaillierte bibliografische Daten sind im Internet über *http://dnb.d-nb.de* abrufbar.

 **Verlag Rockstuhl**
www.verlag-rockstuhl.de

Inhaber: Harald Rockstuhl
Mitglied des Börsenvereins des Deutschen Buchhandels e.V.
Lange Brüdergasse 12 in D-99947 Bad Langensalza/Thüringen
Telefon: 03603 / 81 22 46   Telefax: 03603 / 81 22 47
www.verlag-rockstuhl.de

Inhaltsverzeichnis - Band 1

(Inhaltsverzeichnis Band 2 - siehe hier im Anhang)

1. Frau Holle in Eisfeld	8
2. Riesen um Eisfeld	9
3. Von Zwergen und Zinselmännchen	10
4. Irmen und Irmina	11
5. Der Mönch auf dem Schloßthurme zu Eisfeld	12
6. Der wandelnde Mönch zu Coburg	13
7. Coburgs Name und Wappen	14
8. Allerlei Zauber	15
9. Das Nönnelein	16
10. Der Pöpelsträger im Bausenberg	17
11. Die Stadt im Lautergrunde	18
12. Träumersdorf	18
13. Der Stelzener Heilbrunnen	19
14. Helidenburg	19
15. Weitersroder Schätze	20
16. Das Kirchhofkreuz	21
17. Geisterkämpfe	22
18. Schäfer- und Hasengespenst	23
19. Der Mönch in Ketten, und die nächtliche Wehklage	24
20. Mehl-Eiche	24
21. Kapelle Ehrenberg	25
22. Seelweckchen	25
23. Wassergeist Hackelmärz	26
24. Veßra und Trostatt	27
25. Der Mönchsstein	27
26. Die Jungfrau mit dem Zopf	28
27. Die Cameels-Kammer und der Cameelsbrunnen	29
28. Die verschwundene Burg	30
29. Teufelsstein	30
30. Seher und Gesichte	31
31. Der eingefallene Berg und das Dörfles	32
32. Die Gipsgrube	33
33. Die Trompeters-Eiche	33
34. Themars Kriegsschrecken	34
35. Hennebergische Neckelust	35
36. Osterburg und Nadelöhr	36
37. Das unsichtbare Dorf	37
38. Zigeuner im Lande Henneberg	38
39. Die weiße Jungfrau mit dem Schwerte in der Brust	38
40. Vom Grimmenthal	39
41. Sagenhaftes von Rohr	40
42. Frau Holle und der treue Eckart	41
43. Das wilde Heer im Werrathale	42
44. Wichtlein im mittlern Werrathale	43
45. Das Mädchen von Schwarza	44
46. Das Vögelein	45
47. Das verwünschte Dorf	45
48. Das ewige Licht in der Lorenze	46

49. Der grünende Pfahl 47
50. Vom Berge Dolmar 48
51. Metzels 49
52. Wasungens Alter und Sonstiges 49
53. Die ungetreue Brücke 51
54. Breitunger Kloster-Sagen 52
55. Winkender Feuermann 52
56. Der Glittstein 53
57. Der begrabene Däumling 53
58. Die Sibylle 54
59. Seejungfrauen 55
60. Rothe Sechse 57
61. Sagen vom Schlosse Krainberg 57
62. Abt giebt Namen 58
63. Wie zu Berka die Werra ausblieb 59
64. Die drei Auflagen 59
65. Das Lindigsfrauchen in Gerstungen 60
66. Vom Bilstein 61
67. Farrnsamen 62
68. Storchengericht 62
69. Der Sprung vom Hellerstein 63
70. Wichtlein im untern Werrathale 64
71. Der Wichtlein Ueberfahrt 64
72. Der Elbel 65
73. Vom Hörseelenberge 67
74. Frau Hulda 67
75. Das wüthende Heer und der treue Eckhart 68
76. Königin Reinschwig 70
77. Die Mär vom Danhäuser 77
78. Das lied von dem Danheüser 72
79. Das Hörseelbergsloch 74
80. Musikanten im Hörseelenberge 75
81. Die Hirtenknaben 76
82. Die Wichtlein im Keller 77
83. Waldmann von Sättelstätt 78
84. Der Hirte von Mechterstätt 79
85. Graf Ludwig mit dem Barte 80
86. Wie die Wartburg erbaut ward 81
87. Der eiserne Landgraf 82
88. Des eisernen Landgrafen Seele 83
89. Sankt Georgs Panier 85
90. Der Singerkrieg auf Wartburg 85
91. Klinsors Zauber und Prophezeihung 87
92. Die kleine Braut aus Ungarn 89
93. Die Jugend Elisabeths von Ungarn 90
94. Elisabeths Vermählung 91
95. Landgraf Ludwigs Tugend 92
96. Die Wunder Elisabeths 94
97. Vom Kreuzzuge Landgraf Ludwigs V. 97
98. Elisabeths Prüfungen 99
99. Elisabeths Wiedererhöhung 100

4

100. Von Elisabeths Tod und Heiligsprechung 101
101. Vergeltungen 103
102. Sophia's Handschuh 104
103. Bürgertreue 105
104. Der Wangenbiß 106
105. Von Friedrich mit der gebissenen Wange 109
106. Der Taufritt 110
107. Das Spiel von den zehn Jungfrauen 112
108. Die Seele in der Helle 113
109. Die verfluchte Jungfer 113
110. Mönch und Nonne 115
111. Hilten, der Mönch 115
112. Junker Jörg 117
113. Erscheinungen in und um Eisenach 118
114. Spukende Thiere 118
115. Von der Ruhl 119
116. Das Alp 120
117. Hüthchen unter Wackelstein 121
118. Geisterspuk in und bei der Ruhl 121
119. Spukende Mönche und weiße Jungfrauen 122
120. Die Prinzessin im Wittgenstein 124
121. Der Rabenbrunnen 125
122. Das Löthtöpfchen 126
123. Der große Wartberg und seine Schätze 126
124. Der Schlangenkoch 127
125. Wo der Hund begraben liegt 128
126. Vom Gerberstein 129
127. Luthersfuß, Luthersborn und Luthersbuche 130
128. Der Wallfahrtgarten 130
129. Bonifacius 131
130. Burgsagen um Altenstein 133
131. Die Hunde von Wenkheim 134
132. Bergschätzesagen um Altenstein, Steinbach und Liebenstein 135
133. Von Freischützen und Zigeunern 138
134. Hexen-Steinbach 140
135. Sagen vom alten Schlosse Liebenstein 140
136. Die Teufelsmahten 142
137. Die Geister des Flußberges 142
138. Hausgeister in Brotterode 144
139. Erscheinende Jungfrauen 145
140. „Karle quintes Funn" 147
141. Vom Inselberge und Rennsteige 147
142. Die weiße Frau auf Tenneberg 148
143. Fische auf Bäumen 149
144. Die Gründung vom Kloster Reinhardsbrunn 150
145. Landgrafenbegräbniß zu Reinhardsbrunn 150
146. Der fromme Bäcker 151
147. Der steinerne Kopf 152
148. Vom Sankt Johanniskirchlein 153
149. Asolverod 154
150. Der heilige Bonifacius in Ohrdruf 154

5

Vorwort

Die Liebe für Thüringens mannichfaltige und reizende Sagen hat mir, wie ich auch bereits im Vorworte zu meinem Deutschen Sagenbuche ausgesprochen, schon den Jugendmorgen rosig verklärt und ich bin ihr treu geblieben bis in die reiferen Jahre, nicht minder blieb ich den Grundsätzen treu, die mich schon früher beim Sagensammeln leiteten. Aber fortgesetztes Sagenstudium leitete noch einer höheren Richtung zu, als jener der bloßen Sammellust und Sammelfreude. Mehr und mehr wurde mir die Wahrheit von Jacob Grimm's Ausspruch klar, daß fast aller Sage Grund Mythus ist. Nur die aufmerksame Berücksichtigung der deutsch-mythischen Elemente in den vaterländischen Volkssagen erhebt Sagensammlungen unbeschadet ihrer sonstigen ethischen, pädagogischen und belletristischen Verdienstlichkeit in die Reihen wissenschaftlicher Werke, durch sie werden Sagenkunde und Sagenforschung zu einer Wissenschaft, welche durch die Fülle ihrer poetischen Stoffe ungemein anziehend und lohnend, nicht minder aber auch von kulturgeschichtlicher Wichtigkeit und Bedeutung ist. Dieser Richtung folgt in der Gegenwart die rege Strebsamkeit vieler Forscher, von denen manche völlig vom gelehrten Standpunkte ausgehen, andere auch das volksthümliche Element in diesen Sagen, die ja doch alle nur aus dem Volke unmittelbar erblüht sind, die man dem Volke dankt, berücksichtigen. Letzteres ist der von mir eingeschlagene Weg, indem ich in einfacher und natürlicher Weise, ohne Zuthat und Ausschmückung der eigenen Phantasie, welche die neuere Sagenforschung mit Recht verwirft, die Sagen, die ich sammelte, erzähle, - von denen auch die Mehrzahl der Ausschmückung gar nicht bedarf, indem viele Sagen schon an und für sich durch und durch poetisch sind - dann aber überall wichtige Fingerzeige für das Vorhandensein mythischer Stoffe und Element jeder Gegend Thüringens für die zukünftige Forschung gebe.

In dem vorliegenden Buche habe ich bezüglich der Anordnung und Aufeinanderfolge ganz in der Weise, wie in meinem Deutschen Sagenbuche, den Gang einer großen Wanderung durch alle Gebiete Thüringens mit Hinzuziehung des Voigtlandes genommen, und zwar theils nach den Flußthälern, theils nach Höhenzügen. Dieses System erweist sich praktisch-zweckmäßig, und für die vergleichende Sagenforschung sind überall im Buche Hinweisungen auf Oertlichkeiten gegeben, wo verwandte Sagen sich wiederholen, wo ebenfalls verwandte oder ganz dieselben mythischen Wesen wieder begegnen.

Die Wanderung beginnt mit den Werraquellen, schweift etwas südlich in das coburger Gebiet ab, das zwar schon fränkischer Boden ist, aber doch einem thüringischen Regentenhause angehörig, und folgt dann dem Laufe der Werra mit Berücksichtigung aller diesem Flusse nachbarlich gelegenen Sagenpunkte bis Mihla. Dort wendet die Wanderung, um abermals, wie gleich beim Beginn geschehen, in den mythischen Sagenkreis der Frau Holle einzutreten, dann ritter-romantisches Gebiet mit Eisenach und der Wartburg zu beschreiten. An diesem Punkte beginnt der Höhenzug des Thüringerwaldes, dessen Berge und Thäler nun besucht werden, wobei wiederum keine wichtige Sagenörtlichkeit unberücksichtigt gelassen wird, und dieser sagenforschende Pilgerzug setzt sich über das ganze Gebirge bis zum Frankenwalde fort, hinter dem nun voigtländisches Gebiet beschritten wird, um die äußerst sagenreichen Flußthäler der Elster und der Saale zu durchwandern. Naturgemäß sind kleine Abschweife nach links in die Waldgegenden von Lobenstein und Leutenberg, nach rechts in den alten Orlagau geboten, wie nicht minder von Saalfeld aus das Thal der Schwarza zu berücksichtigen war. Dann erstreckt sich die Wanderung im Saalgebiete bis nach Halle. Manches in diesem Gebiete habe ich, um ein gebotenes räumliches Maaß dieses Buches nicht zu überschreiten, hinweggelassen, z. B. mehrere derjenigen Sagen von Saalfeld, die bereits in der Grimm'schen Sammlung gedruckt stehen, anderes, was ich nur bereits romantisirt auffand, und dem ich nicht recht traute, auch historisches von sehr zweifelhafter Färbung, z. B. den Blankenburger Eselskrieg, das Rudolstädter Frühmahl, und ähnliches. Auch bei den, an sich zwar nicht unanziehenden, aber doch anderswo häufig sich wiederholenden Sagen vom Singerberge glaubte ich, es werde Andeutung der Ausführung vorzuziehen sein. Dasselbe gilt, da sich von Halle aus die Wanderung vom Saalgebiete weg in das Helme-Gebiet und in die güldene Aue erstrecken mußte, von den allbekannten Kiffhäusersagen, wie denn der Raum durchaus verbot, die sämmtlichen Sagen des ganzen Vorderharzes zu berücksichtigen. Indem aber dann die Unstrut an ihrem Ursprung aufgesucht wird, findet sich wieder mancher wichtige Ort berührt, zumal im Verfolge ihres Laufes abwärts bis zu dem Knotenpunkte, wo Saale, Ilm und Unstrut unfern von einander sich vereinigen. Dem poesiereichen Flusse Ilm wird entgegengezogen, die Wanderung lenkt sich noch einmal bis zu den Höhen des Thüringerwaldes hinan, bis zu der hohen Wasserscheide zwischen Ilm und Gera, welchem durch Valerius Neubeck's Muse gefeierten Flusse nun nachgegangen wird, wo dann nach einem Abstecher in das romantische Sagengebiet der drei Gleichen die Wanderung im Schooße der uralten Metropolis des Thüringerlandes, Erfurt, ihr Endziel findet.

Diese thüringische Sagensammlung ist mit dem, was früher auf gleichem Gebiete von mir veröffentlichet wurde, nicht zu verwechseln und nicht zu vergleichen. Sie ist eine durchweg neue und selbstständige Arbeit; sie ist nicht nur ein thüringisches Sagenbuch, sondern auch ein thüringisches Mythenbuch; manche Nummer enthält nicht blos eine einzige Sage, sondern mehrere, die zusammen gehören. Auf Wiederholungen thüringischer Sagen im übrigen Deutschland habe ich auf mein Deutsches Sagenbuch durch die Chiffer D. S. B. mit der Nummerzahl in Randnoten bisweilen hingewiesen und aufmerksam gemacht.

Ist auch Thüringen nur ein Theil des großen deutschen Vaterlandes, so liegt es doch in Deutschlands Herzen und hat guten deutschen Kern. Seine Mythen- und Sagenwelt ist poesievoll und bedeutsam, klangvoll und unsterblich. Möge sie stets gute Gönner und treue Pfleger finden!

Meiningen am 18. October 1857.

Ludwig Bechstein.

1.
Frau Holle in Eisfeld.

Mythischer Zauber umfließt, wie so viele Stromquellen, auch die Quellen der Werra. Aus frühen Vorzeittagen haftet noch gar mancher Nachhall an Oertlichkeiten, an Gebräuchen, an alten Namen, und dauernd und unaustilgbar erhalten sich die überkommenen Kunden, wenn auch die vorgeschrittene Kultur der Waldbewohner sie nicht mehr glaubt. Es handelt sich ja bei sagenhaften Ueberlieferungen im Volksmunde überhaupt gar nicht darum, daß das Volk an deren wirkliches Geschehensein glaube, und wird ihm dieß von niemand angesonnen werden können, sondern darum, daß es sich dieselben als etwas, was die Urväter und Urmütter einander erzählten, wieder und immer wieder sagt. Das ist das einfache Wesen der Sage.

Götter und Dämonen haben einzig nur in Sagen der Nachwelt ihre Spuren und die Erinnerung an ihren Kult hinterlassen.

Die Stadt **Eisfeld**, in deren Nähe die Werraquellen aus dem Schooße thüringischer Berge zu Tage rinnen, soll uralten Ursprunges sein. „As-Feld" wird sie noch immer im Volksmunde geheißen, und alte urkundliche Ueberlieferungen legen des Ortsnamens früheste Rechtschreibung als Asifeld offen dar. Wenn sich nun auch nicht mit unumstößlicher Gewißheit eine Verwandtschaft dieses Orts-Namens mit den Asen, den Gottheiten der heidnischgermanischen Frühe, - behaupten läßt, so erinnert doch der Name an dieselben. Ãs hieß Gott, und vorzugsweise wurde Thorr, oder Donar mit diesem Namen bezeichnet; so konnte gar wohl eine den Vätern heilige Stätte, an der sich allmählig Ansiedler niederließen, ein Gottesfeld heißen, wie ja ein zweites Gottesfeld, nur wenige Wegstunden von Eisfeld entfernt, noch bis heute diesen Namen führt. Es ist dasselbe Gottesfeld (auch Gothes- und Godesfeld geschrieben) über den Thälern der Finster-Erlau und der Vesser, auf dem der Sage nach eine ob ihres gottlosen Wesens verwünschte und versunkene große Stadt gestanden haben soll. Alle diese Sagen von Verwünschung und vom Versunkensein verschiedener Städte, Dörfer, Burgen, Kirchen und Klöster deuten weit hinauf in die mythische Frühzeit. Thorr ist der Donnergott der altnordischen Mythe, ein wunderbarer Hammer ward ihm zugetheilt, mit dem er nach den ihm feindlichen Riesen wirft. Aber gerade die Riesensage mit ihrem Hämmerwerfen ist in der Eisfelder Gegend völlig heimisch. Als bedeutendste Erscheinung weiblicher mythischen Wesen tritt unbedingt in ganz Thüringen und Hessen die Holda, Hulda, Frau Holle (im Voigtland Frau Berthe oder Perchta), auf, und ein eigenthümlicher Brauch, der auf dieselbe Bezug hat, hat in Eisfeld ihren Namen verewigt. Am heiligen Dreikönigstage, demselben, an welchem die Perchta mit ihrem Heimchenheere, dem Huldevolke der nordischen Mythe, und die Perchtl in Tirol mit dem Seelenheere der ungetauft gestorbenen Kinder zieht, ward alljährlich zu Eisfeld die Frau Holle verbrannt. Die Sage vom Ursprunge dieses jedenfalls altheidnischen Feuerkults am Julfeste wurde aber fast bis zur Unkenntlichkeit entstellt. Ein Nonnenkloster habe in Eisfeld gestanden, dessen Aebtissin, Juliane genannt, habe sich fleischlich vergangen und zwar mit dem bösen Feinde selbst, sei zweier Kindlein auf einmal genesen, und darauf zur Strafe solcher Teufelsbuhlschaft sammt den beiden Kindern verbrannt worden. Zum Gedächtniß dieser Sühne zog später Alt und Jung am Episphaniasonntage nach beendigtem Nachmittagsgottesdienste mit Musik auf den Markt, sang ein geistliches Lied und rief sich dann scherzhaft einander zu: Frau Holle wird verbrannt. Nun war aber zu Eisfeld nie ein Kloster, und der Ursprung jenes Brauches reicht weit über die Klosterzeiten hinaus.

2.
Riesen um Eisfeld.

In der Eisfelder Gegend wohnten vor Zeiten viele und starke Riesen, ein gewaltiges Geschlecht, und man kann das in den Dörfern Bachfeld, Grub, Crock, Stelzen und anderen noch öfters von denselben erzählen hören. Auf verschiedenen Burgen hatten die Riesen Wohnsitze; die Sage will, daß auf dem Burgberge bei Hinterrodt über Hirschendorf, in einem wüsten Wiesengrunde, das Altdorf geheißen, und in der Willau vor Zeiten Dorf, Schloß und Stadt gestanden. Vom Berge der Burg Grub bis hinüber nach Burg Schaunberg warfen die Riesen einander ihre schweren Hämmer zu, auch Streitäxte und große goldene Kugeln, oder sie bespritzten einander mit Wasser, das sie in Stundenweite durch die Luft schleuderten. Auch in dieser Gegend wiederholt sich genau wie auf dem Harze, bei Blankenburg auf dem Thüringer Walde und im Elsaß die Sage von einem Riesentöchterlein, das sich einst zu seiner Lust erging und einen Ackersmann fand, den es sammt Vieh und Pflug in das Schürzchen raffte und freudig zum Vater auf die Burg trug, indem es sich über das niedliche zappelnde Spielzeug kindisch freute. Der alte Ritter aber gebot dem Töchterlein, alsbald alles wieder dahin zu tragen, woher es genommen sei, und ja recht säuberlich damit umzugehen, damit Männlein und Pferdchen nicht Schaden litten; denn - sagte der alte Riese : wenn die Bauern nicht ackern, so müssen die Riesen verhungern, und gab damit eine gar gute und wohl zu beherzigende Lehre. Häufig kegelten auch die Riesen miteinander; ihre Kegelbahn erstreckte sich vom Oertchen Tossenthal - im Volksmunde Tussethal - (Thurs altnordisch so viel wie Riese, auch der Runenbuchstabe Thorrs, Dorst in der Schweiz der wilde Jäger, Tosse in dänischer Sprache: ein plumper Riese, Tölpel) über eine halbe Stunde weit gegen Eisfeld zu.
Nicht selten verwechselte die spätere Sage Riesen und Ritter, oder vielmehr, sie trug, was die längst vermoderten Ahnen in grauer Vorzeit den jüngeren Geschlechtern von den Riesen erzählt hatten, auf die Ritter über. So deutet eine Eisfelder Sage ebenfalls in eine mythische Ferne. Vor alten Zeiten floß die Werra durch Eisfeld, zwischen dem Schwan und dem Adler vorüber und bildete einen sumpfigen Weiher, der im Winter zu einem wahrhaften Eis-Felde sich ausbreitete. Einst wurde eine Ritter-Schaar, die Sage giebt bedeutsam deren Zahl auf vierzig an, vom Feinde heftig verfolgt. Die Fliehenden geriethen in jenen Weiher, dessen Eisdecke unter den Hufschlägen ihrer Pferde brach, und konnten ob ihrer schweren Rüstungen sich nicht mehr losarbeiten, sondern kamen sammt ihren Pferden elendiglich um. Ganz eigenthümlich ist es, wie diese örtliche Sage mit der Legende

von den vierzig christlichen Rittern übereinstimmt, welche Kalenderheiligen am 9. März des Jahres 320 nach Christo durch den Kaiser Licinius der kalten Winterwitterung und dem Eise eines Weihers nackend ausgesetzt, und dadurch zu Märthyrern wurden. Jedenfalls deutet auch diese Ueberlieferung nach dem Kampfe des Heidenthums gegen das Christenthum, und umgekehrt, hin.

3.
Von Zwergen und Zinselmännchen.

Häufig läßt die Sage, wo sie von Riesenwohnsitzen berichtet, auch Zwerge in der Nähe wohnen, schon aus dem in ihrem Wesen begründeten Hang, Gegensätze zu bezeichnen, wie hier insgemein den eines starken und verfolgenden gegenüber einem schwachen und verfolgten Geschlechte. In den weitgedehnten Forsten des Bleßberges, des höchsten in diesem Gebiete, arbeitet zur Nachtzeit eine unsichtbare Säge, Zwerge sollen es sein, die sie handhaben, um manchen armen aber wackeren Holz-Mann zu schnellerem Verdienst gelangen zu lassen. Besonders aber war das Zwergengeschlecht thätig in einer Höhle, welche zwischen den Dörfern Meschenbach und Rabenäußig gelegen ist, und das Zinselloch heißt. Der Eingang ist ein umbuschtes niedriges Loch, wie ein Kellerhals von Nord-Osten gegen Süd-Westen abgesenkt, und die Höhle bildet dann nur einen äußerst schmalen und langen, dabei aber sehr hohen Gang, den ein Bergwasser durchfließt. Die Breite ist von 2 bis 8 Fuß, die Höhe gegen 20 Fuß, die Länge wol 600 Schritte, und die Wände sind mit Tropfstein überzogen.

In dieser Höhle wohnten nach der Umwohner Erzählung Zwerge oder Zinslein, die verliehen ihr den Namen, wie auch einer andern benachbarten Grotte, welche vom Volke die Zinselkirche genannt wird; jetzt aber giebt es keine Zinselein mehr, sie sind alle längst hinweggezogen, und zwar aus dieser Ursache: Ein Meschenbacher Bauer traf auf seinem Erbsenacker einen ganzen Haufen Zinselchen. Sie machten sich sehr lustig, sprangen und hüpften durcheinander über die Furchen, und verspeisten viele Schoten. Das ärgerte den Bauer und er haschte nach ihnen, konnte aber ihrer keines festhalten, nur das Mützchen des einen ergriff er und hielt es fest. Da stellte sich das Zinslein überaus kläglich und bat flehentlich um das Mützchen, da es ohne selbiges nicht nach Hause kommen konnte und durfte. Es wolle dem Bauer auch zum Lohne seiner Güte eine Wünschelruthe auf den Acker stecken, mit deren Hülfe er einen großen Schatz finden sollte. Darauf gab der Bauer das Mützchen zurück, nicht wissend, daß er schon den besten Schatz in der Hand hatte, denn wer ein Zwergenmützchen oder Nebelkäpplein besitzt, der kann sich jederzeit unsichtbar machen. Das Zwerglein nahm rasch sein Mützchen, setzte es auf, und war augenblicklich dem Auge des Bauers entrückt. Als nun der Bauer auf seinen Acker kam, stak nicht eine Ruthe darauf, sondern alles voll Ruthen; nun suche einer die richtige Wünschelruthe heraus! Am zweiten Tage aber war schon aus jeder Ruthe ein starker Baum erwachsen, da hatte der Bauer einen Wald, so lang und so breit, wie sein Acker, und folglich Schatzes genug.

Andere erzählen diese Sage wieder auf eine andere Art.

Der Bauer habe die Zinslein, die er auf seinem Acker traf, sehr heftig gescholten und gedroht, ihnen die Ruthe zu geben, wie kleinen Kindern. Darauf haben die Zwerglein spöttisch ihm den ganzen Acker voll Ruthen gesteckt, damit er an solchen keinen Mangel habe, und seien alsbald verschwunden. Dadurch noch mehr aufgebracht, lauerte der Bauer den Zinslein auf, und erhaschte eines Tages ein solches Zwergen-Mützchen, bekam das Zinslein, dem das Mützchen gehörte, dadurch in seine Gewalt, achtete nicht seines Flehens, sondern erschlug es. Darauf erhoben alle Zinslein ein großes Wehklagen, und verließen die Gegend für immer, aus den Ruthen erwuchsen aber in derselben Nacht starke Bäume, und zwar lauter Eschen, und ist ist ein bedeutsamer Zug dieser Sage, denn erstens zeigt die Esche wie die Erbse, nach der Pflanzensymbolik Trauer an, und zweitens ist sie ein Baum, der den Göttern der Nordlandsmythe heilig war. Aus einer Esche, Ask, entstand nach der Eddamythe der erste Erschaffene, Askr: Asciburg war der Name eienr früheren Stadt am Niederrhein, und Asci-Feld wurde Eisfeld vor Alters ebenfalls geschrieben. Der Weltbaum Ydrasil selbst war eine Esche. Der altgermanische Mythus aber überliefert uns noch verschiedene Heldennamen: Mannus, Tuisko's Sohn, und dessen drei Söhne: Ing, Isk und Hermin. In Isk begegnen wir wol dem Ask wieder, und in Hermin dem Irmin, dessen Name ebenfalls in dieser Gegend bis auf den heutigen Tag örtlichen Nachhall fand und findet.

4.
Irmin und Irmina.

Eine Stunde von Eisfeld nach dem Walde zu liegt das Dorf Crock; dicht über ihm erhebt sich wie ein steiler Kegel der Berg, welcher des Ortes Kirche trägt. Diese Kirche hieß vor Zeiten die Irmenkirche, der Berg der Irmelsberg, auch Hainberg. (Hain bedeutet zumeist auch auf Uebung frühen Götterkultes, ist etwas ganz anderes als Wald, Forst oder Gehölz, und lautet in alter Sprache Hag, Hagen, bei welchem Worte man, ohne Wortklauber zu sein, an das griechische Wort äyios, heilig, wol denken dar). Wenn nun eine altgermanische Gottheit oder Halbgottheit des Namens Irmin in Deutschland verehrt wurde, wie die Nachrichten über die Irminsul, Irmensäule, unzweifelhaft lassen, und der auch Hermen genannt wurde, einerlei ob manche frühere Gelehrte ihm den griechischen Hermes (Merkur) oder den römischen Mars verglichen, warum sollte nicht auch auf diesem frühen mythischen Boden des alten Asci-Feld ein Hall der Erinnerung an ihn seßhaft geblieben sein? Weithin beherrscht die Spitze des Irminberges die Aussicht nach den zahlreichen Kegelgipfeln dieser Gegend, auf die Vesten und Burgen Coburg, Calenberg, Heldburg, Straufhain, und die sogenannten Römhilder Gleichberge, wie tief hinein in fränkische Gelände. Gern bemächtigte sich später die christliche Kultur solcher Stätten, die schon der heidnischen Bevölkerung her und heilig waren, und so erhob sich wol in ziemlicher Zeitenfrühe auf dem Irminberge ein Christenkirchlein, das lange Zeit hindurch weit berühmter Wallfahrtort wurde, und erst spät, im Jahre 1489 wurde die jetzige Crocker Kirche auf die Stätte der alten gebaut und in die Ehre des Märtyrers St. Veit geweiht. In jener frühen Zeit schon verjüngte sich die Irminsage, spiegelte aber noch in ihrer Verjüngung den Kampf des Heidenthums gegen das eindringende Christenthum ab. Der Frankenkönig Dagobert habe eine Tochter gehabt, Irmina geheißen, diese sei aus des Vaters Hause entflohen um einer unglücklichen Liebe Willen, und habe sich in diese Berge und Waldeinsamkeiten auf die Grenze zwischen Franken und dem Thüringer Wald geflüchtet, wo sie an einem Brunnen ohnweit der Kirche gewohnt, der nach ihr noch heute der Irmelsbrunnen heißt, und den sie, in ihm badend, bis heute trübt. Einige sahen nun, die heidnische Königstochter Irmina habe, dem Christenthume, das den Sonntag heilig und arbeitfrei zu halten gebietet, zum Trotz an einem Sonntage Erbsen gesäet, aber der Fluch des Himmels habe alsbald diese Erbsensaat in Steine verwandelt. Andere erzählten, Irmina habe ihr ganzes Besitzthum aufgezehrt, und zuletzt nichts mehr gehabt, als ein Gemäß Erbsen, mit diesem sei sie kummervoll vom Irmelsborne geschieden und nach und nach hindurch, wurden zu Stein, und man findet deren noch immer auf und am Wege von Crock nach Eisfeld. Es sind kleine runde Kiesel, erbsenfarben, und zum Theil von Erbsengröße. So zeichnete die Königstochter Irmina einen weißen Irmin-Weg am Himmel von Sternen (die Milchstraße), dessen alte Sagen gedenken, deutet. Das Wasser des Irmelsbrunnens galt später für wunderthätig, und die Wallfahrer, die des Weges über den Wald und über Crock nach Vierzehnheiligen zogen, haben oft und gern davon getrunken. Manche Forscher haben sich bemüht, den Ortsnamen Crock von dem noch ganz unerwiesenen Harz-Gotte Crodo abzuleiten, was man wol auf sich beruhen lassen kann.

5.
Der Mönch auf dem Schloßthurme zu Eisfeld.

Der hohe runde Schloßthurm zu Eisfeld, welcher noch steht, soll nach der gemeinen Sage gerade so hoch sein, als sein Umfang mißt, und es läßt sich zu Zeiten ein spukender Mönch auf demselben nicht nur sehen, sondern auch hören. Im langen Bau sind mehrere Mönche in vermauerte Fensternischen eingeschlossen worden, und elendiglich darin gestorben, einer aber saß im Schloßthurm gefangen und starb den Hungertod. Nun erschien er bisweilen in heiligen Nächten, mit weißer Kutte und langem Bart, und wenn der Wächter, wie sonst Brauch war, auf den Schloßthurm stieg, die Stunde anzublasen, so blies auch der Mönch. Sprach der Wächter ein Wort, so empfing er Ohrfeigen. Wenn Stadt und Land von einem Unglück bedroht ist, so erhebt der Mönch des Nachts vom Thurm ein Geheul in fürchterlichen Tönen. - Eine Eisfelder Magd kehrte aus einer Spinnstube heim, da ging ihr das Mönchsgespenst nach auf Tritt und Schritt, und wie sie an ihrer Thüre stand, sah sie sich erschreckt um und rief: Alle guten Geister loben Gott den Herrn! Und Du nicht! antwortete dumpf der Geist, und drehte ihr den Hals um. Sie hätte sagen müssen: Ich und alle guten Geister, dann hätte das Gespenst keine Gewalt über sie gehabt. Wer es gehört und erzählt hat, verschweigt die Sage, um so häufiger berichtet sie das Vorhandengewesensein von Mönchs- und Nonnenklöstern in Orten, wo geschichtlich erweislich sich deren keine befanden, wie hier in Eisfeld. So soll auf dem Thomasberge ein Kloster oder eine Burg, nach dem h. Apostel genannt, gestanden haben, wahrscheinlich war es ein Kapellchen oder eine Kemnate. Es soll dort gräulich spuken; feurige Wagen und schwarze Hunde begegnen auf dem Thomasberge dem nächtlichen Wanderer, wie denn diese Gegend überhaupt gar reich ist an mancherlei Sagen, deren noch eine gute Zahl erwähnt werden müssen.

6.
Der wandelnde Mönch zu Coburg.

Die Eisfelder Mönchstage deutet mit dem Blasen eines Unglückshornes unmittelbar nach einer andern ihr gar nahe verwandten Sage hin, die im benachbarten Coburg heimisch ist. Seltsam, daß in ihr neben der mythischen und mystischen Zwölfzahl auch wieder Erbsen eine Rolle spielen, wenn auch in ganz anderer Weise, als in der Crocker Irminasage. Es war ein Herzog von Coburg in harter Fehde mit einem Bischof von Bamberg und fing dem Letzteren zwölf adelige Kinder weg, welche auf der Veste über der Stadt in ganz leidlichem Gewahrsam gehalten wurden. Sie trieben oben nach junger müssiger Leute Art allerlei Kurzweil, und weil sie den Schloßkappelan, der ein Mönch war, wahrscheinlich ob seiner Strenge und finstern Wesens nicht recht leiden mochten, so streuten sie ihm einmal heimlich Erbsen auf die Treppe, und erhoben ein großes Gelächter, als der Mönch zur Treppe herunterpurzelte. Diesen Junkerstreich nahm der Mönch sehr übel, ging hin zum Herzog und verklagte die schlimmen jungen Gesellen. Der Herzog mochte wol auch sonst noch gereizt sein, er gerieth daher noch mehr in großen Zorn, und schwur dem Mönche zu, er solle furchtbar gerächt werden. Man solle sie in der Mitternachtsstunde mit dem Schwerte richten, und so viele Häupter sollten fallen, als Hornstöße vom Thurme der Hauptkirche durch die Nacht schallen würden. Dieses harte und überstrenge Blut-Urtheil kam der Herzogin zu Gehör, und es jammerte sie der Edeljunker junges Leben, sie lag daher ihrem Herrn und Gemahl mit inständigen Bitten an, jene, da sie kein todeswürdiges Verbrechen begangen, doch am Leben zu lassen, und so schmeichelte die edle Herrin dem Herzog das Leben von Eilfen ab, einer aber solle sterben, damit ein Beispiel der Warnung gegeben werde.

Doch auch diesen Einen hoffte die Herzogin noch zu retten, denn sie bestach den Thürmer, und ließ ihn zu sich rufen nach der eilften Stunde, und ihn in einem Zimmer bewirthen, dessen Ausgang verschlossen wurde. Damit aber doch die eilf Junker einige Angst empfänden und sich das Gelüst vergehen ließen, gegen alte und ehrwürdige Männer mit Jungenstreichen vorzuschreiten, wurden sie dennoch gleichsam zur Hinrichtung geführt, und fanden im Schloßhofe Blutblock und Beil und den Henker ihrer harrend, und die Augen wurden ihnen verbunden. Der rachsüchtige Mönch hatte leider die erfolgreiche Fürbitte der Herzogin erfahren, auch daß sie den Thürmer sicher gemacht, und eilte nun voll teuflischer Rache selbst auf den Thurm und als die Mitternachtsglocke ihre zwölf Schläge gethan, stieß er in das Horn und ließ weit hinaus und stark und laut den ersten Hornruf erschallen. Der Scharfrichter, der von des Herzogs geändertem Befehl nichts wußte, schlug dem ersten Junker das Haupt ab; so dem zweiten, dem dritten, den vierten, und allen folgenden. Die Herzogin fiel vor Schrecken in tiefe Ohnmacht, der Herzog war außer sich, und eilte nach dem Thurme, da fand er statt des Thürmers, den er züchtigen wollte, den rachesüchtigen Mönch und durchbohrte ihn auf der Stelle mit dem Schwerte, worauf er den Gerichteten packte und vom Thurme hinabwarf. Seitdem umwandelt der Mönch als Spukgeist mit einem Schlüsselbunde den Thurm, und zu Zeiten, wenn der Stadt oder dem Lande Unheil droht, so tutet er auch auf eine schaurige Weise. Diese Sage von 12 hingerichteten Edeljunkern deutet in das nachbarliche Frankenland, wo Bischof Iring von Würzburg, ein Rheinsteiner, 12 gefangene Ritter, sämmtlich des Geschlechtes von Altenstein, treulos und widerrechtlich ermorden ließ, und wäre nicht Seifried, der dreizehnte, in fremden Landen ausgefahren, so würde keiner des Geschlechts übrig geblieben sein.

7.
Coburgs Name und Wappen.

Die Alten haben den Namen der Stadt Coburg von Kuhburg, Küheburg abgeleitet, und sich bei dieser Ableitung darauf gestützt, daß eine Menge Ortnamen um die Stadt nach einer viehreichen Gegend hinzudeuten scheinen, wie Oeslau von Oechslein, Kallenberg von Kalbenberg (Kalbe heißt ein junges Rind), Rossach, Roßfeld, Pferdsdorf. Manche haben behauptet, der alte Name habe gelautet Trufolistadt. Zugleich gab es aber schon früh ein edles Geschlecht, daß sich „von Coburg" nannte.

Im Wappen führte Coburg neben einem Burgthurm, vor dem eine geflügelte Henne steht, auch einen Mohrenkopf als Stadtzeichen, und prägte letzteren auch auf seine Zahlpfennige, und diesen führte es, geht die Sage, zu Ehren des Mohrenköniges Balthasar, der einer von den heiligen drei Königen war, deren Leiber durch Coburg geführt wurden, als sie von Mailand aus die Reise nach Köln machten, allwo sie noch ruhen. Diese Nachtrast der h. drei Könige zu Coburg erfolgte im sogenannten Stetzenbach vor dem Steinthore. Andere sagen, der Mohrenkopf im Coburger Stadtwappen stelle mit nichten einen heiligen Dreikönigskopf dar, sondern den des Schutzheiligen der Stadt, des ritterlichen Heiligen Mauritius, der insgemein als Maure abgebildet wird. Neuere Forschung leitet den Stadtnamen wol am besten von alter Sprach- und Schreibweise Choburg = Hohburg, Hochburg ab.

8.
Allerlei Zauber.

Von mancherlei zu Coburg verübtem Zauber, als Liebeszauber, Hexenzauber und Judenzauber weiß die örtliche Sage daselbst viel zu berichten. Edle Jungfrauen stellten neunerlei Essen auf den Tisch, und zwar in einer Christnacht, und setzten sich um denselben herum, da denn ihre künftigen Liebhaber erscheinen sollten. Und siehe, solches geschah auch, aber jeder der Liebhaber hielt ein Messer in der Hand gezückt, darüber die Jungfrauen solche Furcht ankam, daß sie schreiend von dannen eilten. Einer der Liebhaber warf sogar den Fliehenden das Messer nach, und eine Jungfrau kehrte sich um, sah ihn an, und hob das Messer auf. Diese bekam hernach den Mann in der That zum Liebsten. Bisweilen ist aber solcher Zauber gar übel abgelaufen, und ist statt eines künftigen Liebsten der kalte Buhle Tod eingetreten, hat sein Stundenglas vor die eine oder die andere der Jungfräulein hingesetzt, und sie zu seinem schaurigen Reigen abgeholt.

Manche namen auch neunerlei Holz am Christabend, zündeten es an, zogen sich aus bis aufs Hemde, und dieses dazu, warfen das Hemde vor die Stubenthür, setzten sich um das Feuer und sprachen:

> Hier sitz' ich splitter-faßernackt und blos;
> Wenn doch mein Liebster käme
> Und würfe mir mein Hemde in den Schooß!

Da kam nun bisweilen die entrückte Gestalt des Liebhabers, warf das Hemde herein, und wurde später der Sponse selben Mägdleins. Auch dieser Zauber gerieth nicht immer. Einst übten ihn viele manntolle Mägde zugleich, da kamen die Liebhaber zu Hauf vor die Thüre, erhoben draußen gräßlichen Lärm, rissen sich um die Hemden, und rissen sie kurz und klein - und keine von allen hat hernach einen Mann bekommen.

Ein hoher bewaldeter Berg nächst der Coburger Feste, der Bausenberg, war Tummelplatz der zahlreichen Hexen; auf ihm hatte der Teufel eine Kanzel, und rumorte viel im Walde umher; aber auch beim Brunnen zum heiligen Kreuz und bei dem Weiher waren Hexen-Tanzplätze, wohin sie ihre Mantelfahrten richteten, und allwo sie ihre Sabbathe feierten.

Auch mit bösen Juden war Coburg vor Alters übel gesegnet. Einem solchen schuldete ein Christenweib eine ziemliche Summe Geldes, und konnte die Summe nicht aufbringen zur Wiedererstattung. Da sprach der Hebräer, er wolle ihr die Schuld erlassen, so sie ihm doch geben wolle etwas von ihrer Milch, da sie gerade ein Kind stillete. Die Frau versprach das zu thun, dachte aber in ihrem Sinn: Warte Jude, Du sollst haben eine Muttermilch, wie sie Dir gehört. Und so bekam der Jude ein Glas voll Milch. Damit ging derselbe mit noch einem Gefährten Abends nach dem Galgen, hieß jenen die Leiter hinauf steigen, die Milch in die Hirnschale eines Gehenkten gießen, und wohl darinnen umschütteln.

Als dieses nun geschehen war, rief der Jude: Schmuel, was sichstde? - Gor nix! antwortete der Gefährte. Darauf wiederholte drunten der Jude seine Frage, und der Gefährte droben auf dem Galgen seine Antwort. Und zum drittenmale fragte jener. Da sprach der droben: Als ich doch seh' eine mächtig große Heerde Schwein'. - Waihe mir! schrie drunten der Jude. So hat mir gegieben das verdammte Weib die Milch von einer Schweinemutter, und nun wird kommen ein Sterb unter die Schwein, und nicht unter die Gojim! - Wie nun das Wort in Erfüllung ging, merkte jene Frau den Frevel, zeigte den Juden an, der wurde alsbald an jenen Galgen gehenkt, dann verbrannt, und von allen übrigen Juden wurde alsbald die Stadt gefegt und gesäubert, daß von ihnen nur noch der Name der Jüdengasse, des Jüdenthores und des Jüdenberges übrig sind. Die damals aus Coburg getriebenen Juden sollen den Waldort Judenbach angebaut und bevölkert haben.

9.
Das Nönnelein.

Bösen buhlerischen Liebeszauber verübte auch zu Coburg ein wälscher Umfahrer, des Namens Hieronymus Scottus, der in den Landen, durch die er kam, allerlei Künste und Gaukelspielereien trieb, gegen die Gemahlin des Herzogs Johann Casimir zu Sachsen, Anna, geborne Kurprinzessin zu Sachsen, mißbrauchte ihr Vertrauen und verstrickte sie in ein Liebesnetz mit einem Baron Lichtenstein, das ihr zum Verderben gereichte. Herzogin Anna wurde verhaftet und mußte ihr junges vorher so blühendes und liebeglühendes Leben in verschiedenen Kerkern vertrauern. Endlich starb sie und wurde im Kloster Sonnenfeld bei Coburg begraben, schon vorher aber hatte Herzog Johann Casimir sich wieder vermählt, und eine Spottmünze prägen lassen, deren Avers ein zärtliches Paar, der Revers aber eine Nonne mit Brevier und Rosenkranz zeigt; um das Paar läuft die Schrift:
Wie küssen sich die Zwei so fein. um die Nonne: Wer küst mich armes Nünnelein.
Auch der Grabstein bildete die unglückliche Herzogin in Nonnentracht ab - aber bald nach ihrer Beisetzung verbreitete sich das Gerücht, daß ihr Geist im Grabe keine Ruhe finde, sondern spukend umwandle. Vornehmlich soll sie dem Herzog Christian zu Sachsen-Eisenberg lange nach dem Tode ihres beleidigten Gemahles leibhaftig und zu mehreren Malen erschienen sein, und diesen aufgefordert haben, sie mit dem Schatten ihres Gemahles zu versöhnen. Solche Versöhnung soll auch erfolgt sein.

10.
Der Pöpelsträger im Bausenberg.

Im Bausenberg über Coburg, wo der Teufel seine Kanzel und die Hexen einen ihrer Tanzpläne hatten, ging einst ein Vogelsteller mit seinen Garnen und der Lockpfeife seinem Geschäfte nach, und durchirrte lange Gehölz und Gebüsche. Da sah er einen seltsamen fremden Mann, der einen weißen Sack auf dem Rücken trug und seine Schritte nach dem Entensee unter der Teufelskanzel lenkte. Der Vogelsteller ließ sich mit dem Fremden in ein Gespräch ein und begleitete ihn die kurze Strecke, und am Entensee nahm jener seinen Sack von der Schulter, der nicht nach Rosenöl roch, und in dem etwas Lebendiges zappelte. Wenn er was sehen und im tiefsten Schweigen dabei beharren wolle, sprach darauf der Fremde zu dem Vogelsteller, so möge derselbe thun, wie er selbst, und dabei zog er seinen linken Schuh aus, der war roth und mit Kreuzen gezeichnet; dasselbe that nun auch der Vogelsteller mit seinem linken Schuh, den jener auch mit rothen Kreuzen zeichnete, und als dies geschehen war, sprang der Fremde von einem kleinen Hügel sammt dem Sack, den er trug, hinab, und der Vogelsteller folgte ihm alsbald. Darauf geschah ein Donnerschlag und es wurde plötzlich Nacht um beide Männer, und sie fanden sich in einer Höhle wieder, darinnen eine Feuerlohe flammte, gleichwie im Hörseelenberge. In diese Gluthlohe schleuderte jener den Sack sammt dem, was darinnen verborgen war, und bedeutete seinen Gefährten da, wo die Lohe noch zuckte, hinab in die Tiefe zu schauen. Da erblickte der Vogelsteller mit Entsetzen die Gluthwellen der Hölle und die Stätte ewiger Qual, wimmelnd von Teufelslarven und den gepeinigten Seelen der Verdammten. Vor Schrecken sank er in die Kniee, und als er in der Lohe unter den armen Seelen seinen eigenen Sohn brennen und schmoren sah, war er nicht mehr des ihm auferlegten Gelübdes des Schweigens eingedenk, sondern schrie: Ach Gott! Dort ist mein Hannes! - Kaum war ihm das Wort aus dem Munde, so ging ein kochen, zischen, donnern, tosen, wirbeln und brodeln los, als wenn die Hölle platzen und die ganze Erde verschlingen wollte, und das Feuermeer begann aufzuwallen und höher zu steigen, und da entfloh der Fremde und riß auch den Vogelsteller mit sich von dannen - da kamen sie an ein Wasser, in das beide sprangen, und in welchem dem Vogelsteller hören und sehen ganz und gar verging. Endlich lag er elendiglich ächzend im Walde, nicht weit vom Entensee, wo ein Jäger ihn fand, wie er am ganzen Leibe blitzblau angelaufen und verbrannt war, nur der Fuß, an dem er den rothbekreuzten Schuh trug, war noch heil. Dem Jäger erzählte der Vogelsteller mit matter Stimme, was ihm begegnet war, und dann starb er. Aus allem wurde entnommen, daß jener Fremde ein sogenannter „Popanz-“, oder wie man um Coburg sagt: ein „Pöpelsträger“ gewesen, welche die Pütze, Kobolde und Poltergeister beschwören, fangen und sie in Säcken an Orte tragen, allwo sie gebannt bleiben, theils in Sümpfe, in Einöden, in Waldeswildnisse, theils, wie hier, in das helle Feuer, das dem Teufel bereitet ist und seinen Engeln. Solcher geheimnißvollen Bergesklüfte, darin die Abgrundqual der Verdammten zu Tage und vor das Auge einzelner Sterblichen noch bei ihrem Leben tritt, nennt die Sage in Thüringen mehrere, und es ist wichtig, ihrer zu achten, weil sie stets nach der Frühe heidnischen Kultes und Glaubens hinweisen.

11.
Die Stadt im Lautergrunde.

In der Richtung von Coburg nach Eisfeld zu liegt ein freundliches Thal, das ein Bächlein durchfließt, die Lauter genannt, darinnen liegen auch die Dörfer Unter- und Oberlauter, Tiefenlauter und die Lauterburg. Dort stand vor Zeiten eine große Stadt, in welcher lauter Freude wohnte, und kein Leid. Mag schon sehr, sehr lange her sein, daß solches goldene Zeitalter herrschte. Die Menschen, die in jener Stadt wohnten, waren alle zufrieden, es gebrach ihnen an nichts, sie waren ganz glücklich; und da geschah es, daß eines Jahres der Tag Allerseelen kam, an welchem die Kirche gebietet, Leid zu tragen um die Verstorbenen. In der glücklichen Lauterstadt aber war niemand gestorben, und ihre Bewohner sprachen unter einander: Was sollen wir ein Trauerfest begehen, da wir deß keine Ursache haben, und keiner von uns Trauer hat? Lasset solches Fest uns nicht begehen! - Darauf aber fügte es Gott, daß ein Kindersterben unversehens sich anhub, und zwar mit so schrecklicher Gewalt, daß alle Kinder starben, fast in jedem Hause eine Leiche war und kaum Raum auf dem Kirchhofe für die zahllosen frischen Gräber. Da gab es Trauer in Fülle, herzzerbrechende, zermalmende Trauer, und Zug um Zug nach dem Gottesacker zu den offenen Gräberreihen. Und wie die Bevölkerung der ganzen Stadt droben stand auf dem Friedhof, und Millionen bittre Thränen flossen, da war es Nacht in allen Aelternherzen, und dann wurde es Nacht vor aller Augen, und die Kirche sank und der Kirchhof sank, und alle die Gräber und alle Särge und alle die Leidtragenden sanken tief, tief hinab, auf daß alle die Letzteren ruhen sollten bis zum Allerseelentage der Auferstehung. So ward die glückliche Stadt eine öde Stätte, und was von ihr übrig blieb, das wurden lauter Dörfer. Am Allerseelentage aber hört man in der Tiefe die Glocken der versunkenen Kirche läuten.

12.
Träumersdorf.

Oberhalb dem stillen Lautergrunde liegt ein Dorf, da in der Volkssprache der Gegend Trämersdorf genannt wird, Trämer aber heißt in jenem Idiom ein Träumer, und die örtliche Sage berichtet von dieses Dorfes Entstehung: Einst schritt ein Wanderer durch die weiten Ortschaften sich daselbst angebaut hatten, verirrte sich und fand nirgend eine menschliche Wohnung, die ihm Obdach bot, er mußte demnach wohl oder übel die Nacht im Freien zubringen, und sich im ersten besten Busch eine Lagerstätte bereiten. Da jener im ersten besten Busch eine Lagerstätte bereiten. Da jener Wanderer nun schlief, träumte ihm von einer Mühle und von einem nahe bei derselben liegenden schönen Dorfe. Mit Tagesanbruch erwachte er und setzte neugestärkt seinen Weg fort, da kam er unversehens an eine Mühle, und es war ganz dieselbe, die ihm im Traume vorgekommen war, aber das Dorf war nicht dabei, vielmehr war es gar nicht vorhanden. Der Wanderer sprach beim Müller ein, erzählte diesem seinen Traum und bat ihn, sein Gehöft Träumersdorf zu nennen: hernachmals baute sich der Wanderer selbst dort an, andere folgten ihm, und so entstand allgemach der Ort, und wurde zu einer eigenen Pfarrgemeinde, und diese führt noch heute einen ruhenden und schlummernden Wandersmann im Siegel.

13.
Der Stelzener Heilbrunnen.

Ganz nahe bei der Kirche von Stelzen entspringt in einer anmuthigen, von mehreren hohen Lindenbäumen beschatteten Grotte eine frische Quelle, welche in alter Zeit als Heilbrunnen weit und breit berühmt war. Einem Kranken in der Nähe von Würzburg war die heilige Jungfrau im Traume erschienen, und hatte ihn nach jener Quelle gewiesen, aus welcher trinkend er Genesung schöpfte. Da nun dieser Kranke ein reicher Mann war, so erbaute er neben die Quelle ein Kapellchen, und nannte es Mariahilf, und nun kamen Kranke, absonderlich Lahme und Gichtbrüchige, von nah und ferne her, und suchten hier ihr Heil, und fanden es auch, denn die mit Krücken und auf Stelzbeinen gekommen waren, konnten ohne solche den Heilort verlassen, und hingen zum dankbaren Andenken und Wahrzeichen jene in dem Kirchlein auf, daher das Dorf, das sich nach und nach in der Quellnähe anbaute, den Namen Stelzen erhielt. Das dauerte eine lange Zeit und jedermann durfte das heilende Wasser umsonst trinken, bis der Geldteufel des Eigennutzes in die Bauern fuhr, und sie dachten, die Kranken könnten ja das Wasser bezahlen. Aus war es alsbald mit der Wunderkraft, das Wasser der Quelle sprudelte zwar fort und fort, aber es heilte nicht mehr, und statt daß wie ehedem alljährlich 300 bis 500 Grafen, Ritter und Herren, ohngerechnet das gemeine Volk, nach Stelzen gewallet waren, und in der Kapelle reichliche Spenden geopfert, kam bald keine Seele mehr. Aber selbst als die alte Kapelle einer spätern Pfarrkirche Raum gegeben hatte, fanden sich auf dem Boden der letzteren noch bis zum Jahre 1830 alte Stelzen, die von den Genesenen zurückgelassen worden waren. Im Altare der Kirche, so ging die Sage, sollte ein goldenes Hirschgeweih verborgen sein, allein selbiges hat sich nicht finden lassen. Im Uebrigen war die Kirche reich an Gut und Lehnschaften, und das Gehölz des Bleß, eines hohen Waldberges, gehörte ihr zu. Dieses Gehölz vornehmlich wird als das bezeichnet, in welchem die nächtliche Sage oder die Zwergensäge arbeitet.

14.
Helidenburg.

Zwar schon auf fränkischem Boden, aber doch innerhalb sächsisch-thüringischer Landesgrenze und nahe genug der südlichen Abdachung des Thüringer Waldes, erhebt sich stolz und stattlich die graue Heldburg, einst die fränkische Leuchte geheißen, denn sie soll so viele Fenster zählen, als das Jahr Tage zählt. Diese

Burg rückt ihren Ursprung in die vorchristliche Zeit hinauf. Ein Heidentempel soll da gestanden haben, wo sich heut zu Tage der Burgbrunnen befindet, der so tief ist, als der Berg hoch, und ganz durch Felsen gehauen, und dessen Bau so viel gekostet haben soll, als der ganze spätere Schloßbau. Ein Theil der Veste Heldburg, deren Name von einen Elid oder Helid abgeleitet wird, heißt noch bis heute der Heidenbau, und im Hain, der die Burg an ihrer Rückseite umzieht, haben sich unverkennbare Spuren altgermanischer Bevölkerung zwischen Klingsteinen gefunden. Auch heißt noch eine Stätte am Burgberge der Heidengottesacker, und ebenso liegen in der Burgnähe noch sogenannte Heidenäcker. In Urkunden des 9ten Jahrhunderts ist schon von der Helidberger Markung die Rede, und der Ort am Bergesfuß, die heutige Stadt Heldburg, heißt schon 837 villa helidberga, auch wird ein Gaugraf des Namens Asis genannt und aufgeführt, derselbe, der auch um Eisfeld (Asisfeld?) sich verdient gemacht haben soll. Ob dieser Asis-Name nicht ein Nachhall aus früherer, vorchristlicher Zeit sei, wird sich schwerlich ermitteln lassen. Er klingt aber mindestens mit dem Flügelwehen des Heidenthumes, das um die alte Helidburg braußt, gut zusammen.

Nicht weit von der Heldburg erhebt sich auf bewaldetem Phonolithkegel die alte Burgtrümmer des ehemaligen Henneberger Grafen-Schlosses Straufhahn oder Straufhain, deren Hain-Name an die Uebung altgermansichen Kultes vorzugsweise erinnert, der auch noch in späterer Sage einen Wiederhall fand, denn das wüthende Heer zieht um diese uralten Waldeswarten mit seinem wilden Geschwärme, und eine Niederschrift giebt unter andern davon mit den Worten Kunde: „Im Jahre 1698 im April hörten die Leute, so im Felde waren, ein gräßliches Geschrei und Schießen(?) auf diesem Schlosse und dasigem Gehölze, so zweifelsohne ein Teufelsgespenste oder das wüthende Heer gewesen sein mag.“

15.
Weitersroder Schätze.

In der Richtung von Eisfeld nach Hildburghausen zu, doch nur eine halbe Stunde von dieser letzteren Stadt, liegt das Pfarrkirchdorf Weitersrode, auch Weikertsrod geheißen, mit einem alten Burgschlosse, das ein Herr von Heßberg erbaute. Dort, im Schlosse nämlich, sollen große Schätze verborgen und verzaubert ruhen. Zu einer Zeit ließ sich ein hell brennendes Lichtlein sehen, das aber, so wie jemand dasselbe erblickt hatte, alsobald wieder verschwand. Einige Männer vermutheten an der Stelle, wo das Licht sich blicken ließ, einen Schatz, und besprachen sich mit einander, wie sie ihn heben wollten. Denen gesellte sich unvermuthet ein Mönch zu, welcher sie bedeutete, daß der Schatz allerdings vorhanden sei, aber im Stalle liege und dort unter tiefem Schweigen gehoben werden müsse. Die Männer gruben eifrig und schweigend an der bezeichneten Stelle, und bald kam ein kupferner Kessel zum Vorschein, angefüllt bis zum Rande mit alten verschimmelten Thalern. „Herr Gott, die Menge!“ schrie einer der Männer laut auf, und plumbs versank der Kessel mit den Thalern und schwabb hatte der Sprecher eine Ohrfeige, daß ihm hören und sehen verging.

20

Auch eine weiße Jungfer läßt sich im Weikersroder Schlosse zu Zeiten sehen; sie trägt ein Schlüsselbund und möchte gern erlöst sein; auch sie ist eine Schatzhütherin, wie jener Mönch ein Schatzhüther, und an das stillschweigende Heben der Schätze ist die Erlösung beider geknüpft. Diese Jungfrau erschien einer Magd des Schlosses auf einem Gange, bot derselben ihr Schlüsselbund an, und sagte ihr, in einem alten Schoppen gegenüber dem Schlosse ruhe der Schatz, der ihr, der Magd, bescheert sei, in einem Kasten; sie solle denselben getrost öffnen, und daraus alles nehmen, was sie finde. Die Magd eilte nach dem Schoppen, fand die alte Truhe, die sie vorher nie gesehen, schloß und schlug den Deckel auf, und siehe, die Lade war voll Geld bis an den Rand, oben darauf aber lag ein kleines todtes Kind, dem stak ein Messerlein in der Brust. Da grausete der Magd über alle Maßen, sie enteilte bebend - und da tritt ihr die Jungfrau entgegen mit Händeringen, nimmt ihr das Schlüsselbund wieder, und verschwindet unter schweren Seufzern, denn die von ihr gehoffte Stunde ihrer Erlösung hatte abermals noch nicht geschlagen.

16.
Das Kirchhofkreuz.

In einer Lichtstube zu Weitersrode belustigten sich Burschen und Mädchen mit allerlei Scherzen, erzählten einander Sagen und Märlein, auch viel vom wandelnden Mönch und der weißen Jungfrau droben im alten Schlosse, und kamen auch darauf, ob man sich vor Gespenstern zu fürchten habe oder nicht. Endlich wurde die Frage aufgeworfen, ob ein Bursche wol so furchtlos sei, vom Gottesacker ein Grabkreuz in der Mitternachtstunde zu holen? Und da war gleich ein vorlautes und keckes Knechtlein bei der Hand, welches rief: Was gilt's? Ich thu's!
Es wurde eine Wette gemacht, und der verwegene Bursche eilte nach dem Kirchhofe; gerade schlug es eilf Uhr. Er rüttelte nun so lange an einem Kreuze, nachdem er über die Mauer geklettert und in den Raum des Gottesackers hinab gesprungen war, bis er des Kreuzes sich bemächtigt hatte, mit dem er wieder an der Mauer emporkletterte. Aber im Augenblicke, in welchem er droben war, und jenseits hinab wollte, fühlte er sich zurück gerissen, und eine hohle Grabesstimme rief: Mein Kreuz! Halt! Mein Kreuz! - Da schwand den Ueberkecken das Bewußtsein, und er blieb wie leblos auf dem Gottesacker liegen. Als er nun nicht wiederkehrte in die Gesellschaft, machte ein Theil derselben mit Laternen sich auf, ihn zu suchen, und fanden ihn starr und kalt, mit entstellten Zügen. Man trug ihn nach seiner Behausung und brachte ihn wieder zu sich, doch nicht länger, als bis er mit matter Stimme und halber Besinnung mitgetheilt hatte, was ihm widerfahren war, worauf er starb.
In Hildburghausen erzählt man sich auch eine solche Lichtstubengeschichte, doch mit anderer Färbung. Dort ist's ein Schuhstergeselle, der sich bei einer Wette anheischig machte zur Mitternachtsstunde in der Gottesackerkirche zu arbeiten. Gesagt, gethan, mit einem male steht an der Stelle, wo er seinen Sitz aufgeschlagen,

eine Todtenbahre, auf der ein ausgestreckter Leichnam liegt. Nach einer Weile, da der Schuhster arbeitet, richtet sich dieser Leichnam in die Höhe, da faßt der Schuhster seinen Hammer, ruft: Was tod ist, bleibe tod! und schlägt den Leichnam vor die Stirne; da sinkt dieser alsbald zurück und der unerschrockene Schuhster flickt weiter. Nach einer Weile erhebt sich der Leichnam abermals, aber nur um einen noch härteren Schlag zu empfangen, der ihn wieder die Länge lang hinstreckt. Nach vollbrachter Arbeit packt der Schuhster sein Arbeitsgeräthe zusammen, und eilt zur Gesellschaft zurück. Verwundert wird er empfangen und mit zahlreichen Fragen bestürmt, wie es ihm ergangen sei, ob ihm nichts erschienen? Unbefangen erzählt er, daß ein langer Kerl auf einer Todtenbahre als Todter gelegen, und sich ein paarmal gegen ihn aufgerichtet habe, er aber habe ihn mit seinem Hammer was weniges an die Stirne getippt und gerufen: Was tod ist, das bleibe tod! - Darüber entsetzten sich alle Lichtstubengenossen, denn einer ihrer Kameraden hatte sich fortgeschlichen in aller Eile, wie die frevle Wette gemacht wurde, und sich als Todter auf die Bahre gelegt, um den Schuhster tüchtig zu erschrecken. Und nun lag er noch immer dort und hatte das Aufstehen völlig vergessen, und im vollen Maaße hatten beide ihres Vorwitzes Strafe dahin.

17.
Geisterkämpfe.

Etwa 100 Schritte von Weitersrode liegt der Judengottesacker, und unter diesem stand vor Zeiten eine Kapelle, welche abgetragen wurde, nachdem die jetzige Pfarrkirche erbaut worden war. Bei Gelegenheit dieser Abtragung entzweiten sich ein Paar Zimmerleute so heftig, daß einer den andern erschlug, nachdem er ihm oben im Walde, der über dem Judenfriedhof hinzieht, aufgelauert hatte. Kaum aber war die unselige That geschehen, so folterten Reue und Gewissensbisse den Mörder und er legte alsbald Hand an sich selbst. Beider Leichname wurden an der Stelle, wo man sie fand, verscharrt, und über ihrer Grabstätte wurde ein großer Stein aufgerichtet, in welchen eine Zimmeraxt bildlich eingemeiselt wurde. Diese Stätte blieb ein verrufener Ort, denn oftmals wurden bei nächtlicher Weile die Geister der Beiden, in blutige Lacken gehüllt, mit einander kämpfend erblickt. Ein gleiches geschah in dem benachbarten Walde, durch den die Straße von Schleusingen nach Hildburghausen führt. Man erblickte zwei gespenstige Kämpfer, welche beide verzweifelt auf einander los hieben, bis der eine sank und der zweite verschwand. Das sollen nach der allgemeinen Sage die ruhelosen Geister zweier Hildburghäuser Bürger sein, von denen der eine dem andern eine Summe Geldes schuldete, aber niemals bezahlte, worauf der Gläubiger schwur, er wolle dem Schuldner das Geld vom Leibe herunterschlagen, und als beide einander an jener Waldesstelle begegneten, entbrannte sogleich der tödliche Kampf. Der Gläubiger überwältigte den Schuldner und schlug ihn tod, verscharrte den Leichnam und kehrte zur Stadt zurück. Aber auch ihm ließ das Gewissen keine Ruhe, endlich rannte er zum Walde, und erhing sich über dem Grabe des Ermordeten. Als man seinen Leichnam nun auch dort begrub, entbrannte der Geisterkampf der Beiden, und währete mit Ungestüm oft halbe Nächte hindurch, oder doch von Mitternacht an bis zum ersten Hahnenschrei. Ein Zufall ließ es geschehen, daß der Leichnam des Erschlagenen aufgefunden wurde; man grub ihn aus und setzte ihn in geweihter Erde bei. Da hatte der Spuk ein Ende.

18.
Schäfer- und Hasengespenst.

Hildburghausen ist eine Stadt sehr alten Ursprunges, daher ihr auch örtliche Sagen nicht fehlen. Man hat ihren Ursprung, wie ihren Namen von Hildbert oder Childerich, dem Sohne des Frankenköniges Chlodowig ableiten wollen, noch näher aber liegt die Ableitung von der frommen Hiltburge, einer begüterten Frankin, die zum Heile ihrer Seele das Hochstift Fulda mit zahlreichen Besitzungen, in nachbarlichen fränkischen Gauen gelegen, begabte. Als nun Hildburghausen noch ein eigenes Fürstenhaus besaß, stand vor dem stattlichen Schlosse Tag und Nacht eine Schildwache, welche zu einer Zeit, als das Militair in den Krieg gezogen war, durch Bürgermiliz versehen wurde. So wachten einmal drei Bürgerwehrmänner, und da es gerade eine recht schöne Mondscheinnacht war, so traten die Mannen aus der Wachtstube heraus ins Freie und beobachteten den Mond. Plötzlich gewahrte der eine von den Dreien, daß sich über die Schulter des einen seiner Kameraden ein Schäfer lehnte, groß und stattlich von Gestalt, mit krausem vollen Barte, den Kopf mit einem weitkrämpigen Schlapphute bedeckt und in der Hand die lange Schippe. Der Schäfer machte eine gar nicht unfreundliche Miene, sondern schaute sehr ruhig drein; der aber, auf dessen Schultern die Gestalt des Schäfers sich lehnte, sah, fühlte und merkte nichts von ihr. Indem schlug die Thurmuhr Mitternacht, und die Erscheinung verschwand. Vergebens sahen alle drei, nachdem der Kamerad verkündet hatte, was er gesehen, sich nach dem gespenstigen Schäfer um. Zu einer andern Zeit hatten zwei andere Bürger Nachts die Wache am Schloßthore; beide standen in ziemlich gleichgültigen Gedanken, da trottelte aus der Schloßecke her plötzlich ein Hase auf sie zu, blieb vor ihnen still stehn und machte seine Männchen. Die Wächter haschten nach dem Hasen, konnten seiner aber nicht habhaft werden. Jetzt wollten jene den zudringlichen Lampe in die Flucht jagen, allein dieß gelang wieder nicht, vielmehr wurde der Hase größer und größer, begann seine großen Augen wie Feuerräder zu rollen, und was weniges Feuer auszupuhsten. Noch hielt die Tapferkeit der Bürgerwehrmänner standhaft Stand, sie legten ihre rostigen Schießprügel auf ihn an, und wollten Feuer geben, es gab aber keiner Feuer, weil beiden das Gewehr versagte - und darauf verschwand alles, der Hase zuerst und dann die beiden Wehrmänner; sie ergriffen nämlich das Hasenpanier und flüchteten zitternd in ihr sicheres Wachtstüblein hinein.

19.
Der Mönch in Ketten, und die nächtliche Wehklage.

An der Stelle der heutigen Frohnfeste zu Hildburghausen stand früher ein Zeughaus. Dort erschien allnächtlich ein Mönch mit langwallendem Barte und in aschgrauer Kutte. Er keuchte langsam des Weges daher, schwer beladen mit einer Last von Ketten und seufzete unaussprechlich. So büßte er ein sündenvolles Leben, und mußte also wandern, bis er jemand fand, der ihm die Ketten abnahm. Dieses muß ohne Zweifel geschehen sein, da sich dieser Spuk in unsern Zeiten nicht mehr hören noch sehen läßt. In einer Nacht rief der Wächter zu Hildburghausen die Mitternacht-Stunde ab, und schritt die Gasse hinauf, die beim Rathause auf die Marktgasse führt. Da hörte der Mann hinter sich her ein klägliches Wimmern und schneidende Klagetöne und einen schlurfenden Schritt, und als das kein Ende nahm, blieb er an der Ecke stehen, und leuchtete die Gestalt an. Er erblickte mit Grauen ein uraltes, völlig in sich zusammengebücktes und gedrücktes Weiblein in graue Lacken gehüllt und mit einem spinnewebfarbigen Gesicht, das barmte noch einmal auf das herzbrechendste, und dann zerfloß es vor seinen Augen, wie ein grauer Nebel. Der Nachtwächter dachte sich wohl, daß das kein gutes Zeichen sein möchte, und behielt die Sache für sich, sagte niemand etwas davon. In der nächstfolgenden Nacht, als derselbe Mann wieder die nämliche Straße ging und an die Stelle kam, an welcher er zuerst das Gewimmer und Gewinsel vernommen, sah er aus einem Hause schwarze Rauchwolken heftig in die Höhe steigen und gleich darauf schlug eine helle Flammenlohe aus dem Dache. Rasch wuchs die wilde Gluth, und obschon der Nachtwächter sogleich Feuer rief und tutete, so währte es doch lange, ehe genügende Hülfe kam, weil die Menschen im ersten Schlafe lagen, indeß das Feuer immer weiter um sich griff, und eine Reihe Häuser bald zu gleicher Zeit brannten, und es setzte sich die Gluth fort bis an jene Ecke, an der die nächtliche Wehklage verschwunden war, da stand das Feuer, wie gebannt, und fraß nicht weiter.

Solches Gespenst der Wehklage kennt man auch in andern Städten Thüringens, so namentlich in Weimar, wo auch ein gespenstiges Klageweib wimmernd und sich jammervoll gebehrend durch die Straßen geht, wenn es brennen will, oder der Stadt sonst ein Unglück droht.

20.
Mehl-Eiche.

Auf der Straße von Hildburghausen nach Schleusingen kommt man durch die Stadtwaldung, und in dieser ist es nicht geheuer. Vor nicht gar zu langer Zeit ging eine alte Frau in jenen Forst ins Leseholz, und als sie so recht im tiefen Walde war, sah sie unter einer ganz alten Eiche eine schlossenschleierweißgekleidete und todtenbleiche Frau, die trug auf ihrer Schulter einen langen und schweren Sack voll Mehl, ruhte damit an der Eiche, und winkte der armen Frau, näher zu ihr hinzukommen, gab ihr auch zugleich mit Gebehrden zu verstehen, sie möge ihr den Sack abnehmen. Die arme Alte aber hatte Angst und fürchtete sich, und sah wo anders hin - wie sie aber nun endlich wieder den Blick erhob, und nach der Eiche hinsah, war jene Frau verschwunden. Als nun die Alte nach Hause gekommen war, erzählte sie, was sie gesehen, ihrer Nachbarin, und diese sprach: Ei Nachbarin, wißt Ihr denn das noch nicht? Das ist ja die böse Müllersfrau gewesen, die bei ihren Lebzeiten das Getreide der armen Leute auf unbarmherzige Weise gemetzt hat. Da ist sie von einem Pöpelsträger, weil sie nach ihrem Tode gar zu gräulich spukte, in den Stadtwald getragen, und darin fest gebannt worden, und muß nun mit dem schweren Mehlsack umgehen, bis sie jemand findet, der ihr den Sack abnimmt, wodurch sie erlöst wird. Die Eiche, an der die schlimme Müllerin jedesmal ausruhen darf, heißt die Mehleiche.

21.
Kapelle Ehrenberg.

Zur rechten der Straße von Hildburghausen nach Themar, wenn man das Dorf Siegritz schon im Rücken hat, ragt hoch auf einem Berge eine Steintrümmer über sparsamer Waldung empor, und eine Strecke tiefer breiten sich freundlich die Häuser des Dorfes Ehrenberg aus. Die Kapelle war der heiligen Ottilie geweiht, und es geschahen zu ihr zahlreiche Wallfahrten. Eine reiche Herrschaft soll der Sage nach früher in dem Dorfe gewohnt, ihm den Namen Er-Henn'berg gegeben, und auch die Kapelle begründet und begabt haben. Es ist aber alles dunkel, und nur ein schwarzer Hund soll zu Zeiten an der Trümmerwand der St. Ottilienkapelle sich sehen lassen, und einen dort vergrabenen Schatz bewachen, just so, wie bei der sogenannten „steinernen Kirche", deren geringe Trümmer in einem Wäldchen bei Themar noch sichtbar sind.

22.
Seelweckchen.

Auf der Mauer der steinernen Brücke, welche nahe beim Kloster Veßra über die Schleuse führt, ganz nahe der Stelle, wo diese sich mit der Werra vereinigt, erblickt man eine Brätzel und einen Namen dieser Gestalt ANNA ARNERTA † 1612 - als Wahrzeichen eingehauen. Diese Zeichen sollen ihren Ursprung einem Ereigniß danken, das zur Sage verklungen ist. Ein junges hübsches Bäckermädchen aus Themar, die einzige Tochter wohlhabender Aeltern, wurde mit einem Korbe voll Brätzeln und Semmeln nach Veßra geschickt. Da der Korb schwer war, so ruhte das schöne Kind sich aus auf der dazu ganz geeigneten Brückenmauer, nahe da, wo sich die Wege scheiden. Sei es nun, daß des Korbes Schwere allein die Jungfrau rücklings niederzog, sei es, daß der dort wohnende Wassergeist Hackelmärz dieß that, genug, sie sank sammt ihrem Korbe rücklings nieder und fand ihren Tod in der Fluth. Am andern Tage wurde sie erst gefunden. Die Aeltern ließen alle Jahre an dem Unglückstage ihrer Tochter Semmeln und Brätzeln an die Schulkinder vertheilen, auch auf die Veßraer Brücke zum Andenken, oder auch zur Warnung für Diejenigen, welche schwer belastet da vorüber kommen und in ähnliche Gefahr gerathen möchten, jene Zeichen in die Mauer einhauen, welche stets an den Unglücksfall erinnern. In dem Testamente der Aeltern des verunglückten Mädchens war der Armen- oder auch Sell-Casse Themar eine beträchtliche Summe zugedacht; auch die alljährliche Vertheilung der Semmeln unter die Schulkinder bestand fort, und besteht heute noch. Die Kinder heißen diese Semmeln „die Seelweckchen"; und auf einem Hause nahe an der Seelpforte ruht neben der Rechtsame, daß, wer dieses Haus besitzt rasieren darf (wenn er nehmlich den Schick dazu hat) auch diese, daß bei der Vertheilung der Seelweckchen für 4 Batzen Semmeln dahin geschickt werden. Vielleicht war es die Wohnung jener Bäckersleute.

Jetzt noch soll zuweilen auf der Veßraer Brücke das verunglückte Mädchen in einem schneeweißen Gewande erscheinen, und ängstlich hin und her wandeln, als habe sie hier etwas zu suchen. Auch einen Reiter ohne Kopf will man da öfters gesehen haben. Von dieser Brücke heißt es noch, und es ist zum spöttischen Sprichwort geworden: wenn ein Mädchen keinen Mann bekommt, so muß sie die Veßraer Brücke scheuern, und den Fröschen warme Socken flicken.

23.
Wassergeist Hackelmärz.

Das Begegnen eines männlichen Wassergeistes mit bestimmtem Namen ist in den Sagen Thüringens von sehr seltenem Vorkommen, daher ist um so mehr darauf zu achten. Es ist aber überhaupt die Gegend und das uralte vormals hennebergische Städchen Themar sehr sagenreich, und voller mythischen Anklänge. Der Hackelmärz wohnt in der Werra und Schleuse; die Kinder fürchten ihn sehr, wenn sie baden und machen sich einander gegenseitig mit ihm zu fürchten, indem sie rufen: „Hu! Reis' aus! Der Hackelmärz kommt!" Sie denken sich ihn lang, dürr, graugrünbärtig, mit geschlitzten Schlappohren, der nach ihnen fahndet, wenn sie baden, und sie dann unter dem Wasser erstickt. Man kann bei dem Namen an den westphälischen und harzischen wilden Jägergeist Hackelbernd und Hackelnberg denken. Bernd ist, wenn man nicht an eine höhere mythische Deutung zu glauben geneigt ist, der zusammengezogene Name Bernhard, und März ist Martin, wie man im Hennebergischen Lurz und Lorenz, Murz aus Moritz bildet.

Auch das Andenken der Frau Holle lebt in diesem Thale fort; die Kinder sagen, wenn es im Winter so recht in dicken Flocken schneit: Die Frau Holl schüttelt ihr Federbett aus. -

Die Macht des Hackelmärz erstreckt sich weit; zwischen der Mühle von Rappelsdorf bei Schleusingen und der Papiermühle bei Schwarzbach, am Anfange des in die Schleuse mündenden Schwarzbachs, muß der letztgenannte Fluß alle Jahre einen Todten haben.

24.
Veßra und Trostatt.

Nahe dem Ausgange des Schleusethales lag die einst reiche und berühmte Prämonstratenser-Abtei Veßra. Dort sollen ursprünglich Mönche und Nonnen nachbarlich beisammen gewohnt haben, bis im Nonnenhause ein Brand ausbrach, und man für gerathen fand, Stroh und Feuer von einander zu scheiden, und wurde ohnweit Veßra im Werrathale ein Ort zur Strohstatt erkieset, der aber den Namen Trostatt erhielt, aber stets gewissermaßen von den Veßraischen Aebten abhängig blieb. Auch soll ein unterirdischer Gang von Veßra nach Trostatt unter dem Werrabette weg geführt haben. Die Sage legt aber der Gründung von Trostatt eine andere Ursache bei. In den zum guten Theile noch erhaltenen Klostergebäuden Veßra's erblickt man zu Zeiten noch wandelnde Mönche. Ein überaus großer Schatz soll in einem dort befindlichen verfallenen und verschütteten Brunnen liegen. Auch im Walde auf dem Wege vom Dorfe Schmeheim nach Themar sind Mönche erblickt worden, die einen Kreis um einen Hügel unter einer Buche geschlossen hatten. Zu einem Abte von Veßra kam einmal der Teufel, ihn zu versuchen, denn er dachte, habe ich erst den Abt, dann ist mir die ganze Clerisei gewiß. Der Teufel bot dem Abte viele Schätze für dessen Seele an, aber völlig vergebens, der Abt blieb seinem Heiland und dem Himmel getreu. Darüber ergrimmte der Teufel und fuhr durch die Lüfte von dannen, schleuderte aber noch eine große Steinkugel nach dem Haupte des Abtes, allein die Kugel traf nicht den frommen Mann, sondern fuhr schräg in die Mauer über dem Kreuzgang, und blieb darin hängen bis auf den heutigen Tag.

25.
Der Mönchsstein.

Das Thal aufwärts vom Kloster Veßra nach Schleusingen zu findet der Wanderer unterhalb Rappelsdorf und ohnweit der Zollbrücke auf einer Wiese einen mächtig großen Stein stehen, welcher im Volke der Mönchsstein genannt wird. Insgemein erzählt man sich, es habe ein Mönch aus Veßra den Stein zur Buße vom Kloster aus bis zu der Stelle, wo der Stein steht, auf seinen Achseln getragen, und dadurch zugleich das Klostergebiet bis zu diesem Stein erweitert; eine alte schriftliche Nachricht aber meldet: Bei der Gründung und Erbauung des Klosters Veßra durch den Grafen Gotebaldus oder Gottwalt von Henneberg um das Jahr 1130 erbot sich ein Mönch, den Stein eine merkliche Weite zu tragen, unter dem Beding, daß der Graf dem Kloster so viele Wiesen zu eigen gebe, als so weit der Mönch den Stein tragen werde. Der Graf willigte ein und der starke Mönch trug den schweren Stein diese weite Strecke, fast eine halbe Meile Weges weit, und sank dann tod nieder. In ganz ähnlicher Weise wiederholt sich diese Sage im Forste des Dorfes Manebach bei Ilmenau, auch dort steht ein Mönchsstein, noch dazu mit einem darauf ausgehauenen Mönchsbilde, den soll sogar von einem Kloster zu Erfurt aus ein frommer Pater oder Frater bis zu jener Stelle getragen haben, um seinem Kloster Land und Waldung zu gewinnen.

26.
Die Jungfrau mit dem Zopf.

Häufig wird an alten öffentlichen Gebäuden in dieser Gegend noch das Wappen der Grafen von Henneberg-Schleusingen erblickt, oft sogar sehr kunstvoll in Stein gearbeitet, über dem der eine Helm als Zier eine wachsende gekrönte Jungfrau trägt, aus deren Krönlein eine mit Pfauenfedern besteckte Säule emporragt. So am Thore zu Veßra, zu Schleusingen, am Brückenthore zu Themar, an der Kapelle auf der Obermaßfelder Brücke, am Schlosse zu Maßfeld ec. Diese Jungfrau ist ohne Arme gebildet, hat aber einen starken Zopf, nicht selten auch 2 Zöpfe. Alte heraldische Fürstenschmeichler haben in Reimen und doch sehr ungereimt in diesem Jungfrauenbilde eine Pallas oder Minerva erblickt, als Zeichen der großen Weisheit des gräflichen und fürstlichen Herrschergeschlechts, während die Annahme dieser Helmzier in eine sehr späte Zeit fällt. Die Sage vermittelte die Erklärung dieses Helm- und Wappenschmuckes auf eine sehr romantische Weise, und in mannichfaltiger Abwandlung.

Ein junger Graf von Henneberg lernte im heiligen Lande die Tochter eines Königs von Arabien kennen und gewann ihre Liebe, doch mußte er von ihr sich trennen und in seine Heimath zurückkehren. Der Sarazenin aber ließ es nicht Rast noch Ruhe, sie nahm ihre Schätze und ihre Diener und zog mit ihrer ganzen Habe in das Abendland, und erreichte endlich die Grafschaft Henneberg. Wie sie nun durch das obere Werrathal zog, und in die Nähe des Klosters Veßra kam, vernahm sie von den beiden Thürmen der Abtei und von allen umliegenden Orten her ein feierliches Glockengeläute, und vernahm, als sie nach der Ursache desselben fragte, man feiere das Hochzeitsfest des Landesherrn. Als die Sarazenin nun weiter forschte, wie dieses Gebieters Name sei, so wurde ihr der Name ihres Geliebten genannt. Da war die arme morgenländische Prinzessin außer sich vor Schmerz, riß ihre schönen Haarzöpfe sich aus, gründete ein Nonnenkloster, nachdem sie Christin geworden war, und nannte es, weil sie nur darin eine Stätte des Trostes zu finden vermochte, Trostatt, verwandte all' ihr übriges Geld und Gut zu frommen Zwecken, erbaute die Brücken bei Ober- und Untermaßfeld, und lebte gar nicht lange. Den Grafen aber rührte die Liebe der Sarazenin sehr, und er suchte ihr Andenken auf alle Art zu ehren; er nahm ihr Bildniß als Zier auf seinen Helm, führte es so auf Turnieren, ließ es überall abbilden, und ihren Leichnam ließ er in der Abtei Veßra beisetzen, und ihr im oberen Chore der Kirche ein schönes Denkmal, in Form einer Tumba aufrichten; darauf sahe man, einer alten Nachricht zu Folge, ihr steinerndes Bildniß mit schwebenden oder zu Feld geschlagenen Haaren auf einem Ruhebette von Säulen getragen. Ueber dem unteren Kleide trug sie einen langen Mantel, von einem schmalen Gürtel zusammengehalten, hatte vorn unter dem Halse ein edel Gespang auf der Brust, und einen Leidschleier oder Binde vom Haupte bis zu den Füßen hangen. Am Kissen unter ihrem Haupte erblickte man zwei Engel, welche dieses Kissen mit ihren Händen hielten.

Die spätere, meist ungeschickt verjüngende Sage läßt jene Fremde die Tochter eines moskowitischen Kaufmannes sein, ja noch schlimmer die eines Würzburger Kaufmanns, mit der sich dann alles so, wie mit der Sarazenin, zugetragen habe.

Seltsam ist es, daß an die ursprüngliche Sage selbst die von einem morgenländischen Thiere erinnert, welche lautet:

27.
Die Cameels-Kammer und der Cameelsbrunnen.

Wenn man von Themar aus dem Weißbach entlang nach dem Dorfe Lengfeld zu schreitet, kommt man an eine Vertiefung, in welcher ein Brunnen quillt.

In einem heißen Sommer gingen einmal zwei Männer aus Themar mitander durch die Feldflur, und einer von ihnen fühlte brennenden Durst. Der Mann war dem umsinken nahe, und sprach zu seinem Nachbar: „ich will umkehren und wieder heimwärts gehen, daß ich erst meinen Durst lösche." Und er wandte um, sank aber bald an einem Rain hin, denn er war matt und müde; horch! da plätschert etwas in der Nähe, wie wenn Wasser auf die Erde niedergegossen würde - er rafft sich auf, und als er kaum noch 20 Schritte gethan, so sieht er zu seinem großen Wunder in Cameel, welches sich nieder bückt und aus einer hervorsprudelnden Quelle säuft. Vorher war an diesem Ort keine Quelle gewesen. Freudig eilt er hinzu und löscht seinen brennenden Durst mit dem klaren süßen Wasser; dann verkündigte er das Wunder seinen Nachbarn und Freunden, die sich neugierig aufmachten, das Cameel und die neuentdeckte Quelle zu besehen. Frisch und klar wallte das Wasser noch aus der Erde hervor, aber das Cameel war fort, und ließ sich später nur noch einigemale an eben diesem Ort sehen, wo es dann nie wieder bemerkt wurde. Ihm zum Andenken ließen die Themaraner sein Bildniß in Stein hauen, und über die nachmals sorgfältig gefaßte Quelle aufstellen, die den Namen „Cameelskammer" geheißen; auf beiden Seiten drängt der Wald heran, und der Boden, der sich hier in eine Vertiefung senkt, sieht fast einer Wohnung, oder einer Kammer ähnlich.

Dieses Cameel soll zu denen gehört haben, welche die Orientalin mit aus ihrer Heimath brachte, und von jener Zeit an soll sich noch manchesmal im Hennebergischen hie und da ein Cameel erblicken lassen. Nahe der Cameelskammer sind auf dem Felde noch zwei Vertiefungen, von denen die eine die Goldgrube, die andere die Kohlengrube heißt. Es läßt sich aber weder in der einen noch in der andern das erblicken, wonach sie heißen. Würde man dem Fingerzeige der alten Sage zu folgen verstehen, und in der Kohlengrube Kohlen finden, so wäre die Goldgrube gleichzeitig mit erschlossen.

28.
Die verschwundene Burg.

Wenn man von Themar den Wiesgrund hinauf nach Lengfeld geht, so sieht man, noch in ziemlicher Entfernung, einen langen und auch etwas hohen Berg, durch einen Sattel gleichsam in zwei Hälften getheilt, hinter dem Dorfe sich erheben, der mit Fichten bewachsen ist, aber viele größere und kleinere leere Stellen zeigt, und dieser Berg wird die Burg genannt. Die linke Hälfte dieses Berges weis't die größte und schon in weiter Ferne sichtbare kahle Stelle, wo der Boden ganz mit Steinen bedeckt ist, und auf diesem Platze soll in uralten Zeiten eine Burg gestanden haben. Es hatte aber die Burg, weil sie allzuhoch lag, keinen Brunnen und alles Wasser, so viel nur die Bewohner bedurften, mußte auf Eseln von den Lengfelder Brunnen den Berg hinauf geschafft werden. Einstmals wurde auch eine Ladung Wasser mit Eseln auf die Burg gebracht und der Treiber ging hinterdrein, um seine Lastthiere anzuregen. Als er sich an der Mitte des Berges befand, that plötzlich einer der Esel einen ungeheuer lauten, gräßlichen und noch nie gehörten Schrei, der Treiber aber achtete nicht weiter darauf und trieb zu. Ueber eine Weile ließ sich von dem Esel wieder ein ähnlicher Schrei zu hören und noch über eine Weile wieder einer, da fiel es dem Treiber doch auf, weil dieser Esel nach dem dritten Schrei auch stehen blieb und nicht weiter gehen wollte. Mit Schlägen trieb er nun den Esel an, aber er hatte große Mühe, ihn fortzubringen, denn er schlug mit seinen Füßen hinten aus und blieb lange trotz der Schläge stehen. Endlich gelangte der Eselstreiber mit seiner Wasserladung, nach manchen Hindernissen, auf den Scheitel des Berges, aber wie erstaunte er, als von der großen und schönen Burg keine Spur mehr zu sehen war: Sie war von der Erde verschwunden und nur einzelne Steinbrocken lagen auf dem Boden umher. Wohl hatte der Esel ihren Untergang geahnet. Unter dem Dorfe Lengfeld am Fahrwege nach Themar stand an einem Rain, woran von oben Aecker stoßen, in einem Nußheckengesträuch ein ohngefähr dritthalb Fuß hohes, mosiges Steinkreuz, das erst vor noch nicht langer Zeit weggerissen worden ist. Unter diesem Kreuz liegt, der Sage nach, ein Reitersmann sammt seinem Roß, denen beiden im dreißigjährigen Krieg an dieser Stelle der Kopf abgehauen worden ist, begraben; und allnächtlich in der zwölften Stunde besteigt der Reiter sein Roß, das wie er selbst ohne Kopf ist, und reitet langsam um das Kreuz herum, aber mit dem letzten Glockenschlage ist er auch wieder spurlos verschwunden.

29.
Teufelsstein.

Eine gute Wegstrecke über Themar nach dem Walde zu liegt auf einem bewaldeten Bergkopf ein Säulen-Basaltfelsblock, der Feldstein oder Teufelsstein geheißen. Es ist um ihn nicht geheuer und das Irrkraut wächst dort sehr häufig. Der Feldstein ragt 70 Fuß oder 35 Ellen hoch empor und die Sage erklärt sein Vorhandensein also: Wie der Teufel drüben auf dem kleinen Gleichberge bei

Römhild die sogenannte Steinsburg baute, und zwar auf Geheiß eines ihm ver-
bündeten Ritters, der gern eine unüberwindliche Veste besitzen wollte, und ihm
dafür seine schöne Tochter zu eigen zu geben gelobt hatte, selbstverständlich, daß
der Teufel in einer und derselben Nacht und vor dem ersten Hahnenschrei den
Bau der Burg nebst einer dreifachen gewaltigen Steinumwallung vollendete, da
war er schon so weit fertig, daß nur noch ein Schlußstein mangelte, und mit diesem kam er bereits vom Thüringer Walde her angesaust, aber die Amme des
Ritterfräuleins hatte Unrath gewittert, war mit einer Laterne zum Hühnerstall
geschlichen, und wie der Hahn das Laternenlicht sah, meinte er, es sei schon Tag
und krähte hell auf. Der Teufel hörte den verhaßten Schrei des Hahnes, der ihm
durch alle Glieder fuhr, und da ließ er entweder vor Schreck den Stein fallen, oder
warf ihn vor Zorn dahin, wo er jetzt noch liegt. Unter dem Teufelsstein soll ein
großer Schatz vergraben liegen.

30.
Seher und Gesichte.

Auf der Weghälfte zwischen der Veßraer Brücke und Themar ist ein Kreuzweg,
eine breite Fahrstraße kommt vom Felde rechts nach der Hochstraße, und zur linken geht eine solche in den Wiesengrund und nach der Holzflöße; unter der Hochstraße hindurch ist ein Wässerlein geleitet, dergleichen bedeckte Wasser nennt
man im Hennebergischen eine Dohle. Auf dem Kreuzweg über der Dohle findet
alljährlich eine Erscheinung Statt. Wer in der Neujahrsnacht um 12 Uhr schweigend an diesen Ort geht, der erblickt die lichte Gestalt eines Engels, welcher eine
Papierrolle in der Hand hält, und sie vor den Augen des Sehers aufrollt. Dieser
erblickt dann mit goldener Schrift auf der Rolle eine Zahl geschrieben, und diese
Zahl ist die der Jahre, die der Seher noch zu leben hat. Einst war zu Themar auch
ein Seher, der mehr vermochte, als Brod zu essen; er war ein Gülden-
Sonntagskind, konnte das Wetter voraussagen, und vornehmlich, wer alles im
Laufe des Jahres sterben werde. Dieser Mann ging alle Jahre in der Neujahrsnacht um 12 Uhr nach dem Oberntor, in dessen nächster Nähe der Gottesacker
ist, wo er stillschweigend neben die Pforte trat, und diejenigen Menschen, die in
diesem Jahre mit Tode abgehen würden, geisterhaft in einem langen Zuge an sich
vorbei schweben sah. Wie sie nach der Reihe vorüber gegangen waren (und der
Zug bewegte sich allemal bis an das Thor des Gottesackers), so starben sie dann
auch. Einstmals stand er auch zu dieser Stunde am obern Thor, und die Schattenge-
stalten glitten an ihm vorüber; siehe da kam seine Frau, eine böse Sieben, auch
heraus geschwebt, und wie sie ihn erblickte, wandte sie sich um, und versetzte
ihm eine derbe Ohrfeige. Da ging er heim, und niemals wieder auf die Geisterschau.
Seine Frau ist wirklich in diesem Jahr gestorben, er aber hatte die Seherschaft
verredet.
Wenn es in Themar am Sonntage früh zum Gottesdienst lautet, haben manchmal
die Klänge einen eigenen, weinenden Ton, (wiewohl sonst das Glockengeläute

sehr rein und schön ist) und darnach ist jedesmal ein sehr trauriger Todesfall. Weint nun die Glocke, so sagen die Leute: es giebt bald eine Leiche, die Glock' heult. Und es trifft auch allemal zu.

Stirbt ein Rathsherr, so fällt in den Augenblick seines Abscheidens einer von den zwölf Stühlen um, die im Rathhaus stehen, darauf die Herren sitzen wenn sie Rath halten. Und stirbt ein ehrwürdiger Geistlicher, so flammt ein helles Licht in der Kirche.

Steht an einem Leichnam ein Auge offen, so heißts: der holt noch Eins nach.

Auch das ist in Themar Volksglaube, daß, wenn einem Leichnam ein Schleifchen Band oder Zeug von seinem Sterbeanzuge in den Mund kommt, und er so beerdigt wird, so holt er nach und nach binnen kurzer Zeit die ganze Familie. Dieser Zug der Sage ist ein in Thüringen seltenes erinnern an den Vampyrismus, während der Glaube, daß, wenn ein Toder von einem noch Lebenden ein Stück Gewand mit an den Leib bekäme, er Lebende so langsam sich verzehren müsse, als jenes Stück im Grabe verfault, schon weit mehr allgemein ist.

Am heiligen Dreifaltigkeitstage, welches der goldene Sonntag ist (Trinitatis), soll man bei Leibe nicht arbeiten, dieß ist ein schon von den Vorältern auf die Nachkommen vererbtes heiliges Gebot, und wer dasselbe übertritt, läuft große Gefahr vom Blitz erschlagen zu werden. So setzte sich einmal zu Themar eine Magd an diesem Tage vor die Thüre, und flickte, trotzdem, daß ihre Herrschaft ihr davon abrieth, ihre Mieder. Als dasselbe wieder in den Stand gesetzt war, zog die Magd die Mieder an, aber wie sie aus ihrer Kammer trat, zuckte ein Blitz, der sie auf der Stelle tödtete und das Mieder gerade da, wo sie dasselbe ausgebessert hatte, in Stücken riß.

31.
Der eingefallene Berg und das Dörfles.

Oberhalb Themar in der Stadtnähe und am linken Ufer der Werra senkt sich schroff und steil eine nur wenig bewachsene Wand, oben Felsen und unten Kalkgerölle, bis fast zum klaren Spiegel des Flusses herab.

Dieser Berg besteht gleichsam in drei Abtheilungen, wovon auch jede ihren eigenen Namen hat. Da, wo die hohen Tannen das Dörfles bekränzen, heißt es aber „Iltenberg," im gemeinen Leben „Oelteberg."

Zunächst an Themar heißt es der „gehegte Berg," und der mittlere Theil ist „der eingefallene Berg." Vor langen Zeiten zertrennte sich das Felsengebirge weithin in gerader Richtung, stürzte hiernieder, und begrub unter seine Trümmermassen ein unten am Berge gelegenes Dörfchen, das den Namen „Dörfles" führte, wonach nun heute noch diese Gegend benannt wird. Die Bewohner des Dörfles führten ein Gott sehr mißfälliges ruchloses Leben, daher über sie die Strafe verhängt wurde, daß der einstürzende Berg sie mit Mann und Maus begrub.

Eine dunkle Kluft, das „Eisloch" geheißen, zieht sich in den Fels hinein, und der Schlund senkt sich in eine grauenvolle Tiefe. Im Grunde soll Wasser sein, welches mit dem Meere in Verbindung stehe. Das Eisloch nennt man, wie ein ähnliches am großen Gleichberge bei Römhild: „die kalte Hölle." Aus der Tiefe dieser schaurigen Kluft will man oft Seufzer und Geheul vernommen haben, und behauptete, das rühre her von den Seelen der verdammten Bewohner des Dörfles. Des eingefallenen Berges Form wie die Sage von seiner Kluft deuten augenscheinlich nach dem Hörseelenberge hin, nur daß jener höher ist und die Sagen von ihm herrschender und ausgebildeter geworden sind.

32.
Die Gipsgrube.

Einst ging Herr Heinrich Eißbrückner von Themar auf sein Feld, welches am eingefallenen Berg gelegen war. Unweit der Obermühle, die außer der Stadt liegt, begegnet ihm eine alte Frau, man hieß sie nur die Schlotfegers Willebärb, und er will freundlich grüßend an ihr vorüber gehen; doch sie fragt ihn geheimnisvoll, wohin er, wolle? Auf meinen Acker, da oben am eingefallenen Berg, versetzt er gutmüthig. Nun da will ich auch mit, spricht die Alte weiter und trippelt neben ihm her. Als beide dort angekommen waren, deutet sie auf einen Fleck, etwa die Mitte des Ackers, und spricht: hier lasse Er einschlagen Herr Eißbrückner, es steht ein reichlich Gipslager in diesem Berg, und da, auf dieser Stelle, wird es am ehesten erreicht. Sie schritt dann schweigend fort, und war bald hinter etlichen Büschen verschwunden. Nachdenklich ging Herr Eißbrückner heim, erzählte seiner Frau sein wunderliches Begegniß; doch diese brach in ein Gelächter aus, und sagte: o du Alter, was hast du nur gesehen, die Willebärb ist ja schon lange gestorben, weißt's denn nicht mehr? - Und da fällt es ihm auch ein; aber heimlich drängt es ihn, dem Worte der Alten zu folgen; er läßt sich etliche Bergleute aus Manebach bei Ilmenau kommen und an der bezeichneten Stelle einschlagen. Kaum waren die Arbeiter eine Klafter tief gekommen, so wurde ein vortreffliches Gipslager aufgedeckt, daß äußerst ergiebig war und mit reichlichem Gewinn viele Jahre lang fortgebaut ward. Aber als Herr Heinrich Eisbrückner die Augen zugethan, das ist schon an die vierzig Jahre her, ist auch die Gipsgrube wieder zum Erliegen gekommen, und nur noch eine Telle verräth ihr ehemaliges Vorhandengewesensein.

33.
Die Trompeters-Eiche.

In der Oberstedter Gemarkung, nicht weit von Schmeheim, da, wo das Bräuningsthal in den Springgrund mündet, am Fuße des Kirchberges, steht eine alte Eiche, welche die „Trompeters-Eiche" genannt wird; die Leute sagen insgemein, wenn früher der Kurfürst von Sachsen in diesen Forsten gejagt habe, so habe er immer einen Trompeter auf diese Eichen steigen heißen, und von ihrem hohen

Wipfel aus die Waidmannsgenossen zur Tafel zusammenblasen lassen. Eine andere Sage hängt um diese alte Eiche einen poetischeren Kranz. Als im dreißigjährigen Kriege, der das ganze Henneberger Land, vornehmlich aber diese Gegenden und Themar und Schleusingen furchtbar heimsuchte, sich in der Nähe noch Kaiserliche und Schwedische feindlich gegenüberstanden, kam in beide Heerlager zugleich die Kunde von dem endlich abgeschlossenen Frieden. Da sandte jeder der Oberbefehlshaber der hier stehenden Truppen einen Trompeter an seinen Gegner ab, ihm nach Kriegsbrauch den Frieden anzublasen. Unter der Eiche begegneten sich die beiden Trompeter, sagten einander ihre gute Botschaft an, stiegen auf die Eiche hinauf und bliesen vom fröhlichen grünen Wipfel den lieben hoffnungfreudigen Frieden in alle Welt hinaus, daß es laut und lustig über Höhen und Thale schmetterte, und in den Dörfern, wo man den Schall so froh vernahm, wie die Hirten in der heiligen Nacht die Engelstimme, wurden alle Glocken geläutet, und von Dorfe zu Dorfe im immer weitern Umkreis breitete sich die frohe Friedensbotschaft aus. Daher wurde hernach jene Eiche die Trompeters-Eiche geheißen.

34.
Themars Kriegsschrecken.

Die kleine Stadt Themar im Werrathale ist ein sehr alter Ort, der häufig seine Namen im Laufe der Zeit abwandeln lassen mußte. Im Jahre Christi 800 schrieb man es Tagamari, später Theimar, Teymer, Teimer ec. Es unterlag vielfach verheerender Wasser- und Feuersnoth, Kriegs- und andern Drangsalen und gelangte nie zu hohem Flor. Insonderheit war es der dreißigjährige Krieg. Der langenachhaltig dem Wohlstand des Städtchens alle Blüthe abbrach. Im Jahre 1632 plünderte das Wallensteinische Heer, später brandschatzte Lamboi, und 1634 wüthete Isolani mit seinen Croaten ganz unmenschlich mit Schwert und Feuer. Von 300 Häusern blieben nur 68 übrig, von 280 wehrhaften Männern oder Familienvätern nur 54. Fast durch ein Wunder entging die schöne, von Gräfin Margaretha von Henneberg erst 1488 völlig neu erbaute und dem h. Bartholomäus geweihte Kirche dem Verderben. Die Sage meldet, Isolani solle selbst mit der Brandfackel in der Hand nach der Kirche geeilt sein, um sie als ein Gotteshaus der Ketzer anzuzünden - da strahlte ihm, strotzend von reicher Vergoldung in reizender Farbenpracht der hohe kunstvolle Flügelschrein des Altars entgegen, in der Mitte die Madonna mit dem Kinde, zu ihrer Rechten der Erzengel Michael, zu ihrer Linken der Schutzheilige und Patron der Kirche, St. Bartholomäus, ein Meisterwerk mittelalterlicher Holzsculptur, und der fanatisch-katholische Isolani löschte alsbald die Fackel, befahl die Kirche zu schonen, und dem Feuer, das die Stadt verzehrte, so viel als möglich Einhalt zu thun, er selbst aber warf sich in gläubiger Andacht vor dem Altar auf die Kniee und betete. So übte hier die überwältigende Macht gläubiger und frommer Kunst in der That ein Wunder und errettete das schöne, auch sonst mit Bilderzier noch reichgeschmückte Gotteshaus.

Damals geschah es, daß eine Familie, wohnend in der Froschgasse, vom Mittagessen, welches in Klößen und Braten, aller Henneberger Lieblings- und National-Sonntagsgericht bestand, hinwegflüchtete und weit in fremdes Land zog. Nach einem Jahr kehrten sie wieder zurück nach der Heimath und fanden dort ihr Häuschen in der Froschgasse gerade so wieder wie sie es verlassen. Klöße und Braten stand noch auf dem Tisch. Und dieses Häuschen war, nebst der Kirche und nur sehr wenigen Gebäuden im untern Theile der Stadt, das einzige verschont gebliebene in dem ganzen obern Stadttheil.

35.
Hennebergische Neckelust.

Wie nicht selten in kleinen Städten Deutschlands ist auch in Themar ein gutes Theil ächter Volkshumor und Neckelust, insonderheit gegen Nachbarstädte, vorhanden. Davon einige Pröbchen, die zwar keine Sagen sind, aber doch werth, aufbewahrt zu werden, und vielleicht als Bausteine zu einer großen deutschen Schildbürger-Walhalla mitzudienen, und da wir diese schwerlich selbst aufbauen werden, so soll doch andern dazu Geneigten der Stoff nicht vorenthalten bleiben.
Die Schleusinger nennen die Themarer Linsenfresser und Themar das Linsenländle, weil hier viele Linsen gebaut werden, und es alle Sonnabend von Haus zu Haus Linsensuppe giebt.
Dagegen nennen die Themarer ihre lieben Nachbarn, die Schleusinger, Speckschwarten, und geben ihnen die Schuld, sie bestrichen den Mund mit Speck und sähen dann zum Fenster heraus, daß die Leute wegen des glänzenden Mundes denken sollten, sie hätten so fett gespeist.
Die Römhilder werden von ihren Themarer Nachbarn Aalfänger genannt, und zwar deshalb: Eines Morgens war einmal ein großer Aufstand unter den Leuten zu Römhild, und es hieß, im Brunnen sei ein großmächtiger Aal; da haben denn die guten Römhilder Fischgarn und alles Fischfangwerkzeug herbei geholt und haben den großen Aal gefangen, und wie sie ihm heraus brachten war's - ein Faßreif.
Die Suhler nennen die Themarer Seestädter wegen der Dielen- und Holzflöße auf der Werra. Und die Suhler werden dagegen von jenen die Jaufertle genannt, weil es nur in Suhl so kleine possirliche Backwerke giebt, welche diesen Namen führen.
In Spitznamengebung sind die Themarer sehr stark, und in ihrer Ausdrucksweise äußerst spott- und neckelustig. „Schlaf süß, so hast du morgen was zu lecken! - Schlaf rund, daß du nicht eckig wirst!" sind scherzhaft Gutenachtgrüße. Große Augen sind mißliebig, da heißt es gleich: „der oder die kann nicht sehen, muß sich mit glotzen behelfen. Hä glotzt, wie a Laabfrosch, sie glotzt wie der Koppehügel, wie ä Kreuzspinn'. Der Glotzkopf glotzt durch neun Paar lederne Hosen, der Siebenglotzer ec." Eine Dame, welche ein wenig schielte, hieß „Schiekelepom," eine Frau, die ihren Mann häufig prügelte: Ratelepompoff." Ein Geck mit zierlich beweglichem Gang wird „Schwanzer" genannt, von einem stets

hochmüthig einherstelzenden Brüderpaare hieß der eine „Bästerz," und der andere „Sterzbä" - Beinsterz (Bachstelze) und Sterzbein. Ein Kaufmann, der die Seele mit in seine Waaren wog, und der Schaale immer mit dem Daumen zum niedersinken verhalf, wurde bald im ganzen Städchen „der Daumenwieger" genannt. Auch sind nicht selten die Spitznamen erblich. Einst fand man ein neugeborenes weibliches Kind auf dem Acker in ein Krauthaupt gebettet, und zog den armen Findling auf, der alsbald den Namen „Krauthätle" durchs Leben zu tragen bekam. Es wurde eine Gänsehirtin aus dem Mädchen, welche, ohne sich zu vermählen, auch der Mutterfreuden theilhaftig ward. Das Kind hieß wieder „Krauthätle," wurde auch wieder Gänsehirtin, und brachte als solche „Krauthätle III." zur Welt. Krauthätle II. sprang vor mehreren Jahren aus Armuth und Lebensüberdruß in die Werra, und wurde bei Henfstedt tod herausgezogen, Krauthätle III. wird wol noch leben, wenn es nicht gestorben ist.

Ihren alten Hexenthurm, in dem vor Zeiten gar viele arme Hexen gefangen saßen und gefoltert wurden (die Folterwerkzeuge sind noch vorhanden und befinden sich im Antiquarium des Hennebergischen alterthumsforschenden Vereins zu Meiningen), nennen die zu Themar spottweise, wegen seines Schieferdaches „die blaue Kappe," und sage, wenn ein Bürger in den Thurm zu Arrest gebracht wird - zufolge dermaliger Bestimmung des alten Hexenthurmes: „Unser N. N. hat die blaue Kappe aufgesetzt."

36.
Osterburg und Nadelöhr.

Unterhalb Themar, in der Nähe des Dorfes Henfstedt, erhebt sich auf steilem Kalkberge die Trümmer einer alten, kastellartig mit vier Mauerthürmen und einer hochragenden Warte erbauten Burg, die Osterburg genannt, und beherrscht einen eigenthümlichen Thalkessel, durch den sich ein 50 bis 60 Fuß hoher Felsendamm wie eine Nadel zieht, den am südlichen Ende die Werra durchbrochen hat, und durch den auch, durch eine enge Felsenpforte, gleichsam das Oehr der Nadel, ein Fußweg führt. Vor Zeiten soll dieser ganze Kessel ein See gewesen sein. Wäre im biblischen Gleichniß vom Kameel und Nadelöhr unter ersterem nicht etwas anderes verstanden, so könnte jenes Kameel, das sich oberhalb Themar sehen ließ, und dem Kameelbrunnen den Namen gab, gar wol durch dieses Nadelöhr gegangen sein. Auch der Wald um die Osterburg heißt der Hain, im dortigen Volksmunde „Hän". Unter die Trümmer der Osterburg verlegt die Sage große gewaltige Kellergewölbe voll Riesenfässer, alle gefüllt mit edlem Wein, aber um den Wein hat sich der Weinstein so dicht krystallisirt, daß er ein natürliches Faß bildet, und um den Weinstein ist das Holz der Fässer und Reifen versteinert. Wenn das kein Steinwein ist, so giebt es keinen mehr. Auf der festen Burg saß einst ein Burgmann, Dietz Kieseling geheißen, als ein Graf von Henneberg sie berannte. Auf einmal prasselte ein dichter Hagel auf die Angreifenden herab, der manche Beule schlug, und erstere vermeinten, der Kieseling droben schickte ihnen ganze

Sturzbäche von Kieselingen auf die Platten, aber droben gab es leider bereits keine Steine mehr, und was so hart und schwer niederschlug, das waren steinharte Brode und nicht minder harte Kuhkäse, und damit wurden die Angreifenden zurückgeschlagen. Da nun die Burg Eigenthum eines Bischofs war, so erhielt sowohl der Besitzer und Eigenthümer, als auch die Burg selbst, den Spottnamen: „Käs und Brod" - ganz nach der Hennebergischen zum Spott geneigten Landesart.

37.
Das unsichtbare Dorf.

Zwischen der Stadt Themar und den Dörfern Marisfeld und Oberstadt liegt ein weites Feld, eine sogenannte Wüstung, welche das Gertles, auch Gätles und Gar-les, heißt. Dort hat vor Zeiten ein großes Dorf gestanden, dessen Urkunden vom Jahre 914 schon unter dem Namen Gartilar gedenken, und das schon im 14. Jahr-hundert zur Wüstung geworden ist. Auf welche Weise dieß geschehen, weiß nie-mand zu sagen. Die Sage aber spricht: Das Dorf ist noch vorhanden, man sieht es nur nicht. Ein Reisender, der an einem Sonntage durch jene Gemarkungen schritt, sah vor sich ein schönes Dorf liegen, und vernahm das erste Geläute der Kir-chenglocken. Als er das Dorf betrat, sah er auch die Kirchengänger zahlreich aus ihren Häusern treten und der Kirche zuschreiten, ihre Tracht aber war auffällig alt. Der Reisende grüßte einige der Kirchengänger, und fragte sie, wie ihres Dorfes Name sei? Aber keiner dankte dem Gruß, keiner sprach ein Wort, und aller Augen waren starr und glanzlos, und ihre Gesichter todtenbleich. Da grausete es dem Reisenden, und von einem unaussprechlichen Schauer gepackt, enteilte er dem unheimlichen Dorfe.

Gar wundersames kündet die Sage von Glockenschlage der Mitternachtsstunde im verschwundenen Dorfe Gertles. Wer den Muth hat, diesen zu hören, kann zu großem Glück gelangen. Aber er muß dem Schall in jeder der heiligen 12 Nächte lauschen, in der mythischen Zeit vom 1. Weihnachtstage an bis zum h. Dreikö-nigstage. Ein Bauer aus Marisfeld hatte diesen Muth. Jede Nacht in den Zwölften ging er auf das verrufene Feld hinaus, hörte nichts, sah nichts - plötzlich in einer der Nächte schlug dicht in seiner Nähe ein so furchtbar dröhnender Glockenschall an sein Ohr, als ob er unmittelbar unter der großen Erfurter Domglocke stehe, und ehe der vierte Schlag erfolgte, hatten ihn Schreck und Grausen schon zu Boden geworfen, an dem er sich im bangen Schweigen krümmte, wie ein Wurm. Halb sinnlos blieb er liegen bis zum Morgengrauen, dann wankte er nach Hause und lag lange tödlich krank. Dann aber genaß er, und begann wieder zu arbeiten, und nun glückte ihm alles, alles, was er begann; er hatte reiche Aernten, und es würde Korn und Weizen gewachsen sein, wenn er Steine gesäet hätte. Er wurde der reichste Mann des Dorfes und zwar ohne allen Schaden an seiner Seele. Aber von der Zeit an entstand das Sprichwort, wenn einer zu unbegreiflich schnell wach-sendem Reichthum gelangt: *„Der hat es im Gertles zwölf schlagen hören."*

38.
Zigeuner im Lande Henneberg.

Abwärts im Werrathale unterhalb des Nadelöhres liegt das ansehnliche Pfarrkirchdorf Vachdorf, das bereits im Jahre 803 als Fahedorph urkundlich vorkommt; die Sage will, daß Fischer es zuerst angelegt und bevölkert haben, was, da das Dorf unmittelbar am fischreichen Werrafluß gelegen ist, gar wohl Statt gefunden haben mag. Kaiser Heinrich I., der im Jahre 930 in dem nächst auf Vachdorf im Werragrunde folgenden Dorfe Belrieth verweilte, suchte Vachdorf gegen die Hunnen zu schirmen, ließ die Kirche mit starken Mauern umgeben und das ganze Dorf umwallen. Gleichwohl mag der Ort den Hunneneinfällen nicht haben widerstehen können, denn noch heißt ein Brunnen daselbst der Hunnenbrunnen. Die Sage meldet, daß Vachdorf einst von allen seinen Einwohnern völlig entblößt gewesen sei, und führt als Grund davon eine verheerende Pest an. Von solchen Volkspesten sind auch Sagen im Grunde der Jüchse, namentlich von den Dörfern Jüchsen und Neubrunn umgehend. Da nun Vachdorf völlig ausgestorben war, so kamen Zigeuner in das verödete menschenleere Dorf, und machten sich in selbem seßhaft, vertheilten unter sich Aecker und Güter, und wohnten lange da, ehe nur in der Umgegend jemand daran dachte, daß Vachdorf jetzt eine andere Bevölkerung, als die frühere habe, denn die Nachbardörfer waren ja ebenfalls fast ganz ausgestorben. Man will an den heutigen Vachdorfern immer noch Spuren jener Abstammung wahrnehmen. Die Meininger Stadtchronik führt das erste Auftreten von Zigeunern erst unterm Jahr 1435 an, da deren auf dem Markte tanzten. Aber hundert Jahre vorher durchwüthete der schwarze Tod das Werrathal, und nicht unmöglich ist es, daß ihn die Sage mit jener entvölkernden Pest meint.

39.
Die weiße Jungfrau mit dem Schwerte in der Brust.

Auf dem Belriether Berge ist eine kahle Stelle, nur vereinzelt mit alten Fichtenstämmen bewachsen; auf dieser Stelle erhebt sich ein länglicher Hügel, just wie ein Grab, an dessen Spitze eine uralte, ganz krüppelige und knorrige Fichte steht, die gar nicht mehr wächst. Nun war vor alter Zeit auf der Burg zu Belrieth, von der man jetzt kaum noch eine Spur erblickt, ein Ritter, der hatte eine schöne junge Base bei sich, die ihm den Haushalt versah, und die er mit seiner Liebe verfolgte. Sie aber wollte nichts von ihm wissen, und als er eines Tages allzu dringlich wurde, entfloh sie ihm. Wie der Ritter ihre Flucht und den Weg, den sie eingeschlagen hatte, erfuhr, setzte er ihr nach und holte sie auf dem belriether Berge ein, und da sie sich seinen Wünschen durchaus nicht fügen und nicht mit ihm zurückkehren wollte, wurde er vor Zorn und Liebe und Wollust so blindwüthend, daß er der Armen sein Schwert in die Brust stieß - dann begrub er sie unter eine junge Fichte. Von diesem Tage an verkrüppelte der Baum, und die Jungfrau wandelte als bleiches weißes Gespenst umher, das Schwert in der Brust. Es mögen 50 bis 60 Jahre her sein, als einmal der Peters Michel von Neubrunn, der den Garben-Zehnten einzusammeln hatte, über die Aecker, und an jener Fichte vorbei kam, da erhob sich plötzlich ein grausamer Wind, der die Fichte fast bis zur Erde umbog, dem Zehntner die Garben von seinem Spieße und auseinander riß und überall aufs Feld hin verstreute, und die weißgekleidete Jungfrauenerscheinung vor ihm stand. Sie sah ihn an mit schmerzlich tiefbetrübtem Blick, wandelte eine ganze Strecke neben ihm, und verschwand dann. Den grausamen Ritter aber traf bald genug die Strafe seiner Unthat; er wurde nach Urtel und Recht mit dem Schwerte gerichtet, und der Landherr, Graf Hermann von Henneberg-Aschach, schenkte seine Burg den Belriethern zum Abbruch, die mit den Steinen ihre alte kleine Kapelle zu einer Kirche erweiterten.

40.
Vom Grimmenthal.

Ganz nahe dem Werrathale, da wo die vom Dorfe Schwarza herabkommende Hasel beim Dorfe Einhausen in die Werra fällt, liegt die merkwürdige Stätte der am Ausgange des Mittelalters weit und breit berühmt gewordenen Wallfahrt zum Grimmenthal. Das ganze, schöne Seitenthal des Werrathales, welches die Hasel durchrollt, nannte man vor alten Zeiten das Grünthal, von dem Schmelze seiner grünen Wiesen, und selbst das Siegel der Wallfahrtkirche mit dem Bilde einer Madonna über dem Henneberger Wappen führte noch die Umschrift: Maria im Grinthal. Dort stand seit undenklichen Zeiten ein alter halbvergessener Bildstock mit einem Muttergottesbilde unter einer umfangreichen Linde. Ein alter Rittersmann, Namens Heinz Teufel, der früher in Kriegsdiensten des Bischofs von Würzburg gestanden, und sich in das Dorf Obermaßfeld in ländliche Ruhe zurückgezogen hatte, kam einst am Abend von einem Jagdritt das Thal herab und an die Nähe des Bildstockes und der Linde, von wo aus er noch ein Viertelstündchen nach seinem Dorfe zu reiten gehabt hätte, allein er wurde plötzlich von einem überaus heftigen Gebrest überfallen, daß er sich vom Pferde und vor dem alten Bildstock niederwarf, und herzhaft zu der Mutter Gottes flehte, ihm beizustehen. Und siehe, er fand Erhörung und widmete sich nun ganz und gar dem gnadenreichen Bilde. Erst ließ er es säubern vom Gestrippe und Dornenbüschen, die es umwucherten, dann überdachen, dann eine Kapelle darüber bauen, und prieß dankbar des Bildes Hülfe, wie er nur vermochte. Darauf wurde die Marie im Grünthal berühmt nach allen Seiten hin, und es strömten Lahme, Blinde und Menschen mit jeglichem Gebreste beladen herbei, dort Hülfe zu finden, und vielen, sehr vielen hat ihr Glaube geholfen. Dann wurde eine prachtvolle Kirche erbaut vom Fürstgrafen Wilhelm von Henneberg, die hatte 14 Altäre, und es gedieh dahin, daß man in einem Jahre der Waller nicht weniger als 40 000 zählte. Ja es sollen im Jahre 1503 auch 300 Ritter aus Aethopien oder Mauritanien alldort gewesen sein, die Hülfe gegen die damals fürchterlich wüthende Krankheit der Lepra suchten, welche schlimme Krankheit nach der Homöopathen Behauptung ein jeder Mensch still und maskirt in seinem Leibe herumträgt. Uns will bedünken, die „trecenti Mauri equites" der Ueberlieferung dürften ebenfalls Zigeuner gewesen sein. Die Wallfahrt stand in ihrem höchsten Flor, als Luther auftrat, von ihr hörte, gegen sie eiferte - er war es ohne Zweifel, der zuerst den unschuldigen Namen Grinthal (wie man damals sprach) in das schlimme Grimmenthal umwandelte, und in seinem Grimme den Wallfahrtort ein rechtes vallis furoris, Thal des Grimmes, schalt. Schnell, wie sie aufgeblüht war, blühte die Wallfahrt ab, die alte Linde aber, deren fast erstorbener Stamm 36 Fuß im Umfang klaftert, der stärkste aller starken Bäume Thüringens - grünt dennoch jedes Jahr, und trägt noch Blüthen, und nährt noch Bienen. Er versinnbildet der Sage ewig junges Leben.

41.
Sagenhaftes von Rohr.

Wenn man das grüne Thal von Grimmenthal aufwärts schreitet, so gelangt man durch das Dorf Ellingshausen, und von da nach dem ehemaligen Kloster Rohr, jetzt einer k. preußischen Domaine. Das war ein uraltes Kloster, und es war dort vor Zeiten ein Tempelherrensitz, wie auch einer zu Leutersdorf, zwischen Henfstedt und Vachdorf, und zu Meiningen war. Die ganze Mauer der alten Klosterkirche, einer schmalen Basilika, steht noch immer und ist in der Dachung gut erhalten, da das Steinhaus ökonomischen Zwecken dienen muß. Die Sage behauptet, daß von Rohr aus ein unterirdischer Gang bis nach Meiningen geführt habe, und zwar in das dasige Minoritenkloster am unteren Thore, dessen Hauptgebäuderest auch noch steht und wieder nutzbar gemacht wurde. Nicht weit vom ehemaligen Kloster Rohr liegt das Dorf gleichen Namens, dort hat einmal ein Schulmeister gelebt, der war sehr im weissagen, wenn auch nicht alles weise war, was er sagte. Dieser Politikus aus der Mitte des siebzehnten Jahrhunderts sagte die Croateneinfälle und das Wüthen der Croaten in den Hennebergischen Städten genau voraus, aber es war mit alle diesem voraussagen nichts genützt und nichts gewonnen, und endlich legte die Regierung dem Weissager sein Propheten-Handwerk, und hieß ihm, stille zu schweigen. Vielleicht that sie daran sehr Unrecht, denn man kommt eben so weit, wenn man die Gaukler gaukeln und die Propheten prophezeien läßt. Am Fußwege von Rohr nach Meiningen findet sich im Hutrasen ein Kreuz eingegraben, von dieser Gestalt: welches ein Grabkreuz vorstellen soll, oben mit seinem Wetterdach, unten mit dem Klotz, der in die Erde kommt. Das hat ein Schäfer, der dort hüthete, mit seiner Schippe so gebildet, weil vor mehr als 50 Jahren der alte Hirschwirth aus Meiningen, von Rohr, wo er Geschäfte gehabt, heimkehrend, an jener Wegstelle umfiel und vom Schlage gerührt verstarb. Er hatte noch so eben hinter sich in Rohr Glockengeläute vernommen, und einige ihm begegnende Weiber gefragt, weshalb man drunten im Dorfe läute, da doch nicht Sonntag und kein Feiertag war - und da war ihm die Antwort geworden: „Häs is heint dronge ä Licht." (Es ist heute drunten eine Leiche.) Ei, selt es jo racht hüsch! Mügt og dronne ze Ruhr begrabe wär - antwortete der alte Hirschwirth in seinem unschönen Meininger Dialekt. Bann ich derhämm sterr, werd am Enn net gelüt't on net getüt't. - Sprachs, ging seines Weges, und nach ohngefähr 100 Schritten fiel er um und war tod, noch auf Rohrer Gebiet, und wurde dann mit Sang und Klang nach seinem Wunsch zu Rohr begraben. Darauf grub der Schäfer jene Kreuzfigur in den Rasen, und das ist etwas tief wurzelndes im Volksbrauch, daß solche Kreuze stets erneut werden. Ich sah das Kreuz zuerst auf einer Wanderung im Jahre 1836, und hörte die Sage erzählen. Im Jahre 1841 kam ich wieder dort vorbei, und das Kreuz war noch ebenso erhalten, als sei es jüngst gegraben. So ist es auch mit einem Kreuze unterhalb der Ruine des Straufhain, das man mit Steinen zum Andenken zweier Liebenden gelegt hat. Stets, wenn ein Zufall die Steine wegführt, legt irgend eine Hand aus dem Volke die Form des Kreuzes wieder zurecht.

42.
Frau Holle und der treue Eckart.

Eine Wegstunde überm Dorfe Rohr liegt der preußische Stadtflecken Schwarza. Dort ist es einstmals geschehen, daß die Frau Holle in den Zwölften mit ihrem wüthenden Heere hindurchzog „vor welchem der treue Eckart hergegangen, und die Leute gewarnt, daß sie sollten aus dem Wege gehen." Da fügte es sich, daß demselben zwei Knaben aufstießen, die aus dem nächsten Dorfe Bier geholt, und als sie die Schatten ansichtig wurden, versteckten sie sich in einen Winkel. Einige Furien aber eilten nach, nahmen ihnen ihre Kannen ab und tranken das Bier aus. Wie nun alles vorübergegangen war, wagten sich die erschrockenen Knaben schüchtern hervor, und schickten sich an, betrübt nach Hause zu gehen, denn sie hatten kein Geld anderes Bier zu holen, und wußten nicht, was sie vorwenden sollten, wenn sie mit leeren Kannen kämen. Wie sie nun noch unentschlossen mit einander berathschlagten, kam der treue Eckart zu ihnen, und sagte: Ihr habt wohl gethan, ihr Knabe, daß ihr euer Bier freiwillig hergegeben, sonst wären euch von den Furien die Hälse umgedreht worden. Gehet nur getrost mit euern Kannen nach Hause, sagt aber unter drei Tagen niemandem, was ihr gesehen habt und was geschehen ist. - Die Knaben leisteten dem treuen Eckart willige Folge und wie sie nach Hause kamen, so waren die Krüge voll, und wer davon trank, dem schmeckte das Bier noch mehr, und es nahm nicht ab, so wacker auch davon gezecht wurde. Und so lange die Kinder schwiegen, so lange ging das Bier nicht zu Ende, bis die 3 Tage herum waren, und die Knaben nun zu plaudern wagten, da war nun zwar der Durst allseitiger Neugier gelöscht, aber der Durst nach noch mehr von dem trefflichen Biere fand keine Löschung mehr, denn die wachsende Fluth in den Kannen war versiegt. Der Schriftsteller welcher einem früheren diese Geschichte nacherzählte*), (Johann Heinrich von Falckenstein: Thüringische Chronik. Erfurt 1738. 4. I. S. 166.) fügte ihr gar klug und weise die Nutzanwendung hinzu: „Das sind nun freilich solche Historichen, welche die Bauern in der Schenke auf den Bierbänken, oder die Mägde beim Spinne-Rocken einander erzählen." - und hatte gar keine Ahnung davon, welches günstige Zeugniß für eine Sage er niederschrieb, und wie er der örtlichen Sage dieser Gegend einen Vorschub leistete. Wir aber können nun von Schwarza aus den wilden Heeres- und Hollenzug in dieser Gegend vom Thüringerwaldgebirge hinüber auf Gefilde fränkischen Bodens verfolgen.

43.
Das wilde Heer im Werrathale.

Das „wütheninge Heer," wie die Leute in dieser althennebergischen Landschaft sagen, nahm seinen Strich von Schwarza herunter durch das Haselthal (die Hasel rollt von Suhl herab und in diese fällt in der Nähe von Rohr die Schwarza ein), über Rohr, Ellingshausen und Grimmenthal in das Werrabecken, in welchem in geringer Entfernung von einander 5 Thäler zusammenstoßen. Einmal streift es das Jüchsethal aufwärts, da wollen alte Leute im Dorfe Neubrunn es zum öftern gehört haben. Dort zog es, wie die Alten erzählen, immer durch 3 bestimmte Häuser, daß kam aber daher, weil diese Häuser so beschaffen waren, daß in der Flur drei Thüren in gerader Richtung hinter einander sich befanden, vorne die Hausthüre, in der Mitte eine Flur- oder Küchenthüre und dann in der folgenden Wand die Hofthüre. Solche Thürstellung gab dem wütheningen Heere Macht, selbst durch Häuser zu ziehen. Dasselbe geschah in dem Dorfe Untermaßfeld, durch welches der Zug sich nach dem Thälchen der Sulza, nach Sülzfeld zu, wandte. Dort fuhr es über den Zinken-Still (ein Theil des Waldes Still) durch die nahe Wüstung, „Reumles" und über deren noch immer verrufene Brücke, wo ein Kreuzweg ist, und wo es nächtig spuken soll, hinauf auf das Plateau, auf dem das Dorf Dreißigacker liegt. Dort erinnere ich mich selbst aus meiner Jugend, die ich in Dreißigacker verlebte, von Leuten die Aeußerung vernommen zu haben: „Heut Nacht ist das wütige Heer durchs Dorf gefahren." Von Dreißigacker nahm es dann den Zug nach dem Haßfurtwalde, und von da am Geba-Berge hin in den Rosagrund; dort hört man in Rosdorf viel davon erzählen, und dort, wie in den übrigen genannten Ortschaften kennen die Bewohner auch Schutzmittel gegen den wilden Heeres-Spuk. Wenn man es nahen höre, müsse man sich niederwerfen, und schweigend mit nach dem Boden gekehrten Gesichte verharren, bis es vorübergebraust sei, sonst habe man zu befahren, daß man mit hinweggebraust sei, sonst habe man zu befahren, daß man mit hinweggeführt und über Wald und Wipfel gerissen werde. Wer es gerne sehen will, darf bei Leibe nicht ohne Weiteres danach umschauen, sonst läuft er Gefahr, daß ihm der Hals gebrochen werde, sondern er muß seinen Kopf durch die Speichen eines Wagenrades stecken, da wird er alles gewahr und sieht am Ende mehr als ihm lieb ist, und kann die Erinnerung an seine Schrecken all sein Lebetage nicht wieder los werden.

44.
Wichtlein im mittlern Werrathale.

Fast in allen Gegenden, wo im Volke die Sage vom wilden Heereszuge lebt, sei es, daß der Wode als dessen Führer erscheine, oder Frau Holde, treten Wichtlein auf. So war es auch in der Umgegend von Meiningen der Fall, sowohl in unmittelbarer Stadtnähe, als entfernter, aber der meiningische Chronist Sebastian Güth verrückte den Standpunkt der alten Sage, verjüngte sie, und schuf aus den Wichtleinshöhlen, die aus der Urzeit her dem Volke bekannt waren, Zufluchtsörter der Bevölkerung in den Hunnenzeiten. Die nüchterne Geschichtsschreibung nahm der altheidnischen Mythe ihren Schimmer. Güth in seiner „gründlichen Beschreibung der Stadt Meiningen" schildert das Wüthen der Hunnen im Jahre 923, und sagt wörtlich: „Für solcher Angst und Furcht, und damit die Leute für des Hunnen Wüthen und Toben etlichermaßen sicher sein möchten, haben sie Löcher in die Berge und Felsen gemacht, und sich darinnen verborgen, dergleichen nicht allein zu Meiningen am Drachberg und an der Trifft, sondern auch in der Nachbarschaft an dem Dolmar und zu Dillstedt zu finden sein, welche letztere zumal gar bequem erbauet, daß auch ein frischer Quellbrunn in einem ausgehauenen Stein darinnen zu sehen. Solche Löcher hat man vor Zeiten Zwärg-Löcher und Wichteleinswohnungen genannt, weil die hiesigen Leut, so sich derselben bedienet, gegen die Hünnen als kleine Zwärg oder Wichtelein (so haben die Alten die Kinder zu nennen gepflogen) geschienen." So bestätigt Güth selbst das Vorhandengewesensein der alten Zwerg-Sage, indem er sie beseitigt. Seine Angabe ist zudem eine ganz irrige. Wol mag die schwache Bevölkerung vor den Hunnen in schwerzugängliche Waldungen geflohen sein, um sich darin verborgen zu halten, die bekannten, und noch immer so genannten Wichtleinshöhlen aber boten keinen Raum dazu dar; ich bin als Knabe unzähligemale in diese kleinen Felsklüfte gekrochen, die so raumbeschränkt, so eng und so niedrig sind, daß kaum ein Knabe, nicht aber ein Erwachsener darin stehen kann, auch sind derselben nur sehr wenige. Jedenfalls war in früheren Zeiten die Wichtleinsage in unserer Gegend mehr vorherrschend, und es ist sehr möglich, daß sie dem heutigen Dorfe Wichtshausen den Namen verlieh, das bereits im Jahre 922 als Wightigeshuson urkundlich vorkommt. Es liegt zwischen Meiningen und dem von Güth erwähnten Dorfe Dillstedt, an der Hasel, und ganz in seiner Nähe, zur Linken dich am Wege nach Dillstedt zieht sich eine zerklüftete Felswand mehrere hundert Schritte lang hin, an der man, zunächst bei Wichtshausen, eine in das Innere führende Oeffnung gewahrt. Diese Wand heißt der „Wichtelstein," oft auch nur einfach der „Stein," und das Wichtleinsloch soll tief und weit unter der Erde wegführen. Ein Mann sei einst hineingekrochen, habe den Eingang nicht wieder finden können, und habe sich, nachdem er lange sich mühsam fortgetappt, in einem Keller zu Schwarza gefunden, das eine Stunde weit von Wichtshausen entlegen ist. Nach andern solle eine Gans diesen Marsch durch den Wichtelstein gemacht haben. Diese Gegend ist überhaupt sehr sagenreich, doch gehört sie weiter hinauf zum Gebiete des Thüringer Waldes, bei dessen Durchwanderung sie nochmals berührt wird. Nur einer scherzhaften Wichtshäuser Sage sei noch gedacht: Ein Graf von Henneberg hatte einen Hofzwerg und Narren, der hieß Buch-Klaas, und war aus Wichtshausen. Der ritt einmal mit seinem Herrn im Walde und Gehölze herum, deren Bestand zu besehen, und der Graf sagte zu ihm: Sieh einmal Klaas, was für schöne Bäume ich da herum stehen habe! Darauf lachte der Zwergwichtel hellauf, was er nur lachen konnte, und rief: Du hast hier Bäume stehen, denkst Du? Denkst, die schönen Bäume wären Dein? Dein sind nur die Krummen - die Geraden gehören den Förstern. - In Wichtshausen steht noch Buch-Klaasens Stammhaus.

45.
Das Mädchen von Schwarza.

Im Flecken Schwarza saßen einstmals viele Mädchen in einer Spinnstube beisammen und sprachen und scherzten allerlei. Da wurde auch die Frage aufgeworfen, ob wohl eine so beherzt sei, hinaus auf den vor dem Ort gelegenen Gottesacker zu gehen, und zum Zeichen ihres Dortgewesenseins einen Todtenkranz zu bringen? Alle scheuten sich vor dem Frevel, bis auf Eine, die Muth zeigte, es zu thun, und auch sofort, als es eine Wette galt, den Weg antrat. Der Mond schien hell, und die kecke Dirne gelangte bald an ihr Ziel. Doch da sie an die Gottesackerkirche kam, gewahrte sie ein Pferd an dieser angebunden, und bemerkte durch die Kirchenfenster Lichtschimmer. Leise zur angelehnten Thüre schleichend, gewahrte sie einen Mann, welcher beschäftigt war, mehrere Kostbarkeiten in die Altardecke einzupacken, und barg sich dann, als der Mann der Thüre sich näherte, hinter eine Bahre. Sie sah, wie der Räuber Alles auf sein Pferd band, und als dieser noch einmal in die Kirche zurückging, um das Licht zu verlöschen, schwang sie sich rasch auf das Pferd, und trieb es zum Dorfe hinein. Der Räuber hörte den davon eilenden Schritt des Rosses, und eilte in wilder Hast mit gezogenem Schwerte nach, die Dirne aber ritt stracks zum Hause hinein auf die Flur, und schlug die Thüre in dem Augenblick zu, als er einen Hieb nach ihr führte, der nun nur die Thüre traf, davon das Wahrzeichen noch zu sehen sein soll.
Die Mädchen in der Spinnstube hatten in ängstlicher Spannung der Rückkehr ihrer Kameradin geharrt, als sie nun auf einmal das Pferdegetrapp vernahmen, und den tosenden Hufschlag außen auf der gedielten Hausflur. Sie öffneten verwundert die Stubenthüre und empfingen die Reiterin, die mit Herzklopfen ihr Abenteuer erzählte. Es wurde nun das Paket geöffnet, darin sich allerlei glänzende Kostbarkeiten fanden, zum großen Erstaunen der Anwesenden. Am folgenden Tage wurde alles Kirchengut zurückerstattet und die Maid behielt nichts für sich, als eine purpurrothe Altardecke, die der Räuber in einer andern Kirche mitgenommen, die nicht zu ermitteln war. Daraus ließ sich die Dirne ein Mieder machen, das sie am nächsten Kirchweihtage trug. Da tanzte die kecke Dirne frisch auf, und es kam auch ein stattlicher fremder Herr, der sie fest ins Auge faßte, und auch um einen Reigen bat. Und wie sie so im wirbelnden Tanze dahinflogen, zuckte er einen Dolch hervor, und stach sie mitten in das Herz, daß sie tod niedersank, und

verschwand. Das war der Räuber, dem sie seinen Raub entführt. Diese Sage begegnet auch an andern Orten, so z. B. in Königshofen in Franken in ziemlich ähnlicher Weise.

46.
Das Vögelein.

Im Dorfe Dillstedt ist ein Platz, dem Wirthshause gegenüber, den nennen die Leute in ihrer Volkssprache nur „die Malschtt", soll heißen Malstätte, die Stätte des Gerichts, und es war üblich, daß jeder Hochzeitzug, wenn er sich nach dem Wirthshause begab, über diese Stätte sich bewegte. Seitwärts auf dem Mäuerlein grünte eine Harchels (Stachel) beerheckte. Nun geschah es, daß auch einstmals ein Brautpaar fröhlich und glücklich, die Musik voran, die Gäste in langen Reihen hinter sich, über die Malschtt zog. Siehe da saß in der Hecke ein schneeweißes Vögelein und sang:

„Heut wirst du hinauf geklungen,
Und übers Jahr hinauf gesungen!"

Das hörten aber die Brautleute kaum in ihrer Glückseligkeit. Aber wie das Jahr um war, so wurden beide von einer schnellen Seuche hingerafft, und wurden mit Trauerbegleitung und Todenliedern desselben Weges getragen, aber nicht hinauf ins Wirthshaus, sondern hinauf auf den Gottesacker. Seitdem das geschehen ist, geht kein Brautzug mehr über die Malschtt nach dem Wirthshaus, sondern es wird lieber ein großer Umweg gemacht.

47.
Das verwünschte Dorf.

In der Flurmarkung von Dillstedt liegt eine Wüstung, die hat jetzt den Namen Germelshausen; da hat vor Zeiten ein Dorf gestanden, das war schon im Jahre 800 vorhanden, und wurde Geruvineshusen geschrieben. So seltsam wandeln sich im Laufe der Jahrhunderte die Namen der Ortschaften um. Dieses Dorf schwand von der Erde hinweg, ohne daß man zu sagen weiß, wie? Im Jahre 1267 war es noch vorhanden, und im Jahre 1464 wird es schon in Erbzinsregistern des Klosters Rohr eine Wüstung genannt. Es ist mit demselben gegangen wie mit dem verschwundenen Gertles (s. Sage 37.). Die Sage geht, Germelshausen sei verwünscht worden; von wem und weshalb? das verschweigt sie. Bisweilen findet und sieht es wol Einer, aber das soll gar nicht gut sein. Es mögen wol hundert Jahre her sein, daß der Feldscheerer von Diezhausen durch den Grund kam, der von Marisfeld herab nach Rohr zieht, dem Görtzbach entlang, da kam er durch ein Dorf, sah die Leute in die Kirche gehen, aber in düstern grauen Kutten, altväterisch und wie die Tracht von lauter Leidtragenden. Er ging durch das Dorf und kam nach Rohr, wo alles in bunter Tracht einher ging, und fragte nach dem Dorfe, durch das er gekommen sei, von Marisfeld herunter, aber da sagten die Leute: Zwischen Rohr und Marisfeld liegt kein Dorf.

An einem Dillstedter Kirmsentage ging ein Wichtshäuser Mann, der Schuhmacher Heinrich Messing, aus Altenberga gebürtig, von Wichtshausen aus nach Marisfeld. Er kannte diese Gegend nicht, und betrat sie zum erstenmale. Da lag ein Dorf vor ihm, dessen Häuser er sah, dessen Hähne er krähen hörte, und vor ihm her ging eine Frau, die eilte dem Dorfe zu. Der Heinrich Messing rief diese Frau an, sich bei ihr des Weges zu befragen, aber sie antwortete nicht und schien ihn nicht hören zu wollen, und er konnte sie nicht ereilen, und endlich führte sein Weg auch gar nicht in jenes Dorf hinein. Am Wege aber lag ein Teich, der war ganz eingeraset und fast ohne Wasser, und der Mann wunderte sich darüber, daß man den schönen Teich so gänzlich vernachlässigt habe. Indessen kam der Schuhmacher glücklich nach Marisfeld, verrichtete sein Geschäft, sah aber bei der Rückkehr auf demselben Wege weder jenes Dorf, noch jenen Teich. Nach Wichtshausen zurückgekehrt, fragte Messing einen Nachbar nach dem Namen jenes Dorfes, und erzählte ihm, was ihm begegnet, auch daß er das Dorf auf dem Rückwege nicht wieder gesehen. Da nahm jener Mann eine sehr ernste und bedenkliche Miene an, und sagte: Es ist sehr gut, daß Ihr jener Frau nicht weiter gefolgt seid - sie hätte Euch vielleicht so geführt, daß Ihr nimmer wieder gekommen wäret. Ohne Zweifel habt Ihr das verwünschte Dorf Germelshausen gesehen, das dort herum gelegen hat, und es ist dort gar nicht geheuer.

48.
Das ewige Licht in der Lorenze.

Zwischen Wichtshausen und Marisfeld hat vor Zeiten eine dem heiligen Laurentius geweihte Kapelle gestanden, von der man nur noch wenige Trümmer sieht. Man nennt die öde Stätte insgemein nur „die Lorenze." Die Kapelle soll reich und schön geschmückt gewesen sein, und es sollen abwechselnd die Mönche der Klöster Rohr und Veßra in derselben Dienst versehen haben, das heißt, von Rohr nur die Geistlichen, denn zu Rohr war ein Nonnenkloster. Einer der Geistlichen am letztgenannten Kloster hatte insbesondere die Obhut über ein „ewiges Licht" in der Lorenze. Da in der Stiftungsurkunde über die Erhaltung dieses ewigen Lichtes ausdrücklich bedungen war, daß die Lampe nie erlöschen dürfe, außerdem die mit der Stiftung verknüpfte Nutznießung von Grundstücken sogleich vom Kloster Rohr ab, und an das Kloster Veßra fallen solle, so wurde stets darauf gesehen, daß kein ganz junger Geistlicher zu dessen sorgsamer Obhut bestellt wurde. Gleichwol schützt Alter nicht vor Thorheit, und ein nicht mehr junger Pfleger jener heiligen immer brennenden Ampel vergnügte sich in den Armen eines schönen Beichtkindes aus Marisfeld, das sehr häufig zu ihm in die Lorenze kam, und wenn es sonst keine Sünde zu bekennen hatte, dem Geistlichen seine Liebe bekannte, ueber solchem Bekenntniß und dem gegenseitigen Naschen vom Baume der Erkenntniß ließ der erzürnte Heilige Laurentius und noch dazu an seinem Namenstage, das heißt am Tage seines Märtyrerthums, an der er keineswegs in den Armen eines schönen Mägdeleins, sondern auf dem glühenden Rost gelegen hatte, und sein Lebenslicht erloschen war, plötzlich die ewige Lampe erlöschen, obschon sie der Liebende kurz zuvor reichlich mit frischem Oel gefüllt hatte, worüber letzterer so sehr erschrak, daß er vor Entsetzen umsank und gleich auf der Stelle tod war. Seitdem geht der Geist des Geistlichen um in und außerhalb der Lorenze. Am Vorabend des Tages jenes Heiligen müht sich der Geist, die Lampe wieder zu entzünden, indem er den Berg umwandelt; erst beim zweitenmale seines Umwandelns gelingt ihm dieß, und dann wandelt er zum drittenmale mit dem brennenden Licht um den Berg. Sobald dieß geschieht, schlägt eine Glücksstunde für den, der Muth hat, denn jeder Stein, auf den der Strahl des ewigen Lichtes fällt, verwandelt sich flugs in Gold; es darf daher nur einer dem Mönch kühnlich nachgehen und aufraffen. Er muß aber aufhören mit seiner Sammlung, bevor der Geist zum drittenmale den Berg umwandelt hat, sonst gewahrt ihn der Geist und dreht ihm den Hals um.

49.
Der grünende Pfahl.

Wie in der Welt der Mythe die Wuotans-, Hulda- und Wichtleinsagen einen äußerst zu beachtenden wichtigen Grundzug abgeben, so ist ein solcher auch im Bezug auf das Stabwunder vorhanden, das in der Legende vom heiligen Christoph, in der Bekehrungssage vom h. Bonifacius in Thüringen, in der Tanhäuser Sage u. A. vor Augen tritt, und sich in der ungleich späteren Hexensage sogar noch einmal verjüngte.

Nahe über dem schon einigemale genannten Dorfe Untermaßfeld bei Meiningen, dicht über dem rechten Ufer der Werra, erhebt sich der Hexenberg, dessen Gipfel in den Zeiten der Hexenbrände als Feuergerichtsstätte dienen mußte. Gleich wenn man über die Werrabrücke herüber war, kam man an einer alten verfallenen steilen Staffel vorbei, welche noch immer die Hexentreppe heißt. Nun war ein armer Jüngling aus Leutersdorf Namens Hans Schau als der Hexerei verdächtig, eingezogen worden, und wurde im Amte zu Maßfeld schrecklich gefoltert, betheuerte lange seine Unschuld, bis die Folter ihm dennoch ein Geständniß abpreßte, und da kam bald darauf von Jena das Urtheil des hochweisen und stets unfehlbaren Schöppenstuhls, daß der Hans Schau brennen sollte. Er wurde zum Dorfe hinausgeführt, über die Werrabrücke, die Hexentreppe hinauf, den Hexensteig hinan. Etwa auf des Weges Mitte schlug man Pfähle ein, um Bäume daran zu pflanzen und zu befestigen, da blieb bei einem dieser Pfähle der Jüngling stehen, und rief dem Volke zu: So gewiß ich unschuldig bin, so wahr wird Gott der Herr ein Wunder thun, und Leben geben diesem dürren Pfahle, und ihn zum grünenden Baume ausschlagen lassen. Man lachte seiner, führte ihn vollends hinauf zum Gipfel und verbrannte ihn. Wie aber die Leute wieder herunter kamen, siehe, da sproßten schon braune Zweiglein aus dem dürren Pfahle, und Knospen daran, die brachen auf, und es trieben grüne Blättlein hervor - und war schon das Wunder geschehen. Das wunderte sich jedermänniglich und den Richtern wurde seltsam zu Muthe, und es ist hernach niemand mehr im Amte Maßfeld Hexerei halber oder sonst verbrannt worden. Der Pfahl aber wurde eine starke Buche, und zwar am ganzen Hexenberg die einzige und sie steht noch immer, und kann sie jedermann sehen, und von jedem Kinde sich die Mär erzählen und bestätigen hören.

50.
Vom Berge Dolmar.

Ueber den Dörfern Kühndorf und Schwarza, und frei und kahl wie eine Vorhut des Thüringerwaldes gegen das Werrathal vortretend, erhebt sich 2300 Fuß hoch der mächtige Dolmar, ein Berg, dessen Hochgipfel jedenfalls dem diese Gegend bewohnenden Culturvolke als eine heilige Stätte galt. Weit um sein Gebiet liegen altheidnische Gräbergruppen verstreut, welche mancherlei Ausbeute an Ketten, Fibulen und Ringen lieferten; auf dem Gipfel fand man sogar eine phönicische Münze. Viele Dörfer, weit mehr als jetzt, hatten sich um den Dolmar herum ange-siedelt, eins davon, Dolmarsdorf, hatte von ihm den Namen entlehnt; jetzt ist's eine Wüstung, in der die Sage eine weiße Jungfrau wandeln läßt, insgemein die letzte Ueberlieferung von altgermanischen Priesterinnen, welche heilige Quellen hütheten, und in deren Nähe wohnten. Es soll auf dem hohen Berggipfel auch in alter Zeit ein Schloß gestanden haben, welches Herren von Kündorf inne hatten - doch verschwand dasselbe längst schon völlig spurlos; ein späteres Jagd-schlößchen, das Herzog Moritz zu Sachsen droben errichten ließ, ist ebenfalls, bis auf eine geringe Spur, vom Sturm der Zeit hinweggeweht worden. Manche örtli-che Namen in des Dolmars Nähe klingen uralt, halb mythisch, so Utendorf, am Fuße des Berges, Helba, nach Meiningen zu, Welkershausen, von Sebast. Güth, der nichts von Wahlkürhausen geschrieben. Zwischen Helba und Utendorf in einem Wiesengrunde die beiden Armlöcher, zwei bisweilen ganz trockene Was-serkessel, aus denen zu Zeiten Wasser mit starker Heftigkeit hervorbricht. Sie sol-len der Sage nach mit der Schwarza in Verbindung stehen, und in diese letztere geworfene Flachsknoten aus den Armlöchern hervorkommen. Auf dem Berge zwischen Kühndorf und Rohr höre man Wasser rauschen, geht die Sage. Am süd-lichen Dolmarabhang liegt auch das Dorf Christes, das seinen Namen von einer Wunderquelle: Brunnen Christi genannt, empfing. Es geschahen große Wallfahr-ten dorthin, frühzeitig wurde eine Kirche gebaut und reich begabt, auch wurde dieses „Gotteshaus zu unser lieben Frauen zum Christus" mit plastischem Bild-werk und Wandmalereien geschmückt. - Im Christesser Revier auf dem Schieß-platze an der hessischen Grenze finden sich 2 Steinkreuze, zum Andenken eines Jägers und eines Schäfers, die dort wegen der Huthung in Wortwechsel geriethen und einander gegenseitig mordeten. Sie spuken noch dort herum in gewissen Nächten.

51.
Metzels.

Zwischen Christes und Wasungen liegt, auch noch auf dem Höhenzuge der Thüringerwaldvorberge, die sich nach dem Thale der Werra hinabsenken, das Dorf Metzels, das früher Glattenstein hieß. Die Umwandlung des letzteren Namens in den ersteren erklärt die Sage auf doppelte Weise; einmal habe bei Lebzeiten Graf Poppo's VII. von Henneberg zwischen Henneberger und Würzburger Volk in der Ortsnähe eine bedeutende „Metzelei" Statt gefunden; dann aber sei einst an einer Kirchweihe zu Glattenstein unter den Burschen des Dorfes und Fremden eine solche Schlägerei und Metzelei entstanden, daß ihrer drei auf dem Platze tod geblieben, zu deren Andenken auch noch drei Steine zum Wahrzeichen unter der Linde stehen. Von da ab sei nicht nur der Ortsname unabänderlich abgeändert, sondern auch auf hundert Jahr die Kirmse verboten worden. Letzterer Sagenzug begegnet im Hennebergischen und Thüringischen nicht selten, und das Volk hat sich dafür längst den technischen Ausdruck: „*die Kirmse verschlagen*" gebildet. Zu Metzels stand vordem der „*Klausbrunnen*" im hohen Ehren. Es stand in der Kirche daselbst das lebensgroße Bild des heiligen Nicolaus, schön geschnitzt, bemalt und vergoldet, noch aus katholischer Zeit; selbiges Bild wollten die Mellrichstädter gern für ihre schöne Kirche haben, kauften es der Gemeinde zu Metzels ab, kamen mit einem vierspännigen Wagen und holten das Bild ab. Wie sie aber an den Berg gelangten, über den, etwas steil ansteigend, die Fahrstraße gen Meiningen führt, brachten sie das Bild nicht fort, weil es gar zu schwer war, und immer schwerer wurde, legten es an den Weg, und fuhren leer heim; die Metzelser aber trugen ihren h. Nicolaus wieder in ihre Kirche an seinen alten Platz, und an der Stelle, wo das Bild gelegen hatte, entsprang eine frische Quelle, die man den Klausbrunnen nannte und den Berg den Klausberg. Der Brunnen wurde in das Dorf geleitet, quillt noch heute und ist für die Gemeinde zu Metzels so nützlich als wichtig, und mehr werth, als das Geld, was sie den Mellrichstädtern zurückzahlten.

52.
Wasungens Alter und Sonstiges.

Das Städtchen Wasungen ist von hohem Alter; es wird schon im Jahre 874 Vasungin genannt. Zahlreiche Wustungsnamen in der Umgebung und Feldflur deuten nach früher Bevölkerung aus einer Zeit, in welcher erstere mehr in Einzelgehöften, als in Ortschaften gedrängt, das Land bewohnte und bebaute. Kaiser Albrecht verlieh 1307 der Stadt die Rechte der damals freien Reichsstädte Schweinfurt und Gelnhausen, und erhob das gräflich hennebergische Landgericht daselbst zu einem frei-kaiserlichen. Auch mit Juden war in früherer Zeit das Städtlein wohlversehen, wovon noch der „Judengarten" zeugt. Kleinstädtisches Gebahren einerseits und der Nachbarstadt stets wache Spott- und Neckelust erhob auch

Wasungen zu einer deutschen Lalen- und Schildbürgerstadt, und trug nicht nur alle bekannten und im Volksbuche gesammelten Lalenstreiche auf seine Bewohner über, sondern ersann auch neue, die zwar nicht gern gehört werden, indeß muß sich Wasungen mit dem ebenfalls meinigenschen Städtchen Ummerstadt, mit dem pfälischen Beckum, mit Schöppenstädt, Polkwitz, Anweiler, Triefels, Weilheim, Bopfingen, Ganslos und so vielen andern Städtlein und Orten trösten, denen es nun einmal ihre Nachbarn nicht besser machen. Vor mehr als hundert Jahren schrieb schon ein hennebergischer Geschichtsforscher das Folgende wörtlich nieder, als er Wasungens gedachte: „Im übrigen ist niemanden leicht im Hennebergischen unbewußt, daß allerhand possierliche Schwänke und Histörigen von denen Bürgern zu Wasungen erzählt werden, welche eine ziemliche Verwandtschaft mit denen in Meißen berühmten Schildbürgers-Geschichten haben." Nun, die Wasunger sind es nicht allein, welche die Eselseier des lächerlichen ausbrüten, es wird auch an höher gelegenen Orten bisweilen vieles des lächerlichen und dummen ausgeheckt. So ertheilte ein Hutreceß vom Jahre 1578 die Erlaubniß, daß der Wasunger Ziegenhirte mit seinen Ziegen „zur Winterszeit den Schloßberg und die Hunnenburg betreiben dürfe." Welches Futter die armen Ziegen zur Winterszeit an diesen ohnehin kahlen Berggeländen abweiden sollten, verschwieg die hochweise Verordnung. Daß einstmals die Wasunger einen galgenreifen Gauner nicht an ihren Galgen henken sehen wollten, weil dieser „für sie und ihre Kinder und Kindeskinder" sei, und ihm ein Stück Geld gaben, sich dafür henken zu lassen, wo er wollte, war gar nicht so unweise gedacht, und ist solches kluge Mittel Anno Achtundvierzig in manchem Staate probatum befunden worden. Bei einem solchen „fort mit Schaden!" liegt der Nutzen auf der Hand. Daß die Wasunger sich auf Quarkkäse setzten, in der Meinung, es seien Eier arabischer Pferde, und dergleichen ausbrüten wollten, dürfte wohl auch anderwärts in alter und neuer deutscher Geschichte ein vielfach wiederholendes Echo finden, selbst wenn jene Eier nur einfache Eselseier, wie eine Variante dieser Sage will, hätten sein sollen. An dem Römhilder Aalfang (s. Sage 35.) erinnert die Jagd der Wasunger auf den in der übergetretenen Werra daher geschwommenen braunen Hirsch, nach dem weidlich geschossen und gefangen wurde; als man endlich den Hirsch, der seine vier Beine kerzengerade gen Himmel streckte, am Ufer hatte, war's ein - alter Waschtisch. So auch jene Jagd, als ein Wasunger in der Dämmerung auf dem Wege ein schwarzes, unheimliches, kugeliges Ungetüm liegen sah, heim eilte, die Wehr zusammenrief, und nun die Mannschaft auszog mit Laternen, Spießen, Heugabeln, Stangen und Stöcken, auch Musquetonen und Luntenbüchsen, um das Gethüm zu bewältigen, das so groß sein sollte, wie ein Wagenrad, und stachlig, wie ein Igel, und Zähne haben, wie ein Hecht, und Glotzen, wie Karfunkel. Nach dem ersten Schuß platzte zersprützend das Ungethüm und die Mannschaft schrie frohlockend: Sett all daher" jetzt hats den Gift fahren gelassen! - und nun drauf. Bei Licht besehen war aber das Ungethüm gar nicht so groß wie ein Wagenrad, sondern nur so groß wie ein Schweinsmagen, es hatte auch keine Glotzen wie Karfunkel, sondern gar keine Augen, auch keine Stacheln, sondern eine glatte Haut, es war auch kein Ungethüm, sondern eine höchst friedlich gesinnte Schlackwurst, ein Schwartenmagen, den ein Bauer verloren hatte. Die alte, ewig sich verjüngende Mär vom kreisenden Berge. Wie die Katze aus Furcht schnell wieder über das Weichbild zurückgeschickt wurde, weil man ihr auf die Frage, was sie fresse, nachgesagt, sie fräße alles - wie der Gastwirth dem Gaste, der zur Bequemlichkeit ein Paar Pantoffeln zu haben, nebenbai aber auch einen Wasunger Streich zu gewahren wünscht, die Pantoffeln aus des Gastes eigenen Stiefeln schneidet - wie die Ehrenpforte, weil es regnete, statt Regenschirmes über den hindurchziehenden Fürsten getragen wurde - wie bei derselben Gelegenheit der Bürgermeister den Bürgern sagte: Ihr thut, was ihr mich thun seht, und sich alle gegen die Wand kehrten, weil jenen dazu ein Bedürfniß nöthigte, und so alle, da in diesem Augenblick der Fürst kam, mit dem Rücken Front machten, hat vielleicht tieferen Sinn, als mancher ahnet, der darüber lacht, und ist nur ein Sinnbild; denn zu Zeiten macht gar manche Schildbürgerschaft ihrem Fürsten und ihrer Oberherrschaft ein widerhaariges Kehrt, die Signatur der Untreue. - Ganz vor kurzem ists geschehen, daß eine Wasunger Köchin ihrer Herrschaft weiche Eier sieden sollte. Sie brachte die Eier hart gesotten auf den Tisch. Ei! Sprach die Frau, die Eier sind ja hart! „Nu se hunn doch lang genung gekoicht -" erwiederte die Köchin: - es wern ahle (alte) sinn - ech will se noch emal ins Töpfe thu, un tüchtig koich."

53.
Die ungetreue Brücke.

In der Nähe und Nachbarschaft des Dorfes Schwallungen unterhalb Wasungen im Werrathale, uralt, schon 788 als Svvollunga, genannt, haben sich mancherlei Spuksagen erhalten. Ein gespenstiger Reiter läßt sich im Dorfe sehen, der hat keinen Kopf. Der Vater des alten Melcher, des ältesten Mannes im Dorfe, hat an der Straße gewohnt und zum öftern jenen Reiter gesehen. Er kam von einem Wegkreuze, das an der Hard beim Oelmeßchen stand oder lag. Wenn er an des alten Melchers Aelternhaus kam, betete der Vater desselben ein Vater Unser. Da hielt der Reiter sein Pferd an, und blieb still halten, so lange das Gebet währete. Dann ritt er weiter in die Nacht hinein, niemand wußte, wohin. Unterhalb Schwallungen näher nach der Burg Todtenwart, vor Alters Tattenwarte genannt, führt eine Brücke über das durch ein Seitenthal zu Rechten herabkommende Flüßchen Schmalkalde. Dort war früher ein tiefer schauriger Hohlweg, der die ungetreue Hohle genannt wurde. Man sah zu Zeiten dort einen nächtlichen Trauerzug, 6 Männer, die einen Sarg auf einer Todtenbahre trugen, und Brücke und Hohle so versperrten, daß niemand darüber konnte. Auch das Vieh sah solche Erscheinung und scheute entsetzt zurück. Mancher der die Hohle und Brücke umgehen wollte, kam ganz vom Wege ab, und gerieth in die nahen Cralacher Teiche.

54.
Breitunger Kloster-Sagen.

Das Werrathal war reich mit Klöstern beglückt und gesegnet. Nicht weit vom Ursprunge das Nonnen-Kloster Veilsdorf bei Hildburghausen, dann ohnweit Themar das Nonnenkloster Trostadt; ganz nahe dem Thale das Mönchskloster Veßra, in Meiningen ein Minoritenkloster, eine Stunde von der Stadt nach dem Gebirge das Nonnenkloster Rora, in Wasungen ein Wilhemiterkloster, seitwärts zur Linken auf fränkischer Erde Kloster Sinnershausen, auch Wilhemitermönche; wieder näher nach dem Hauptthale zu in Georgenzell Cisterzienser, rechts in Stundenferne Schmalkalden mit seinem reichen Kollegiat-Stift St. Egidii und Erharti und seinem noch ältern Augustiner-Mönchskloster; im Thale selbst nun folgend das Nonnenkloster Königs-(Frauen-) Breitungen, früher auch Mönche daselbst, am linken, und das Mönchskloster Herren- (Burg-) Breitungen am rechten Werra-Ufer, endlich noch das Nonnenkloster Allendorf an der Werra, dicht unter dem Burgberge von Frankenstein und nahe bei Salzungen - alle zusammen eine wahre terra oder Werra sacra.

Zwischen Frauen- und Herren-Breitungen, einander so wahlverwandt, wie die Inseln Frauen- und Herren-Chiemsee in Bayern, läßt die immer und überall wiederkehrende Sage einen unterirdischen Gang, und noch dazu quer unterm Werrabette wegführen, durch den die Mönche zu den Nonnen schlüpften. Einst hatte ein Herrenbreitunger Mönch mit einer Frauenbreitunger Nonne einen Fluchtplan verabredet, den beide auch in früher Morgenstunde ausführten, aber der Frühmeßmer einer kleinen, dem Walde nahen Kapelle, deren Stätte noch heute das Frühmeßchen heißt, hatte Kundschaft von dieser Flucht und Gründe genug, dem Bruder sein Liebesglück nicht zu gönnen. Er lauerte den Flüchtigen hinter einem Birnbaume auf, und stach mit einem Messer beide nieder. Nun gehen die Schatten beider in ihren Sünden ohne Beichte und Absolution dahin gefahrenen im Abtswalde um, und beim Frühmeßchen, und wollen zusammen, aber der Geist jenes Kirchmeßners wirft sich mit zornigen Gebehrden zwischen sie, und hindert die Vereinigung der Liebenden bis zum jüngsten Tage.

55.
Winkender Feuermann.

In einem armseligen Häuslein nahe bei Breitungen, wo man es auf der Lache nennt, wohnte ein frommes dürftiges Ehepaar, das gewahrte alljährlich im Advent einen riesigen feurigen Mann, der loderte bis an das Häuschen, und winkte mit einem Finger, und der Finger war so lang wie ein Arm. Die armen Leute fürchteten sich sehr, und wagten nicht, dem Winke des Feuermannes Folge zu leisten, bis endlich doch einmal die Frau sich ein Herz faßte, das Häuschen verließ und der Erscheinung nachging. Sie bereitete sich völlig auf diese kühne That vor, fastete, betete, kleidete sich rein und weiß, und nahm, als der Feuermann abermals kam und winkte, zu ihrem Schutze die Bibel mit. Jetzt flackerte die Erscheinung ihr voran bis zum Glashüttenteich, an diesem vorbei, und beim Steinbruch hinter, bis er stille stand, und nach einer Stelle anhaltend deutete. Auf diese Stelle legte die Frau ihre Bibel und ging wieder nach Hause. Sie war aber von dem raschen Gange und der Furcht zum Tode erschöpft, erreichte nur mit Mühe ihr Häuslein, erzählte ihrem Mann alles, beschrieb ihm den Platz, dahin sie die Bibel gelegt, und starb noch in derselben Nacht. Der Mann suchte nun am Tage jenen Platz, fand die Bibel, grub an jener Stelle nach und hob einen ansehnlichen Schatz, von dem er sich viele Wiesen und Aecker und zuletzt ein ganzes Gut zusammenkaufte; der Feuermann aber war erlöst, und ließ sich nachher niemals wieder sehen.

56.
Der Glittstein.

Vor uralten Zeiten ist einmal nahe bei Frauenbreitungen ein mächtig großer Stein vom Himmel gefallen, der ist kohlschwarz und glatt. Weil nun der Stein vom Himmel gefallen war, so wollten die zu Frauenbreitungen denselben gern in ihrem Ort haben, als ein Wahrzeichen, aber der Stein war gar zu schwer. Nun saß in Breitungen ob eines Verbrechens ein Leineweber, der vermaß sich, mit seiner Kraft, ihn in seiner Schürze und in einem Gange vom Felde herein und bis an die Kirche zu tragen. Das wurde angenommen, und der Leineweber trug richtig den Stein in einem Gange vom Felde bis auf den Markt, da bekam plötzlich die lange Schürze einen Riß durch ihre ganze Breite und der Stein glitt heraus auf den Boden, und konnte nicht weiter fortgebracht werden. Und da liegt er noch immer, denn niemand kann ihn erheben, geschweige von dannen tragen. Gleichwohl wurde der Leineweber seines Vergehens losgesprochen, doch sollen seitdem seine Zunftgenossen keine langen Schürzen mehr tragen, sondern kurze.

57.
Der begrabene Däumling.

Vor mehreren Jahren wurde am sogenannten steinernen Hause zu Frauenbreitungen etwas reparirt. In der Mittagsfeierstunde sah einer der Maurergesellen müßig aus einer Luke desselben in die daran stoßenden Gärten. Da gewahrte er, wie eine Frau gegangen kam, unter einem alten Birnbaume ein Loch in die Erde grub, darauf eine Schachtel unterm Mantel hervorzog, und in das Loch verscharrte, welches sie sodann sorgfältig wieder mit Rasen bedeckte. - Gern hätte der Maurergeselle sogleich, nachdem die Frau wieder fortgegangen war, seine rege gewordene Neugier befriedigt, und auf der Stelle nachgesehen, was eigentlich die Frau dort unter dem alten Birnbaum vergraben habe. Allein die Feierstunde war vorüber, und der Geselle mußte wieder an die Arbeit. Fest nahm er sich aber vor, am Feierabend die Sache zu untersuchen, erzählte auch einem Mitgesellen was er gesehen, und forderte ihn auf, nach beschlossener Arbeit ihn unter den alten Birnbaum zu begleiten, und mit nachzusehen. Der Mitgeselle sagte zu, konnte aber nicht Wort halten, weil er gegen Abend von seinem Meister einen Gang aufgetragen bekam, von welchem er erst spät zurückkehrte. Nach eingetretenem Feierabend machte sich demnach der Geselle allein auf den Weg, und begab sich unter den alten Birnbaum, wo er an der wohlgemerkten Stelle einschlug, Bald gelangte er auf die vergrabene Schachtel, zog sie heraus und lüftete den Deckel, um nachzusehen, welche Schätze darin verborgen seien. In der Schachtel aber lag ein lebendiges Geschöpf, etwa eine halbe Elle lang, von menschlicher Gestalt, aber mit kohlenschwarzem Gesicht, Bockshörnern und Pferdefüßen; das stierte ihn mit großen funkensprühenden Feueraugen an, sprang mit einem ungeheuern Satz aus der Schachtel heraus, und hüpfte mit mehr als mannshohen Sätzen einigemal um den erschrockenen Gesellen herum, dann aber mit widerlichem Freudengeschrei über Bäume, Hecken und Zäune fort nach dem See zu, auf und davon.

Entsetzt ließ der Geselle die Schachtel fallen, und rannte nach Hause. Todtenbleich und sterbenskrank kam er daselbst an. Kaum konnte er mit lallender Zunge erzählen, was ihm begegnet war. Ein Nervenfieber packte ihn, und nach wenigen Tagen war er tod. In der Fieberhitze phantasirte er beständig von der Däumlingsgestalt; dann sträubte sich das Haar ihm empor, die Augen traten ihm vor den Kopf, der Angstschweiß vor die Stirne, und krampfhaft stöhnte der Arme: schafft mir den schwarzen Teufel fort, er will mich umbringen.

Die Schachtel und das Loch fand man unter dem alten Birnbaume. Den Däumling aber hat niemand wieder gesehen, und eben so wenig hat man erfahren können, wer die Frau gewesen, welche die Schachtel unter dem Birnbaum vergraben hatte.

58.
Die Sibylle.

Im Volke lebt der Glaube, daß einst in der Nähe von Barchfeld eine Sibylle gewohnt und geweissagt habe, vielleicht führte sie den Namen Immel oder Amalie, der zwei Dörfern der Nachbarschaft den Namen gab: Immelborn und Uebelrode, das eigentlich Immelrode heißt. Diese Sibylle that, was alle Sibyllen gethan: sie weissagte, und zwar Dinge, die das Volk gern hörte. Damals war nichts so verhaßt, als der Türke, und des grausamen Türkenvolkes Vernichtung und Untergang war allgemeiner Wunsch der deutschen Nation, genährt durch tagtägliches Kirchengebet gegen den Türken, genährt durch tausend Schriften, und durch das Blut derer, die im Kampfe gegen den Erbfeind der Christenheit ihr Leben zum Opfer brachten. Der Türke werde, so weissagte die Sibylle, mit furchtbarer Heeresmacht gerüstet, in Deutschland einbrechen, werde Oesterreich und Bayern bewältigen und unterjochen, und alles verwüsten, da werde ganz Deutschland sich einigen und dem Türkenheere entgegenziehen zum großen Kampfe der Befreiung, und im Werrahale, in der Fläche zwischen Barchfeld und Salzungen, werde die Vernichtungsschlacht entbrennen; Wenige der Türken werden ihr entrinnen, und über die

Grenzen Deutschlands zurück werde keiner gelangen. Der Sultan selbst werde als der letzte Türke mitten auf der Werrabrücke erschlagen werden. Dann werde das deutsche Heer in die Türkei einbrechen, und dem Reiche des Erbfeindes der Christenheit schnell und für immer ein Ende machen. Oesterreichs und Bayerns verheerte Landstriche würden bald wieder schöner und reicher wie zuvor aufblühen. Solches zeugte die Sibylle, und man glaubte ihr. Wie schade, daß sie keine Kassandra war!

59.
Seejungfrauen.

Bei der Stadt Salzungen liegt ein kleiner aber sehr schöner See, und in der Umgegend sind ebenfalls einige noch kleinere Seen gelegen, und es ist in der ganzen Umgegend die Nixensage heimisch. Im Salzunger See, der auch alle Jahre sein Opfer verlangt, nämlich einen Todten, welches ganz sprüchwörtlich geworden, soll eine Wasserfrau wohnen, die ist früher bisweilen herausgekommen und durch die See'spforte zu den dicht an derselben befindlichen Fleischbänken, die jetzt nicht mehr vorhanden sind. Das Haar dieser Wasserfrau war grünlich und der Saum ihres Gewandes war immer handbereit naß. Einst hackte ein böser Metzger, der es merkte, daß sie die Wasserfrau war, mit seinem Fleischermesser ihr einen Daumen ab - da ist sie schreiend wieder hinab zum See geeilt, und niemals wiedergekommen, in des Metzgers Bank begann aber alsbald alles Fleisch zu faulen, und immer roch es darin, wie faule Fische, so daß niemand mehr von ihm kaufte, und der zuletzt als armer Bettler sich in dem See das Leben nahm. Andere sagen, die Wasserfrau habe einstdann niemals wieder gekommen. In den „hünischen Hof," ein steinernes Burghaus dicht am See, das von dem ausgestorbenen Adelsgeschlechte der Herren von Hun oder Haun den Namen noch immer trägt, kamen einst zwei Seejungfern zum Tanze, weilten zu lange, und wurden dann zum Opfer ihrer überseeischen Freude, denn nachdem sie zu spät in den See zurückgekehrt waren, färbte sich derselbe blutroth. Wenige Schritte vom Salzunger See ist noch ein tiefes Wasserloch befindlich, das früher viel größer war, und für unergründlich galt. Dasselbe heißt die Teufelskutte. Dort hinein fuhr häufig der fliegende Drache, wahrscheinlich um ein abkühlendes Bad zu nehmen. Eine Strecke weiter aufwärts nach Barfeld zu liegt der Erlensee mitten in den Thalwiesen des Werragrundes, ein Tummelplatz hüpfender Irrlichter und geistender Feuer-Tummelplatz hüpfender Irrlichter und geistender Feuermänner; in ihm badet sich die weiße Jungfrau, die von dem Trümmerberge der Burg Frankenstein herabwandelt, aber nur alle 7 Jahre erscheinen soll. Südwärts von Salzungen nach Wildprechtrode zu liegt der Buchen- oder Büchensee, ein gefüllter Wasserkrater ohne Zufluß und ohne Abfluß, an dessen Stelle stand einst ein stattliches Schloß. Zu diesem Schlosse kamen in stürmischer Gewitternacht zwei Wanderer, die baten flehendlich um Obdach und um Trank und Speise, allein obgleich es hoch herging im Schlosse, und alle Fenster erleuchtet waren, so wurde dennoch den Wanderern nicht aufgethan, sondern man wieß sie mit rauhen Worten ab. Im Schlosse wohnten drei junge Fräulein, die waren mild und gut, aber sie vermochten nichts gegen die Härte des Burgherrn, und baten ihn vergebens um Einlaß der Armen. Die Wanderer aber waren keine irdischen Menschen, sie waren Götter oder doch Zauberer und verwünschten das Schloß und da sank es in die Erde viel hundert Klaftern tief hinab mit Mann und Maus, und an seine Stelle trat der stille See, und um den See wuchs ein Buchenwald, und gab ihm den Namen, und jetzt ist auch von diesem Walde längst keine Spur mehr vorhanden, sondern der See liegt mitten in einer Ackerflur - so lange ist es schon her. Da nun leider auch die drei guten Fräulein mit versunken waren, und die Unschuldigen mit den Schuldigen, wie so häufig geschieht, leiden mußten, so wurden sie begnadigt, Nixen zu werden, und durften alle Jahre einmal nach dem nahen Dorfe Wilbrechtrode zur Kirmse fahren. Dort machten sie durch ihre Schönheit großes Aufsehen, und man glaubte, sie seien vornehme Stadtjungfern aus Salzungen. An einem solchen Kirmsentage kam ein Jäger aus Salzungen noch spät von der Jagd, sah die Fräulein in der Mitternachtsstunde in ihren ganz altmodischen Wagen steigen, und setzte sich hinten auf, um schneller heimzukommen. Da hörte er es plötzlich rauschen und fühlte, wie Wasser zu ihm heraufspritzte, sprang schnell vom Tritt, und hatte Mühe, zum See'srande emporzuklimmen - hinter ihm sank der Wagen in den See hinab, und die Wellen schlugen rauschend über ihm und den drei Fräulein zusammen. Später haben sich diese Jungfrauen des Buchensee's auch einmal verspätet, wie insgemein die Nixen der Sage thun, und haben ihre Tanzlust mit dem Leben büßen müssen.

Weiter hinab im Werrathale, bei Merkers, blitzt auch ein ziemlich umfangreicher See, und eine Stunde weit zur rechten hinüber nach dem Walde zu liegt ohnweit dem bedeutenden Frauensee, ehemaliger Klosterort, der kleine Hautsee beim Dörfchen Dönges - mit schwimmender Insel. Auch dort die allverbreitete Nixensage heimisch - einem Nixenpärchen, das nach Dönges zum Tanze kam, raubte ein Bursche des Dorfes die Handschuhe. Ueber dem ängstlichen suchen danach verspäteten sich die Nixchen, stürzten in Hast nach dem See, der sich, nachdem er sie aufgenommen, alsbald blutroth färbte. Dieser in fast allen Nixensagen wiederkehrende Zug findet leicht seine Erklärung in einer physicalischen Erscheinung. Ebenso wie das sogenannte Grünblühen des Salzunger und anderer Seeen. Auch eine Wehmutter aus Dönges wurde einst, und zwar reitend, in den Hautsee geführt, um ein Nixenkind zu bringen, und reich beschenkt an ihren Ort zurückgebracht, doch ward ihr tiefes Schweigen auferlegt. Erst auf dem Sterbebette beichtete sie ihrem Seelsorger, was ihr widerfahren. Nicht gar weit vom Hautsee, und nur wenige Stunden von Salzungen liegt der schöne Lustort Wilhelmsthal, mit romantischen Parkhainen und einem See, durch den ein kleines Flüßchen, die Ellna fließt. Auch hier die Nixensage, und eine Ellnanymphe, die ein junger Jäger liebte, der sich mit ihr verlobte, aber ihr nasses Bette, küßte ihn tod, und warf seinen Leichnam in Unkerode aus, allwo er an die Kirchhofmauer begraben wurde.

60.
Rote Sechse.

Am Amtsflecken Tiefeort, unter dem alten Burgschlosse Krainberg im Werrathale steht ein steinernes ritterliches Haus. Das soll, der Sage nach, ein Ritter besessen haben, welcher das Spiel über alles liebte. Er verspielte Hab und Gut, und setzte zuletzt auch noch sein Haus auf die Karte. Durch ein Trumpfblatt, durch die Roth Sechse gewann der Gegner, und nahm darauf den Namen von Spiel-Haus an, und die glückbringende Karte in sein Wappen. Nach der Hand kam die Familie dieses Besitzers von Tiefenort weg, aber über dem Hause blieb noch das zierlich in Stein gehauene Wappen des Gewinners, und das Gut heißt noch immer das Spiel-Hausische. Auch über dem Edelmanns-Stand hängt der ritterliche Schild mit der Spielkarte, sechs rothe Herzen je zu dreien über einander gestellt, im der Länge nach getheilten Felde von schwarz und Silber. Als Helmzier ragt ein Arm empor, der die Karte hält. Wenn der Pfarrer ein Freund von Karten ist, so kann er sich jedesmal, so oft er predigt, an diesem Bilde erbauen, denn es hängt unmittelbar der Kanzel gegenüber. In derselben Kirche neben der Kanzel steht ein steinernes Denkmal mit dem Bilde des Grafen Adam von Beichlingen, der auf dem Schlosse Krainberg starb. Dieser Umstand hat Ursache zu einer Variante der Roth-Sechsener Sage gegeben. Der Graf Beichlingen selbst soll der leichtsinnige Ritter gewesen sein, und alles verspielt haben, da hätten seine Verwandten unter der Bedingung noch einmal seine sämmtlichen Spiel- und anderen Schulden bezahlt, daß er die Karte in sein Wappen nehme. Diese letztere Sage scheint eine gemachte. Graf Adam von Beichlingen war ein gelehrter Staatsmann, wurde vom Kaiser Maximilian selbst mit dem Schwerte Carls des Großen zum Ritter geschlagen, war kaiserlicher oberster Kammerrichter zu Speier, Marschall der Landgrafschaft Thüringen, und wurde Schwiegersohn Landgraf Wilhelms des Weisen zu Hessen-Cassel. Er mußte allerdings seine Grafschaft Beichlingen vieler Schulden halber verkaufen, kaufte aber die Herrschaften und Schlösser Krainberg und Gebesee. Sein steinernes Epitaphium stellt ihn geharnischt, mit gefalteten Händen und knieend dar; in den Ecken zeigt es die beichlingenschen, mansfeldischen und rothenburgischen Wappenschilde.

61.
Sagen vom Schlosse Krainberg.

Das Schloß Krainberg ist jetzt nur eine öde Trümmer, doch bietet es reizende Fernsichten dar in das Werrathal auf- und abwärts, auf das Rhöngebirge, auf den Thüringerwald, im Vorgrunde auf der Wartburg stattlichen Bau, und in das Hessenland, im Hintergrunde auf den langgestreckten sagenumklungenen Meissner. Diese Burg war es, welche der unglücklichen Landgräfin Margaretha von Thüringen, der Mutter Friedrichs mit der gebissen Wange die erste schirmende Nachtrast auf ihrem Fluchtwege von der vier Stunden Weges davon entfernten Wartburg bot. Die Herren von Frankenstein sollen Schloß Krainberg erbaut, und dabei ein lebendes Kind in ein steinernes Särglein gelegt und mit eingemauert haben, weil man den Glauben hatte, daß dadurch eine Burg unüberwindlich werde, daher diese Sage sich auch bei sehr vielen Burgen wiederholt und mit mannichfaltigen Verschiedenheiten erzählt wird. Es soll wirklich beim Abbrechen einer Mauer der Ruine Krainberg das steinerne Särglein mit Kinderknochen gefunden worden sein. Vorher habe man zum öftern im Burghofe ein leises Gewimmer vernommen, oder auch ein weißes Kind ganz allein daselbst mit Blumen spielen sehen.

Auch eine weiße Jungfrau wandelt in den Ruinen, und als Wunder- und Glücksblume blüht dort eine Tulipane. Der Tulipane erwähnt die Sage selten, meist ist es eine gelbe Schlüsselblume, eine blaue Glockenblume oder eine weiße, auch purpurrothe Lilie, die dem Glücklichen entgegenblüht, dem ein Schatz bescheert ist, und das kommt lediglich daher, daß das Volk die Tulipane nur als Ziergewächs der Gärten kennt, weil die in Deutschland wildwachsende kleine Tulpe (Tulipa sylvestris Linn.) nicht häufig angetroffen wird. Einem Schäfer, der innerhalb der Ruinen des Schlosses Krainberg die Tulipane fand, und dem die weiße Jungfrau erschien, begegnete gleich vielen andern das Mißgeschick, daß ihm im schätzegefüllten Kellergewölbe die Blume vom Hute fiel, daß er in ihr „das beste" vergaß, und vom heftigen zuschlagen einer Eisenthüre am Gewölbeingang den Tod davon trug.

62.
Abt giebt Namen.

Ein guther Theil des unteren Werrathales, das jetzt großherzoglich Sachsen Weimar-Eisenachisches Landgebiet ist, gehörte zu dem früheren Buchengau (Buchonia), und die Aebte des Hochstifts Fulda beherrschten dasselbe mit ihren Krummstabe. In der Reihe derselben war Abt Dankmar. Dieser Abt bereiste zu einer Zeit seinen Kirchsprengel, und fand die Wege äußerst schlecht, so daß er sammt seiner Begleitung eines Tages völlig stecken blieb, und nach dem nächsten Dorfe zurück Boten senden mußte, um Vorspann zu holen. Die Einwohner dort aber liebten keineswegs den Herrn Abt, und zeigten sich seinen Wünschen und Befehlen ganz zuwider. Sie sandten weder Menschen noch Vieh ab, ihm zu helfen, und wiesen seine Boten mit unfreundlichen Worten zurück. Nun sandte der Abt in das zweite nächstgelegene Dorf vor ihm und dort waren die Einwohner ihm holder; sie beeiferten sich förmlich, ihm zu dienen und ihm die erbetene Hülfe zu leisten. Der Abt ertheilte ihnen dafür seinen Segen, und ordnete an, daß dieser hülfreiche Ort hinführo seinen Namen tragen, und dieser Name zugleich seinen Dank auf ewige Zeiten ausdrücken solle. So wurde der Ort Dankmarshausen genannt. Aber jenes Dorf, das sich so bockig und widerhaarig (nach neumodigem Kanzleideutsch „reniten") ihm gezeigt, das sollte nun auch auf ewige Zeiten Widershausen oder Widdershausen genannt werden, und dem ist auch also geschehen. Beide Dörfer liegen nahe an der Werra beim Städtlein Berka.

63.
Wie zu Berka die Werra ausblieb.

Bei Berka ist die Werra ein ziemlich bedeutender Fluß, daher ein Ereigniß, das sich im Jahre 1682 am 21. Sonntage nach Trinitatis, war der 22. November, begab, wol in Verwunderung setzen durfte. an diesem Tage blieb während des Gottesdienstes, und zwar unter der Frühpredigt, die Werra plötzlich aus, so daß man Fische, Aale, Lachse, Karpfen, Hechte und Forellen mit Händen und in Menge fangen konnte. Die Bevölkerung war über dieses Phänomen sehr verwundert, erschrocken und bestürzt; man konnte nicht anders glauben, als der Fluß müsse sich einen andern Weg gebahnt haben, und sandte nun Boten nach Dankmarshausen, Widdershausen, bis nach Heringen, und niederwärts bis Gerstungen und Salmannshausen. Dort waren eben so wenig Wasser anzutreffen, als zu Berka. Aber weiter aufwärts, bei Philippsthal und Vacha, und weiter abwärts, bei Herleshausen, ward die Werra im vollen Laufe befunden. „Wie das zugegangen" sagt der alte Chronist, der diese Nachricht handschriftlich hinterließ: „ist Gott bekannt."

64.
Die drei Auflagen.

Im Thale der Werra liegen zur Rechten des Ufers noch heute die umfangreichen Trümmer des vormals sehr stattlichen Schlosses Brandenburg, welche Burg der Wohnsitz eines in dieser Gegend reich begüterten alten Thüringischen Grafengeschlechtes war. Die Grafen hatten das Recht, den Fleischern in Gerstungen ihre Taxe festzustellen, auch durften diese nicht früher von dem Schlachtvieh etwas verkaufen, bis der Fleischbote von der Brandenburg mit seinem Esel und der Taxe kam, und die besten Stücken vorweg holte. Dieser Fleischbote hieß Limpert und war ein lahmer Krüppel, der stets des Sprüchleins eingedenk war: langsam kommt man auch weit, der seinen Esel nie zur Eile trieb, und seinen Hohn und Spott darüber hatte, wenn die Fleischer, von ihren übrigen Kunden gedrängt, in Verzweiflung waren und ihn mit Scheltworten empfingen. Da der Krüppel sein kommen mit Absicht immer mehr und mehr verzögerte, so schwur der Gildemeister ihm zornig zu, er wolle ihm Beine machen, wenn er noch einmal so lange säume. Das wolle er sehen! antwortete Limpert, und nahm die Drohung wörtlich, indem er nun in der That gerade noch einmal so lange zu kommen säumte, als er bisher gesäumt hatte. Darauf machte der Gildemeister dem Krüppel Beine in die Ewigkeit - er schlug ihn tod, ließ ihn in Stücke hacken, mit diesen Stücken die Fleischkiste des Esels füllen und letzteren zur Burg treiben. Diese That erregte sachgemäß den wüthendsten Zorn des Grafen gegen ganz Gerstungen; er befehdete das Städtlein, und ließ es keinen guten Tag mehr sehen, bis flehentlich unter Erbietung jeder Sühne um Gnade gebeten wurde. Darauf verlangte der Graf zur Sühne seines ermordeten Limpert drei Scheffel voll Silberheller, alle einen und desselben Gepräges, drei himmelblaue Windhunde und drei mannshohe Eichenstäbe ohne Knoten. Diese drei Auflagen sollten binnen Jahresfrist beigeschafft sein, oder die Metzgerzunft in Gerstungen solle ihre Unthat blutig und schrecklich büßen. Da war guther Rath theuer, doch endlich wurde er gefunden. Der Rath verkündete, daß er auf eine gewisse Sorte Silberheller des Stiftes Fulda, das deren sehr viele geprägt, Agio zahlen wolle, da strömten Juden und Bettelleute in Menge herbei und schafften Heller, bis die drei Scheffel voll waren, und die Silberheller wieder im Course sanken. Drei schneeweiße Windhunde wurden in ein Zimmer gesperrt, dessen Fenster von blauem Glase waren, und das ganz blau angestrichen war. Blaugekleidete und blaugefärbte Wärter fütterten die Hunde aus blauen Geschirren mit Blaukohl und gebratenen Blaumeisen und Blaukehlchen. Davon begannen die Hunde endlich selbst blau anzulaufen, und warfen blaue Junge. Mittlerweile wurden drei junge Eichenschossen in Glasröhren zum Wachsthum getrieben, da war kein Raum, Knoten anzusetzen, und so waren nicht ohne große Sorgen, Kosten, Last und Mühe die drei Auflagen erfüllt, und Gerstungen hatte wieder guten Frieden. Der Graf von Brandenburg aber behielt sein Recht der Fleischtaxe, schaffte sich einen andern Krüppel zum Fleischboten an, und behielt den alten Esel zum Fleischholen bei, der mittlerweile lahm geworden war. Nächstdem mußten die Gerstunger Metzger ihren Fleischscharrn abbrechen, und dafür ein Pfründenhaus für arme Krüppel erbauen, auch wurde auf die Stelle, wo sie den Limpert zerhackten, ein breiter Stein gelegt, der liegt noch und heißt der Limpertstein, ein Andenken und zugleich ein Spiegel, nämlich der Warnung. Diese Sage wiederholt sich unter ziemlich gleichen Umständen auch anderwärts, namentlich in der Stadt Osnabrück mit einem Grafen von Tecklenburg.

65.
Das Lindigsfrauchen in Gerstungen.

Bei Gerstungen soll noch ein Schloß gelegen haben, das Lindigsschloß geheißen, darauf lebte ein Burgfräulein, schön vom Körper und wundersam begabt mit Geist, daher es auch Umgang pflog mit den Geistern des Thalflusses, den Nixen, und jenen der Berge, mit den Wichtlein im Werrathale. Solche Neigung wurde den Aeltern des Fräuleins kund und mißfiel ihnen, sie sendeten daher ihr allzugeistreiches Kind in ein Kloster. Im Kloster gefiel sich aber die Jungfrau keineswegs und sah dieselbe es daher gar nicht ungern, daß ein junger Graf von Brandenburg sich sterblich in sie verliebte, sie aus dem Kloster entführte und sich mit ihr vermälte. Aber auch als Gräfin von Brandenburg vermochte jene Huldin ihre Neigung zur dämonischen Welt nicht aufzugeben; sie hatte viele heimliche Zusammenkünfte mit der Werranixe, deren Schloß just unterm Wasserspiegel zunächst der Brandenburg lag, und durch geheime Gänge mit dem Schlosse auf dem Berge in Verbindung stand. Sie gelobte ihren einzigen Sohn der befreundeten Wasserfeine, und diese säumte nicht, denselben, als er zu Jünglingsjahren gekommen war, in ihr Reich hinabzuziehen. Seine Mutter wurde nicht alt; sie starb, ohne zu beichten und von ihren Sünden losgesprochen zu werden, und daher gelangte ihre arme Seele auch nicht in den Himmel, sondern in das Zwischenreich, dessen Bewohner und Bewohnerinnen von Zeit zu Zeit noch auf Erden umher geisten müssen. Selbiges Loos fiel denn auch dieser Gräfin von Brandenburg; sie muß alle sieben Jahre einmal erscheinen, als Matrone gekleidet, einen Leidschleier um den Kopf, ein Schlüsselbund in der Hand, und im Gesichte so weiß wie ein Quarkkäse. So erscheint sie auf der alten Lindigsburgstätte, und davon heißt sie das Lindigsfrauchen, dann aber auch unter der Brandenburg und auch auf dem Wege von Gerstungen nach dem ehemaligen Kloster im Kolbacher Thale, wo sie als Nönnelein gelebt hatte. Das Lindigsfrauchen hat die nicht sehr angenehme Eigenheit, sich nächtlichen Wanderern aufzuhocken, und so sehr ätherisch sie im Leben gewesen sein mag, als sie noch mit ätherischen Wesen Umgang gepflogen, so irdisch schwer wurde sie denen, die sie hockeln mußten. Wer sie aber bis ans Ziel, wohin sie just getragen sein will, hockelt, dem erschließt sie Gewölbe und Keller voll Schätze, und macht ihn über die Maßen reich. Die Sage theilt aber mit, daß von solchem hockeln ein Bauer, Namens Oehme, ein Fleischer, Namens Rösing und Andere den blassen Tod davon getragen haben, nennt aber keinen, der zur Zeit durch das Lindigsfrauchen glücklich geworden.

66.
Vom Bilstein.

Es giebt in verschiedenen Gegenden Deutschlands Bergkuppen, namentlich fels-reiche oder auch einzeln stehende Felsen und Felsengruppen, welche den Namen Bilstein führen. Diese Benennung klingt mythisch an, wenn man auch nicht gera-dezu an einen Bil oder Biel als Harzgott glauben, und von ihm das Wort Beil ableiten will, oder in ihm den Vater der Bilwitzen, Bilzen, Bilsen, Hexenschnitt-macher, erblicken will. Im Harze ein Bielstein bei Blankenburg, desgleichen bei Rübeland und die Bielshöhle, ebenso bei Ilefeld; am Gebaberg ein Bilstein, des-gleichen einer dicht über Meiningen, steile Felswand unmittelbar über der Werra am linken Ufer, und so auch eine malerische Felsengruppe im unteren Werrathale ohnweit der Brandenburg. An ihm, was wieder in frühe Zeiten zurückdeutet, eine Teufelskanzel, ein Teufelsloch, ein Hexenloch, in das der Teufel sich verbarg, als er einst hierherkam, und den heiligen Bonifacius von weitem predigend und bekehrend erblickte, obgleich er, diesem Verderben drohend, den ganzen Bilstein nach ihm und dessen frommer Heerde geschleudert hatte, und zwar soll dieß bei Gelegenheit einer Luftreise geschehen sein, als der Teufel seine Residenz vom Brocken auf den Inselberg verlegen wollte und einen Theil der Gebäulichkeiten mit sich trug. Die Felsenzacken und Felsenmassen aber fielen in das Werrathal nieder, weil der heilige Bonifacius das Bekehrungs-Kreuz gegen sie schwang, und der Teufel duckte schleunigst unter, indem er in das erwähnte Loch schlüpfte, welches noch dazu so eng war, daß er daran einen Theil von seinen schwarzen Haaren hängen bleiben lassen mußte, daher ist selbiges Loch noch heute so schwarz.

Auf dem Bilsteine lebte ein Hüne, und auf der Hard bei Saalmannshausen lebte auch einer, die waren gute Kameraden mit einander und bucken ihr Brot in einem gemeinschaftlichen Backofen. Einst war es dem einen Hünen, als höre er, wie sein Freund seinen Backtrog ausscharrte, und machte seinen Teig fertig. Er kam aber damit viel zu früh; der gute Freund hatte sich nur ein wenig am Beine gekratzt.

67.
Farrnsamen.

Dem Farrnsamen schreibt der Volksglaube in Thüringen die Kraft zu, diejenigen unsichtbar zu machen, die ihn in der Mitternachtsstunde auf den goldenen Sonntag oder in der Johannisnacht erlangen. In dieser Nacht gelangt der Same zur völligen Reife, fällt dann ab, und verschwindet plötzlich. Auch hat, wer diesen Samen besitzt, Glück im Spiele und kann jeden Tag zum Freischütz werden, denn jeder Schuß, den ein solcher Mann thut, fehlt nimmer. Manche setzten schon Leib und Leben, ja das Heil ihrer Seelen daran, Farrnsamen zu erlangen, oft mit großer Fährlichkeit, daher dieser Same auch Fahrsame genannt wird - und es schlug ihnen dennoch fehl; andere, die nicht danach suchten, die fanden und hatten ihn sonder Mühe und Fahr. So erging es einem Manne zu Berka. Sein Fohlen verlief sich im Walde, er suchte es lange, und fand es nicht - erst nach Mitternacht ging er verdrüßlich nach Hause und wußte nicht, daß er von Ungefähr auf reifendes Farrnkraut trat, und vom Samen ihm etwas in die Schuhe fiel. Erst gegen Morgen erreichte er sein Gehöft, mochte sich nicht erst zu Bett legen, sondern setzte sich, um auszuruhen, auf den Lehnstuhl am Ofen. Seine Frau, seine Kinder, sein Gesinde traten nach einander in die Stube, niemand bot ihm guten Morgen, niemand that, als ob der Hausherr zugegen sei. Jetzt sagte er: Ich habe das Fohlen nicht finden können. - Alle erschraken vor der bekannten Stimme, und die Frau rief: Mann! Wo bist du denn? - Der Mann erhob sich vom Stuhle, trat unter die Seinen und sagte: Da bin ich ja; ich stehe ja vor Dir, Frau - aber niemand gewahrte ihn. Da merkte er seine Unsichtbarkeit, aber sie wurde ihm lästig, und da ihn etwas im Schuh drückte, so zog er diesen aus und klopfte ihn aus, und da fiel der Wünschelsame heraus, und wurde alsbald unsichtbar, denn seine Findestunde war vorüber. Der Finder aber war wieder sichtbar geworden, und froh, die bedenkliche Gabe los zu sein, denn die Wiedererlangung seines Fohlens war ihm lieber, als die bedenkliche Gabe des bösen Fol.

68.
Storchengericht.

Zu Creuzburg an der Werra kamen an einem Herbsttage, kurz vor der Zeit als die Störche wegziehen, große Züge von Störchen an, umflogen die Stadt, und ließen sich theils auf Gebäuden, theils auf nahen Wiesen nieder, und begannen heftig mit einander zu kämpfen. Dann schienen sie einen Waffenstillstand geschlossen zu haben und es flogen gleichsam nur Boten ab und zu, entweder aus der Stadt zu den Wiesen, oder von drausen herein. Endlich erhoben sich alle gemeinsam und sammelten sich drausen auf dem Soden (die Wiesen nahe dem Salzamt Wilhelms-Glücksbrunn), und ließen sich mit großem Geräusche nieder. Hierauf ordneten sie sich in zwei Reihen, und es erschien ein einzelner Storch, der in die Mitte trat, als wenn er eine schönklappernde Rede halten wollte. Aber alsbald fielen die ganzen Schwärme über diesen einzelnen her, stachen und hackten mit ihren spitzen Schnäbeln auf ihn los, und ließen nicht eher ab von ihm, bis er tod am Boden lag. Hierauf hoch sich die befiederte Storchenvolksversammlung von dannen, und alle Theilnehmer zogen davon bis auf ein einziges Paar, das blieb noch, und als der spätere Herbst es weggetrieben hatte, kam es wieder, und kein Jahr verging, daß nicht ein Storchenpaar in Kreuzburg genistet hätte, bis zum Jahre 1837, da sind die Störche zum erstenmale ausgeblieben, und wurde solcher Storchenversammlungen, Kämpfe und Gerichte zu verschiedenen Zeiten mehrere Statt gefunden haben, denn die alten Chroniken weichen in Angabe der Jahreszahl, wenn dieß Gericht sich zugetragen habe, merklich von einander ab. Eine giebt 1355 an; sie meldet ganz einfach: Anno 1355. Kamen unzehliche viele Störcke zu Creuzburg auf einer Wiesen zusammen, zerrissen ihrer Drei, und flogen davon. - Eine andere Quelle nennt das Jahr 1445, eine dritte 1523. Man sah darin ein Vorzeichen nahen Krieges, und dieser blieb auch niemals aus.

69.
Der Sprung vom Hellerstein.

Unterhalb Kreuzburg in der Gegend von Treffurt bricht sich die Werra nur mühsam Bahn durch hochgezipfelte Felsen mit steilen Abhängen. Der höchste derselben heißt der Normannstein, auch Hermannstein und Hellerstein. Nun lebte in Treffurt ein Ritter und Herr des Städtleins, Hermann von Treffurt geheißen, dem ließe sich allerlei nachsagen, nur nicht, daß er ein Heiliger sei. Er ritt oft und viel in der schönen Gegend umher nach schönen und minniglichen Frauen, und fand deren auch, zumal gar nicht weit von Treffurt Eisenach, und nicht weit von Eisenach Frau Venusberg gelegen. Da er nun eines Abends wein und minneselig heimwärts gen Treffurt ritt, nickte er ein, und sein Roß trug ihn nicht auf gerader Straße weiter, sondern trabte mit ihm zur Höhe des Hellersteins empor, bis an den jähen Abgrund des Felsenvorsprunges. Zu spät erwachte der Ritter, schon setzte das Roß hinab, da empfahl sich Ritter Hermann in den Schutz der göttlichen Jungfrau und rief: Hilf heilige Maria! Hilf Deinem Knechte! und da war ihm, als hielte ihn ein Arm, und hebe ihn sanft empor, im Augenblicke, als das Roß zerschmettert zu Boden stürzte. Darauf ist der Ritter ein Mönch geworden, hat seines vorher sündigen Lebens sich völlig abgethan, und hat sie wieder ein Roß bestiegen.

70.
Wichtlein im untern Werrathale.

In dem ganzen Thalgebiete der Werra, da wo die Hörsel in dieselbe einmündet, kommt die mythische Trias, der Hulda, der Wichtlein und der wilden Jagd abermals zu mannichfaltiger sagenhafter Erscheinung. Schon in Mitten der Wegstrecke zwischen Tiefenort und Berka an der Werra liegen die Hulden-Berge. In den sogenannten Göhringer Steinen läßt die örtliche Sage eine Hulda als Wassersteine in einer Krystallgrotte wohnen, und mit Wichtlein bevölkert sie das Werrathal schon von Gerstungen an, über Berka herab, dann über Sallmannshausen und Hörschel bis Spichra. Der wilde Jäger heißt in dieser Gegend nicht Wode, obschon der Namensklang des nicht allzufern im Hörselthale liegenden Dorfes Wutha, das 1170 noch Wutensbere hieß, lebhaft an ihn erinnert, sondern er heißt Elbel, ein so rein mythischer Name, daß er keiner erklärenden Deutung bedarf. Nur der anderorts hervortretende Zug, daß der wilde Jäger die Wichtlein jagt und verfolgt, scheint in dieser Gegend zu fehlen, kann aber auch unversehens noch aufgefunden werden. In Gerstungen im Schlosse ist ein schöner Pferdestall, allein es hält darinnen kein Pferd aus, sie werden wüthend, schlagen aus, schäumen, bäumen sich, zerreißen Ketten und Halftern. Es wohnen Wichteln unterm Stalle, das ist die Ursache, denn zwischen Pferden und diesen Geistern besteht Feindschaft. Reitet doch der Wode, der die Wichtelmännlein und Wichtelweiblein jagt und ist doch Rache der Grundzug im Charakter der ganzen dämonischen Welt. Einem Bauer im obenerwähnten Dorfe Dankmarshausen fiel ein Pferd nach dem andern, und dem Manne drohte die Gefahr, an den Bettelstab zu gelangen. Als er eines Abends über die Hausflur ging, hörte er ein Flüstern unter einer umgestülpten Wanne. Als er darunter sah, gewahrte er vier Wichtlein, welche aus einem in der Flur stehenden Backtroge Teig genommen hatten, und Brot daraus kneteten. Knete zu, knete zu! sprach einer zum andern, und der Bauer sah verwundert zu und schwieg. Ein anderer hätte vielleicht gescholten. Weißt Du auch, Mann, warum Deine Pferde fallen? fragte das älteste Wichtelmännchen. Ich will Dir's sagen, daß Du es weißt. Weil wir unter dem Stalle wohnen, und weil wir die Pferde hassen. Bringe Deine Pferde in einen andern Stall, so werden sie vor uns Ruhe haben. Freudig befolgte der Bauer diesen Rath und die Wichtlein blieben bei ihm, waren ihm im Haushalt förderlich und hülfreich, und der wurde durch sie der reichste Mann in Dankmarshausen.

71.
Der Wichtlein Ueberfahrt.

Im Spatenberge ohnweit und unterhalb Spichra, am rechten Ufer der Werra, öffnet sich eine kleine Höhle, die Wichtelkutte geheißen, in welcher schon vor undenklichen Zeiten Wichtlein hausten. Es war ein zahlreiches Völklein das da sein Wesen trieb, und war, obgleich stets neckelustig gesinnt, den Menschen doch gut und hülfreich. Nun war oder ist dort noch eine Fähre vom rechten Ufer zum linken, und der Fährmann hieß Beck, zu dem kamen eines Abends zwei kleine Männlein, und verlangten übergefahren zu werden. Alle drei gingen zum Flusse und bestiegen die Fähre, als sie jedoch darinnen waren, baten die Männlein den Fergen, noch ein wenig zu warten, es komme noch jemand. Es kam indeß niemand, gleichwohl senkte sich die Fähre tiefer und tiefer in das Wasser, als ob sie schwerer und schwerer werde. Da niemand kam, stieß der Ferge endlich vom Ufer ab, aber es wollte ihm bedünken, noch nie sei die Fähre so schwer gewesen. Als man nun am andern Ufer anlangte, fragte einer von den Uebergefahrenen den Fährmann: Sage, welchen Lohn begehrst Du? Willst du das Fährgeld nach der Kopfzahl, oder ist ein Scheffel Würz (Salz) Dir lieber? Da besann sich der Ferge nicht lange, sondern sagte: Ein Scheffel Würz wäre mir absonderlich lieber, als die paar Pfennige für eure zwei kleinen Köpfe. - Sollst die Würze haben, da Du den Witz nicht hast - entgegnete das Wichtelmännlein, doch wärest du besser gefahren, wenn Du nach der Kopfzahl den Fährlohn begehrt hättest. Siehe mir einmal über die Schulter! - Der Ferge that, wie das Männlein ihm gesagt, da sahe er ein wimmelnd Volk, das von der Fähre herab an das Ufer sprang, ganz unzählbar, und das Land gewann und erklimmte. Nun stiegen auch die beiden Männlein aus, und plötzlich verschwand alles vor den Blicken des Fährmanns, aber auf der Fähre stand ein gehäufter Scheffel weißen Salzes, und dieses selbige Salz offenbarte später die angenehme Eigenschaft, sich immer wieder im Scheffel zu ergänzen, und kein Ende zu nehmen, so viel dessen auch davon hinweggenommen wurde.

Damals sind die Wichtlein aus der Gegend hinweggezogen, weil es ihnen nicht mehr gefiel unter den Menschen zu wohnen, weil das Glockengeläute, Hammerwerk und auch die Pferdezucht sich so sehr mehrten. In den Höhlen um Spichra, besonders aber in dem großen Erdfalle am Spatenberge, findet man noch fein geränderte, zarte, platte, zirkelrunde Steinchen, eins so groß wie das andere, die nennen die Leute Wichtelpfennige.

Diese Sage wiederholt sich in und außer Deutschland an mehreren Orten; es ist ein gemeinsamer Zug der Wichtlein und Zwergensage überhaupt, und giebt viel zu denken.

72.
Der Elbel.

In der Gegend um Mihla, das zwischen Kreuzburg und Treffurt an der Werra liegt, so wie im Hainich, einem langgestreckten Bergwalde zwischen Eisenach und Mühlhausen, zwischen dem Hörsel-, Werra- und Unstrutthale haust und zieht der Elbel als wilder Jäger mit seinem Schwarme. Zwei Felsenthrone heißen nach ihm der Elbelstein und die Elbelkanzel. Ein Herr von Herstall, (einem Geschlechte angehörig, das in Mihla begütert und seßhaft ist, und seinen Ursprung von Pipin von Heristal ableitet), der zur Zeit des dreißigjährigen Krieges lebte, und ein sehr frommer Herr war, hatte einen Leibjäger, der hieß Hölzerkopf. Eines Tages ging der Jäger Hölzerkopf birschen, da sah er eine wunderschöne Jungfrau mit flatterndem Haar in hastiger Flucht an sich vorübereilen, und hinter ihr her kam der Elbel daher gesaust mit seinem tollen wüthigen Heeresspuk, und der Elbel jagte die Jungfrau, wie nach den Sagen im bayrischem Hochgebirge der Wode die Hulda, und nach denen in Tirol die Riesen die Salig-Fräulein. Dem Hölzerkopf gefiel die schöne Jungfrau, und hätte sie am liebsten selbst gejagt, wäre am liebsten selbst der Elbel gewesen, und wünschte sich zu ihm. Aber die Jungfrau entging dem Elbel, denn sie erreichte ein Kreuz, erfaßte dieß, und so hatte er keine Macht mehr über sie, drob freute sich der Hölzerkopf und schoß sein Gewehr in die Luft ab. Gleichwohl, obschon er nach keinem Wilde gezielt hatte, brach ein angeschossener Rehbock aus dem Dickigt und brach verendend vor dem Hölzerkopf zusammen. Und nun traf jeden Tag jeder Schuß auf jagdbares Wild, den der Hölzerkopf that, weil sein mächtiger Wunsch ihn zu dem mächtigen Geiste oder Gotte hingezogen, der nach alter Mythe als Wuotan selbst Wunsch heißt und in Person die Wunscherfüllung ist. - Als bald darauf der Jäger Hölzerkopf seine neuerlangte Kunst, Wild aus der Ferne zu treffen, ohne darnach zu zielen, ja ohne es nur zu sehen, wie das beim Freikugelschießen so üblich ist, im Beisein seines frommen Herrn übte, erschrak dieser gar sehr, schalt den Jäger und hieß ihn zum Elbel gehen, denn in seinem Dienst wolle er solch unheimlichen Knecht, der mit Höllenkünsten umgehe, nicht dulden. Darauf ist auf der Stelle der Hölzerkopf trotziglich von dannen in das Waldesdickig hinein geschritten, und niemand hat ihn wieder gesehen, außer wenn einer den Elbel mit seinem Heere ziehen sah, denn dahin war und blieb nun jener Jäger auf nimmerdar verwünscht. Und sind der Elbelstein und die Elbelskanzel die Orte, wo der Hölzerkopf bisweilen auf dem Anstand erblickt wird, und wo er am liebsten mit dem Elbel spukend zieht, bald waldüber nach dem Harzwald, bald hinüber zum nähern zum nähern Thüringerwalde, bald zum Hochthrone der Frau Hulda, dem Meißner im nachbarlichen Hessenlande, bald in die nächste Nähe zum Hörseelenberge, dem weit verrufenen Hauptsitze des wüthenden Heeres.

Wer geneigt ist zum Nachsinnen über den Elbel, und dessen mythische Beziehung zur allgemeinen Wüthenden-Heeressage, dem sei mitgetheilt, daß manche in dieser Gegend diesen wilden Jagdgeist auch Elbel nennen, daß Elbel hier so viel als Abel ist, und daß in Dänemark und in Schleswig-Holstein der wilde Nachtjäger Abel heißt, der ein grausamer König und Brudermörder war, und verdammt wurde, mit einer Schaar kleiner Hunde, denen feurige Zungen aus dem Halse hängen, ewig zu jagen. Unmittelbar aber vom Hainich nach dem Harze geht der schnurgerade Weg über Mühlhausen und das Jagdschloß Ebeleben, in dessen Nähe wiederum vor Zeiten die alte Hulda, die Beschützerin des Flachsbaues und der Spinnrocken Kultorte gehabt haben mag, wie zum mindesten die Ortsnamen Rockstedt und Rockensussra vermuthen lassen. Ebeleben liegt in einer Ebene, und im Namen des durch dieselbe schleichenden Flüßchens Helbe birgt sich wiederum der mythische Name Elbel. Solche Ort-Namenforschung kann auf manche Spur lenken, nur muß sie vorsichtig und behutsam und nicht blindgläubig verfolgt werden, damit nicht das, dem im Irrgarten der Namenforschung herumtaumelnden Mythographen fleißig vortanzende Irrlicht der Hypergelahrtheit in den Sumpf führe, darin die urgermanischen Haarzöpfe der Lächerlichkeit wie dicke Riethgrasbüschel wuchernd aufschießen.

73.
Vom Hörseelenberge.

Wie der zackige Hochgipfel des Hörseelenberges weit sichtbar in die Lüfte und in die Wolkennähe emporstarrt, so reichen und deuten die Sagen von ihm in das Schleiergewölk der mythischen Frühzeit, ja dieser Berg ist der hauptsächlichste Träger des Mythentums im Thüringer Lande. Durch seine eigenthümliche Form, die einem Sarge ähnelt, durch seine steile Wand, seinen langgedehnten Rücken, durch seine seltsame Höhle, die ganz sicher einer vorgeschichtlichen Zeit angehört, aber dennoch kein bloßes Werk der Natur ist, mag er schon dem Urvolke dieser Gegend, oder, wenn man ein solches nicht annehmen will, der frühesten Bevölkerung merkwürdig und wichtig geworden sein. Die mythische Zeit erkor das Innere dieses Berges zu einem der Wohnorte der mächtigen Holde, die, wenn sie die Nachtseite ihres Wesens herauskehrte, zugleich auch Unholde sein konnte, und stellte sie an Wuotans Statt als Zugführerin an die Spitze seines Heeres. Das frühe Mittelalter bildete aus der Frau Hulda eine Teufelin, wandelte das Innere des Berges zur Fegefeuerstätte um, und vernahm aus der Bergeskluft das wimmern und das Klagegeschrei der gepeinigten Seelen, gab davon dem Berge den Namen Hör-Seelen-Berg, und nannte ihn lateinisch Mons horrisonus, der schrecklichtönende Berg.

Das spätere Mittelalter legte seine poetische Anschauung an das alte heidnische Götterwesen; es bildete die Frau Hulda oder Holde zur holden Liebesgöttin, zur Frau Venus um, eine Heidengottheit mit germanischem Element und teuflischem Wesen. Hatte die frühe deutsche Heldensage der greisen, grauen Holda auf ihren Heereszügen einen greisen Begleiter gegeben, der zugleich ein Warneramt übte, den treuen Eckart (s.o. Sage 44.), so gab die spät mittelalterliche Sage ihrer Frau Venus einen jungen Gesellen, den Ritter Danhäuser, den sie zu sich in ihren Wunderberg gelockt, und dem es endlich vor ihr graute. Wie aber fast alle bedeutenden Sagen sich verjüngen, und welche Sagengruppe Thüringens könnte bedeutender sein, als die in Rede stehende? - so hat die Frau Venus- und Danhäusersage wiederum eine Verjüngung in jüngster Zeit erlitten, daß der Ritter Danhäuser ein Minnesinger gewesen sein soll, und endlich brachte die allerneueste Zeit und Dichtung denselben mit dem Minnesingerkriege auf dem, dem Hörseelenberge so nahen Schlosse Wartburg, in eine innige poetische Verbindung.

74.
Frau Hulda.

Von Frau Hulda wäre sehr viel zu schreiben. Ihr Wesen verliert sich in das Dunkel der Frühzeit, aus dem sie als eine Gode, Gute, Göttin, niederschwebt, als Erdmutter gleichsam, die anderorts Jertha, Hertha, Nerdus hieß, und wieder Frau Gode, Frau Gaue, Erche, Hercha, Herke, Harke u.s.w. In Thüringen heißt und ist sie die Frau Holde, Hulda, im Voigtland Berchta oder Perchta, in Tirol Perchtl. Selten jungfräulich, meist fraulich gedacht, erscheint sie als Mutter, Mutter zahlloser Kinder, in manchen Ländern als Mutter der Wichtlein, der schwachen Heimchen, der vom Wode verfolgten Moos- und Holzweibel, immer als Schutzgottheit, und so steht auch alles Heim, alles häusliche Leben unter ihrem besondern Schutze, vorzugsweise aber wieder das Frauenleben, wie es in der Urzeit war, die Flachs- und Linnenbereitung, das fleißige spinnen, das weben, daher war sie selbst Spin- nerin, sie war die Schöpferin des, später Marienfäden genannten „fliegenden Sommers;" sie selbst flog und fuhr, letzteres entweder auf einem Wagen oder Räderschiffe auf der Erde, oder frank und frei durch die Lüfte fahrend ohne Wagen und ohne Flügel, eher noch als Schimmelreiterin, gleich dem Wode. Am Rheine fand sich ein Römerdenkstein mit der Aufschrift Dea Hludana. Welche andere Göttin, als unsere Hulda, könnte unter dieser Benennung verstanden sein? Als Spinnefrau und Spinnemutter belohnt Frau Holle nach thüringischem, voigt- ländischem und schwäbischem Volksglauben fleißige Spinnerinnen, hilft ihnen selbst ihr Gespinnst vollenden, straft aber unbarmherzig faule Mägde, die ihre Rocken nicht vor dem Festabend rein abspinnen, verwirrt und zerzaust ihnen Flachs und Haar. So lebte sie noch im Bewußtsein des deutschen Volkes zur Zeit der schönsten deutschen Kunstblüthe beim Abblühen des Mittelalters, so zeigt sie uns ein bedeutsames Holzschnittbild, als gebeugte Greisin mit einem voll aufge- wickelten Spinnrocken, das Haupt von langem Lockenhaar umflattert, einsam im tiefen Walde, in einer Wetternacht, in welcher Flammen vor ihr niederschießen, und sie den Kreis des Sternenhimmels sammt dem Monde auf ihrem Nacken trägt. Um den Rocken sind eine Menge kleine Spindeln gesteckt, und eine dersel- ben hält sie in der rechten Hand.

75.
Das wüthende Heer und der treue Eckhart.

Weitverbreitet ist die Sage vom wüthenden oder besser wütigen Heere und der wütigen oder wilden Jagd. Es knüpft an Wuotan, den altgermanischen Urgott, an, und von ihm entlieh es den Namen, wie nach ihm selbst das noch stets im Schwunge gehende Wort Wuth unverkennbar hindeutet, und von ihm abstammt. Das wüthende Heer ward gedacht als ein Todtenheer, als eine unselige Schaar, bestehend aus den Seelen ungetauft verstorbener Kinder, wie die tirolische Perchtl sie führt, und den Seelen aller Menschen, die eines gewaltsamen Todes gestorben; in letzterer Beziehung ist es Nachhall der frühesten Mythe von der Einheriar- Schaar, der gefallenen Kampfhelden, die mit Odin nach Walhalla ziehen. Nach ursprünglicher Mythe war also das Heer zunächst ein Kriegsheer, ein Heer der Starken, unter männlicher Führung, und ein Seelenheer, ein Heer der Schwachen, unter weiblicher. Spätere Sage verschmolz beide, und wol dann erst trat die dritte Beziehung, die einer Jagd hinzu, als des Heeres letzte Verjüngung. Mit der Jagd war es leicht, den Teufel, den Helljäger, den Seelenjäger, in Verbindung zu brin- gen, und so wurde das wüthende Heer zugleich ein teuflisches, sein Umzug war

Strafe, Buße, analog der Buße im Fegefeuer, dessen Oertlichkeiten auf der Erde selbst man kannte und nannte. Daher wurde auch die Huldenhöhle am Venus- oder Hör-Seelen-Berge von der späteren Sage zur Fegefeuerstätte erkoren. Die Harzsage vom wilden Jäger Hackelnberg, die rheinische vom Wild- und Rhein- grafen, welche Bürger poetisch behandelte und alle übrigen, welche die Jäger nennen, sind lauter spätere Verjüngungen. Von dem Heerzuge in Thüringen erzählt M. Johann Agricola in seinen Deutschen Sprichwörtern wörtlich:
„Ich habe neben andern gehört von dem würdigen Herrn Johann Fremderer, Pfarr- herr zu Mansfeld, seines Alters über achtzig Jahr, daß zu Eisleben und im ganzen Land zu Mansfeld das wütend Heere (also haben sie es genennet) fürüber gezogen sei, alle Jahr auf den Fasnacht Donnerstag, und die Leut sind zugelaufen und haben darauf gewartet, nit anders als sollt' ein großer mächtiger Kaiser oder König fürüber ziehen. Vor dem Haufen ist ein alter Mann hergegangen, mit einem weißen Stabe, der hat sich selbs den treuen Eckhart geheissen. Dieser alter Mann hat die Leute heissen gar heim gehen, sie würden sonst Schaden nehmen. Nach diesem Mann haben etliche geritten, etliche gegangen, und sind Leute gesehen worden, die neulich an den Orten gestorben waren, auch der eins Theils noch leb- ten. Einer hat geritten auf einem Pferde mit zweien Füßen. Der ander ist auf einem Rade gebunden gelegen und das Rad ist von ihm selbst umgelaufen. Der dritte hat einen Schenkel über die Achsel genommen, und hat gleich sehr gelau- fen, ein ander hat keinen Kopf gehabt, und der Stück' ohn' Maßen."
In dieser Mittheilung erwähnt Agricola der Zugführerin mit keinem Worte, aber indem er hinzufügt. Treulich vor Schaden warnet, und wir wollen's nachrühmen, so sagen wir: Du thust wie der treue Eckhart, der warnet und Eckartsage hin, die oben unter 42 bereits mitgetheilt wurde. An anderen Stellen desselben Buches aber berührt Agricola den Hörseelberg eines Theils als Fegefeuersitz, anderntheils gleichsam auch als Wichtleinwohnsitz, und wieder als Venusberg. Die anzu- führenden Stellen lauten: „Im Land zu Düringen nicht fern von Eisenach liegt ein Berg, der Hoselberg genannt (soll Hörseelberg heißen) da der Teufel bei Men- schen und meinem Gedenken Fuhrleut mit Wein in einem Gesicht eingeführet hat, und ihnen geweisset hat, wie tief etliche Leut, die noch gelebt, und ich gekennt habe, bereits in der hellischen Flammen gesessen sein. Bei Jena an der Saal und in der Herrschaft Honstein. Bei Jena an der Saal und in der Herrschaft Honstein (am Harz) sind große Berge, darin der viel gesehen werden, darin Gezwarge gewohnt haben."
Jedenfalls ist hinter „darin der" das Wort Höhlen oder Löcher ausgefallen. Gleich darauf erwähnt der Verfasser der Zwerge als hülfreicher Hausgeister, und es ist eine örtliche Sage vorhanden, daß in einem Dorfe am Hörseelenberge Hütchen gewohnt haben. Einem Bauer half ein solches Hütchen auf das treulichste in sei- nem Hauswesen, so daß dessen Reichthum sich täglich mehrte. Einst erblickte der Bauer das Hütchen, wie sich's ämsig mit einem Strohhalme abmühte, denselben zur Bodentreppe hinanzuziehen, und schrie es, über diese nutzlose Arbeit erzürnt an: ei daß Dich, Du fauler Schlingel. Alsobald wurde das Hütchen unsichtbar, sichtbar aber ein großer, langer Sack voll Getreide, daran vier Mann zu heben und zu tragen hatten. Das war der Strohhalm gewesen, den das Hütchen allein zu

Treppe hinan zog. Das Hütchen war hinweg, und der Bauer wurde zum Bettler. Agricola erwähnt am angeführten Ort, nachdem er ausführlich die alte Sage vom treuen Eckhart als Schirmvogt der Harlunge mitgetheilt hat, „wie der Teufel - - allerlei Spiegelfechten und Betrug herfür gebracht hat, als mit dem Venusberge und Hoselberge. Nun haben die Deutschen in demselben Betrug ihres treuen Eckharts nicht vergessen, von dem sie sagen, er sitze vor dem Venusberge und warne alle Leute, sie sollen nicht in den Berg gehen.“

76.
Königin Reinschwig.

Ganz eigenthümlich und selbstständig, ohne ihr einen Halt in verwandten thüringischen Sagen zu bieten, führt die thüringische Chronikensage eine Königin ein, Reinschwig geheißen, und bringt sie mit dem Fegefeuersitz im Hörseelenberge in Verbindung. Diese Königin soll um das Jahr 1143 in England gelebt und mit ihrem Gemahl eine sehr glückliche Ehe geführt haben. Die Geschichte weiß von einer Königin dieses Namens nichts, die Chronikensage aber berichtet von ihr schlicht und treuherzig. „Als ihr Herr König in Engelland, (der ihr aus der Massen lieb war, denn er sie aus einem geringen Geschlechte zur Königin, um ihrer Tugend willen, erwehlet hatte) gestorben war, wollte sie auch der Treue, so er an ihr gethan, nicht vergessen, gab viel Almosen und ließ viel Seelmessen lesen, der Meinung, ihren Herrn damit aus dem Fegfeuer zu erlösen. Als sie nun solches mit großer Andacht eine Zeitlang getrieben, kömmt des Nachts eine Stimme zu ihr, die saget, es wäre ein Berg, der läge ein Meil Weges jenseit Eisenach, darin würde die Seele ihres Herrn gequälet. Darauf rüstete sich sich mit ihren Jungfrauen zu, und zog in Thüringen bis an den denselbigen Berg, und bauete darunter eine kleine Kirche, und weil sie hörete ein jämmerlich Geschrei der Seelen in diesem Berge, und des Teufelsgespenst, so darüber erschienen, ((damit ist das wüthende Heer gemeint)) nannte sie den HöreSeelBerg, daher er auf die heutige Stunde genannt wird der Hörselberg, und unter dem Berge bauete sie ein Dörflein, das nannte sie Satanas-Stätte, (wird nunmehr Sattelstedt genannt) darum, daß Satanas und die bösen Geister ihnen oftmals erschienen waren, wie auch andere Dörfer, so darum gelegen, als Burla, Hostorofeld und dergleichen.“ - „Es hat auch ein Kloster auf St. Petersberge, vor Eisenach in der alten Stadt gelegen, das war von Gebäuden sehr geringe und von der Königin Reinschwig um diese Zeit erstlich angefangen.“ - „Als die Königin gestorben, hat sie ihren Jungfrauen viel Geld und Gut gelassen, mit demselbigen zogen sie gen Eisenach, in St. Nicolai Kloster, zur Landgräfin Adelheit, nahmen den Orden und Nonnenkleid an, und wohneten da etliche Jahre.“

Dieß die Chronikensage von der Königin Reinschwig oder Reinschweig. Die erwähnte Adelheit war die Tochter Ludwigs I., des ersten Landgrafen von Thüringen, und die vierte und jüngste Schwester Ludwig II. des eisernen. Sie wandelte einen Bauernhof, den sie gekauft, in das später berühmt gewordene St. Nicolaikloster um, und wurde dessen erste Aebtissin.

Der Name des heutigen Dorfes Sättelstedt hat in ältesten Zeiten nach Urkunden Satinstete gelautet. Sein altes Kirchlein wurde im dreißigjährigen Kriege von einer Wrangelschen Streifpartei niedergebrannt. Eine Sage läßt vom Innern des Hörseelberges, oder von seiner Kluft aus einen unterirdischen Gang bis unter die Kirche zu Sättelstedt führen. Ein Hostorofeld giebt es jetzt nicht, der gemeinte Ort heißt jetzt Hostrungsfeld, in der Volkssprache aber stets Asterfeld, der nach dem Namen der mythischen Eostar, der Erdmutter, hinweißt, wie denn auch diese Gegend der Ortsnamen viele bietet, aus denen auf frühen Elementargötterkult sich schließen ließe. Dahin gehören neben Hostrungsfeld Asbach, Sonneborn, Metebach, Teutleben, Wutha u. A.

77.
Die Mär vom Danhäuser.

Es ging ein Lied um in deutschen Landen, das sang und sagte von dem Danhäuser, wie derselbe bei Frau Venus (Frau Hulda) in einem Berge verweilt, und mit ihr der Minne Lust und Seligkeit genossen, dann aber aus dem Berge begehrt habe, aus Uebersättigung und Reue. Und aus dem einen wurden hernachmals der Lieder mehrere mit mannichfaltiger Veränderung und Abwandlung, doch blieb der mythische Grundzug in allen ein und derselbe. Auch der oben erwähnte Agricola, der die alten Lieder und Sagen sehr gut kannte, obgleich er sie zumeist verwirft und als Fabeln bekämpft, gedenkt dieser Märe, indem er sagt: „Da richtet der Teufel an einen Venus Berg, davon man singt im Thanhäuser in Lamperten, wie ich sagen will im ((Sprich)) Wort von dem treuen Eckhart, da füret er Leut hinein und weiset ihm viel seltsamer Gesichte, auch von den Leuten, die noch lebten." Und an der angezogenen Stelle, bei der Erklärung des Sprichworts vom treuen Eckhart sagt Agricola: „Es ist ein Fabel, wie der Danheuser im Venus Berg gewesen sei, und hab darnach dem Bapst Urbano zu Rom gebeichtet. Bapst Urbanus hat einen Stecken in der Hand gehabt, und gesagt: So wenig als der Stecken könnte grünen, also wenig möge Danheuser Vergebung seiner Sünden erlangen und selig werden. Da ist Danheuser verzweifelt und wider in den Berg gangen und ist noch darinnen. Bald hernach empfäht Bapst Urbanus eine Offenbarung, wie er soll dem Danheuser seine Sünde vergeben, denn der Stecken beginne zu blühen."

„Darum schickt der Bapst aus in alle Lande und ließ den Danheuser suchen, aber man konnte ihn nirgend finden. Dieweil nun der Danheuser also mit Leib und Seele verdorben ist, sagen die Deutschen, der treue Eckhart sitze vor dem Berge und warne die Leute, sie sollen nicht hinein gehen, es möcht' ihnen sonst ergehen wie dem Danhäuser."

Dieß die Sage in ihrer einfachsten Form und Gestalt, mit ihrem Stabwunder, das in einer schwedischen Sage ganz ähnlich und doch wieder nicht völlig ähnlich zu Tage tritt. Hier folgt nun auch in seiner ursprünglichen Gestalt als fliegendes Blatt - das ächte alte Danheuserlied.

78.
Das Lied von dem Danheüser.

Nun will ichs heben an
Von dem Danheüser zu singen
Vnnd was er hat wunders gethan
Mit seyner fraüwen Venusinnen
Danheüser was ein ritter gut
Wann er wolt wunder schaüwen
Er wollt in frauw Venus bergk
Zu andern schönen frawen
Herr danheüser ir seyt mir lieb
Daran solt ir mir gedencken
Ir habt mir eynen eydt geschworen
Ir wölt von mir nit wencken
Frauw Venus das enthab ich nit
Ich wil das widersprechen
Wann redt das yemant mehr dann ir
Gott helff mirs an im rechen
Herr danheüser wie redt ir nun
Ir solt bey mir beleyben
Ich wil bey mir geleyhen
Zu eynem steeten weybe
Vnnd nem ich nun ein ander weyb
Ich hab in meynen sinnen
So müst ich in der helle glut
Auch ewigklich verbrinnen
Ir sagt mir viel von der helle glut
Unnd habt es nye empfunden
Gedenck an meynen sinnen
So müst ich der helle glut
Auch ewigklich verbrinnen
Ir sagt mir viel von der helle glut
Unnd habt es neye empfunden
Gedenck an meynen roten mundt
Der lachet zu allen stunden
Was hilffet mich eüwer rotter mundt
Er ist mir gar vnmere
Nun gebt mir urlaub freüwlin zart
Durch aller fraüwen eren
Herr danheüser wölt ir urlaub han
Ich wil eüch kennen geben-
Nun beleybent edler danheüser
Vnnd fristet eüwer leben

Mein leben das ist worden kranck
Ich mag nit lenger beleyben
Nun gebt mir urlaub freüwlein zart
Von eüwerem stolzem leybe
Herr danheüser nit redet also
Ir thunt eüch nit wol besinnen
So gendt wir in ein kemerlein
Unnd spielen der edlen minne
Gebraüch ich nun ein fremdes weyb
Ich hab in meynem sinne
Frauw Venus edle frauwe zart
Ir seyt ein teüfflerinne
Herr danheüser was redt ir nun
Das ir mich gunnet schelten
Nun solt ir lenger herinne sein
Ir müstent sein dick entgelten
Fraüw Venus und das wil ich nit
Ich mag nit lenger bleyben
Maria mutter reyne bleyben
Nun hilff mir von den weyben
Herr danheüser ir solt urlaüb han
Meyn lob das solt ir preysen
Wo ir do in dem landt vmbfart
Nempt urlaüb von dem greysen
Do scheydt er wider auß dem bergk
In jamer und in reüwen
Ich wil gen Rom wol in die statt
Auff eynes Babstes träuwe
Nun far ich frölich wol auff die ban
Gott müß sein ymmer walten
Zu eynem bapst der heyst Urban
Ob er mich möcht behalten
Ach bapst lieber herre mein
Ich klag eüch meyne sünde
Die ich meine tag begangen hab
Als ich eüch wil verkünden
Ich bin gewessen auch ein jar
Bey Venus eyner frauwen
So wolt ich beycht und buß empfahen
Ob ich möcht got anschauwen
Der bapst het ein stäblein in d'hant
Das was sich also dürre
Als wenig es gegrünen mag
Kumbst du zu gottes hulde
Nun solt sich leben nur ein jar

Eyn jar auff diesser erden
So wolt ich beicht und buß empfahen
Unnd gottes trost erwerben
Do zoch er wider auß der statt
In jammer und in leyden
Maria mutter reyne magdt
Muß ich nun von dir scheyden
Er zoch do wider in den berck
Unnd ewiglich on ende
Ich wil zu Venus meiner frawen zart
Wo mich got wil hyn sende
Seyt got wilkummen danheüser
Ich hab eüwer lang emboren
Seyt wilkummen mein lieber herr
Zu eynem bulen außerkoren
Das weret bis an den dritten tag
Der stab hub an zu grunen
Der bapst schicket auß in alle lande
Wo der danheüser wer hyn kummen
Do was er wider in dem bergk
Unnd het sein lieb erkoren
Des must der vierde bapst Urban
Auch ewigklich sein verloren

79.
Das Hörseelbergsloch.

Immer blieb der Hörseelenberg den Umwohnern unheimlich und gefürchtet, von dem Schauergespinnst umwoben, das um ihn her die frühe Huldamythe spann. Das Rauschen des Windes, das ihn umtoste, das Rauschen des Wassers, das man in der Tiefe seiner Höhle zu vernehmen glaubte, und Feuermeteore, die um seinen Scheitel flatterten, alles nährte die Furcht. Im Jahre 1398 geschah es, daß sich am hellen Tage bei Eisenach drei große Feuer erhoben, eine Zeitlang in den Lüften brannten, sich zusammenthaten, wieder von einander rissen, und endlich alle drei in den Hörseelberg hinein fuhren. Auch ist es geschehn, daß man in den früheren Zeiten aus Neugier den Boden vor der Höhle des Hörseelberges glatt gekehrt, und dann am andern Tage dennoch Fußtapfen von Menschen und Thieren in großer Menge davor gefunden hat. Als der Vorzeit Mär und Sage von den Wundern des geheimnißvollen Berges abzublühen begann, wagte sich die nüchterne Forschung an die Höhle, nannte alles, was die Vorahnen gesehen haben wollten und geglaubt hatten, Blend- und Gaukelwerk der Pfaffen und wußte sich gar viel auf die Aufklärung, die sie mit weitem Munde verkündete. So wurde denn die mythische Hörseelberghöhle erforscht und beschrieben, wie folgt: „Dieses Loch ist am

Eingange viereckigt, und etwa drei, höchstens 3 ° Schuh hoch durch die Steine
von etwa 4 Lachtern Länge, und etwa 3 Ω in die Quere mit besonderer Mühe und
Fleiß ausgearbeitet, da dann eine runde Oeffnung durch den Felsen, so kriechend
passiret werden muß, etwa 2 Lachter lang folgt. Wenn diese zu Ende, so kommt
man in eine Höhle, in welcher man gerade auf stehen und gehen, auch sich in solcher niedersetzen kann, weil ein Bänkchen in dem Felsen ausgehauen ist. Diese
Höhle ist über Mannshoch und können sich füglich 16 auch wol 18 Personen darinnen aufhalten. Hierauf muß man wieder in eine Enge von 3 Lachter lang, so
mehreren Zwang und Zurücklassung des Rockes erfordert, da man abermal in
eine kleinere Höhle kommt, so nur 6 oder höchstens 8 Personen in sich fassen
kann. Nun gehet eine ovale Oeffnung fort, so noch viel enger als die vorige, mit-
hin mit größerer Mühe und Drängen zu durchkriechen ist, von etwa 3 Lachter
lang, so aber nicht zu passiren ist, und endet sich in dem Felsen in einen kleinen
Spalt, da dann auch zugleich die gemeine Rede und Fabel, ob sollte die Oeffnung
und der Gang bis unter die Kirche zu Sättelstedt gehen, ihre Endschaft erreichet,
und ist alle Oeffnung und dazwischen seiende Hohlung zusammengenommen,
etwa 17 Lachter lang. Die gemeinen Leute sagen, daß ein beständiges Summen
und Sausen in diesem Loche bei. Allein dieses rühret theils von denen darauf
stoßenden Winden her, theils auch hauptsächlich von denen kleinen Mücken und
Fliegen, welche durch ihre beständige Bewegung und Flug dieses erwecken,
indem solche in erstaunlicher Menge anzutreffen, so daß bei solchem Summen
einem der Götze Mäusim, als ob er da zu Hause wäre, einfällt."
Der Antheil an der Hörseelberghöhle, verlor sich allmählig, und der Berichterstat-
ter über dieselbe schließt seine Mittheilung: „Nun aber da der Aberglaube nicht
mehr herrschend, wird es keiner sonderlichen Betrachtung mehr gewürdigt, und
wenige nehmen sich die Mühe, es auch von außen recht zu beschauen."
Im Jahre 1854 wurde die Höhle des Hörseelberges von einigen Neugierigen aufs
neue durchforscht. Ohne die alte Beschreibung zu kennen, fanden sie die Höhle
noch in der früheren Beschaffenheit. Das Rauschen und Brausen vor dem Eingange in die Bergeskluft vernahmen sie nicht. Aber ein Summen tönte ihnen im Inneren wie melodischer Gesang und Aeolsharfen, seltsam und wunderbar, bis sich's
ergab, daß dasselbe von Millionen Fliegen und Mücken, die sich im Innern ver-
hielten, herrührte.

80.
Musikanten im Hörseelenberge.

Trotz den nüchternen Lösungen der mythischen Räthsel, die der Hörseelenberg
aufgab, blieb die Sage von ihm und seiner Höhle dennoch lebendig und verjüngte
sich von Geschlecht zu Geschlecht, ja es fehlte ihm sogar nicht an einem Sänger,
der im Jahre 1592 ein Gedicht in Form einer poetischen Vision über ihn schrieb,
das aber nie zum Drucke gelangte, und in welches er Hörseelbergsagen einwob.
Zwei Schäferknechte, so lautet die eine in schlichte Prosa aufgelöst, kamen von

einer Kirmse mit ihren Schallmeien oder Sackpfeifen wol bezecht, jauchzend und fluchend um Mitternacht am Berge vorüber; da stießen ihnen hart am Berge drei dunkle Männer auf, die ihnen geboten, mit ihnen zu gehen, und im Berge aufzuspielen. Die Knechte wußten nicht, wie ihnen geschah, sie mußten Folge leisten, und leisteten Folge. Dreizehn Tage, die verrufene Zahl, blieben sie im Bergesinnern, und begaben sich still und traurig nach Hause; niemals spielten sie wieder zum Tanze auf, aller Freude vergaßen sie ganz und gar und vollendeten ihr Leben mit stetem seufzen und trauern.

So wanderte einst ein Lautenist mit seiner Laute auf eine Hochzeit, dahin er zum aufspielen zur Erhöhung der Fröhlichkeit berufen war, gegen Abend am Hörseelenberge vorüber. Da kommt ein langer schwarzer Mann und heißt dem Lautenisten mit sich gehen, und führt ihn fort, der nicht zu widerstehen vermag. Da erblickt der bebende Mann am Eingange den treuen Eckhart, der spricht ihn warnend an, er solle sich an nichts Schreckhaftes kehren, was er auch sehen werde, und sich beileibe nicht umkehren, ja nicht einmal den Kopf wenden; auch um das „viele Gesumme," das er hören werde, solle er sich nicht kehren, Gut und Geld, das man ihm vielleicht bieten werde, solle er nicht annehmen. Solche Warnung erfüllte den Lautenisten mit Angst und Besorgniß, doch half das nichts, er mußte aufspielen im Berge, und da sahe er Dinge, über denen ihm alles Lachen ganz und gar für immer verging. Sechs Tage lang ward er im Berge gehalten, seiner Kunst zu pflegen, dann nahete ihm ein Zwerglein und winkte ihm zu folgen, und wie er dieß willig that, festen Vorsatzes, sich nicht umzusehen, so merkte er doch daß ihn eine dräuende Larvenschaar verfolgte, darüber er ganz und gar den Rath des treuen Eckharts vergaß und sein Haupt seitwärts blickend wandte. Da blieb ihm, obwohl er, ohne zu wissen, wie? aus dem Berge heil heraus kam, das Haupt zur Seite gedreht stehen, und mußt es also tragen bis an sein Ende, das auch nicht lange auf sich warten ließ. Niemand hat diesen selben Mann wieder fröhlich gesehen.

81.
Die Hirtenknaben.

Ein Kutscher aus Sättelstedt erzählte mir in meinen Knabenjahren manches vom Hörseelberg, was er vom Hörensagen seines Ortes kannte. So auch diese Mär vom Hörseelloch. Im Wiesenthale am Fuße des Berges habe eine Schaar Jungen Pferde gehütet, grade unterm Hörseelloch, und da habe einer derselben den Vorschlag gemacht, am Berge emporzuklimmen,und in die Felskluft einzukriechen. Dieser Vorschlag fand Beifall, die Knaben koppelten die Huthpferde zusammen und banden sie an Pfähle oder an Bäume an, und kletterten den Berg hinan. Wie sie nun vor dem schaurigen Eingang standen, graute doch manchem vor dem übereilten Entschluß, dieß nahm der wahr, der zuerst zu dem Wagniß aufgefordert hatte, und schlug vor, daß sie alle sich mit Riemen an einander fest fesseln wollten, um gemeinsam alle Gefahr zu theilen, falls solche vorhanden sei. Dieß geschah -

76

ein angezündeter Kienspahn diente als Fackel und Leuchte und die Höhlenfahrt der Knaben begann. Dem letzten aber wurde angst und bange in dem feuchten, niedrigen Bergesinnern, durch das nur mühsam kriechend sich zu drängen war. Er zog rasch entschlossen sein Taschenmesser und zerschnitt den Riemen, der ihn mit seinem Vormann verband, blieb zurück und lauschte mit klopfendem Herzen, wie tiefer und tiefer die Kameraden sich verloren. Lange harrte er ihrer Wiederkehr - es kam keiner wieder. Vergebens rief er, schrie er, vergebens harrte er, zurückgekrochen bis zum Eingang, noch eine lange, lange Zeit, der Abend sank nieder - um die Kameraden, die Freunde war es geschehen. Da stieg der Hirtenknabe laut weinend vom Berge nieder, trug in das stille Dorf die entsetzliche Kunde - vergebens war alles fernere Suchen - spurlos blieben die Knaben verschwunden, und auch jener unglückliche Gefährte, der sich gerettet, ward niemals wieder froh, ging siech und bleich umher, und nach drei Monden zählte man ihn zu den Todten.

82.
Die Wichtlein im Keller.

Der mehrerwähnte Eingang zu der Hörseelberghöhle liegt in der Flurmarkung des Dorfes Kälberfeld, und der Gang im Berge soll sich nicht nur bis unter die Kirche in Sättelstedt erstrecken, sondern auch Verbindung mit mehren Kellern im Dorfe, namentlich mit dem des Wirthshauses haben. Darinnen sind zum öftern Wichtlein verspürt worden, deren Walten aber nicht, wie an manchem andern Orte gütig und hülfreich war, sondern schreckhaft und graulich. Einst kam ein Mann, der in den Keller hinabgegangen war, Bier zu zapfen, wieder herauf, todbleich im Gesicht, zitternd am ganzen Körper, und hatte in Folge eines jähen Schreckens, den er im Keller gehabt, die Sprache verloren. Da er unkundig des Schreibens war, vermochte er in keiner Weise kund zu geben, was ihm widerfahren war.

Zu einer andern Zeit ging ein Knecht in den Keller, der fand die Fässer, welche Tages zuvor voll hinabgeschafft worden war, alle leer, kein Tropfen darin, und doch der Boden des Kellers salztrocken. Ein anderer Knecht, der hinab ging, kam gar nicht wieder herauf, und als man fürchtete, ihn drunten betrunken oder tod zu finden, und mit Licht hinunter ging, ward keine Spur von ihm gefunden. An alle dem sollen die Wichtlein und Hütchen schuld sein.

Als ein ganz eigenthümlicher Zug in den Hulda- und Wichtleinsagen tritt die Neigung nach Bier auf. In jener Sage von Schwarza trinken Begleiterinnen der Hulda den Knaben die Bierkrüge leer, bei Bodelwitz im Orlagau verrichtet Perchta selbst dieß Geschäft, und dann gleich darauf ein anderes unsauberes, damit das Bier im Gießer ersetzt werde (D. S. B. 575). Beim Dorfe Angelrode in Thüringen, zwischen Arnstadt und Ilmenau, suchten die Zwerglein aus den Kammerlöchern den Keller des Wirthes so lange heim, bis er Asche streute, und die Spur ihrer Gänsefüße sah, worauf sie wegblieben. Beim Osenberge im Oldenburgischen betrank sich in einem Keller ein Zwerg und verspätete sich so, daß er erwachend erschrocken und weinend davon ging, und seinen Bierkrug zurückließ, der dann lange als Andenken in des Wirthes Familie blieb. (D. S. B. 513. 165.) Daß das Bier, des deutschen Volkes Lieblingsgetränk in Gegenden, die des Weinbaues ganz entbehren, auch in den Sagen des Volkes seine Rolle spielt, darf übrigens nicht verwundern. An vielen Orten kennt man ein nächtliches Gespenst, den Bieresel, der sich den Leuten aufhockt, so unter andern im Jonas- und Götzethale bei Arnstadt, just auch unter einer Zwergenhöhle, welche Zwerge dort Böhlersmännchen heißen. (Soll man bei dieser Benennung an die Bennung Odins Bölverker denken, als er nach einer Eddamythe in ein gebohrtes Bergloch schlüpfte?) Ebenso ist im Dorfe Steinbach bei Liebenstein die Biereselsage heimisch, nicht minder im Stadtflecken Ruhla. Dort, in der Ruhl, lebt ein Sprüchwort: „Er schläft so fest, wie der Mann im Hörseelberge." Seltsamer Gegensatz zum Hörseelbergwächter, dem treuen Eckhart. Oder will der Spruch damit nach dem Sündenschlafe des Danhäusers deuten? - Wir forschen diese mythischen Räthseltiefen niemals aus.

83.
Waldmann von Sättelstätt.

Zu den Zeiten des Landgrafen Ludwig des Frommen und seiner Gemahlin, der heiligen Elisabeth, wohnte außen vor dem Dorfe Sättelstätt am Bergrücken des Hörseelberges in einer Steinkemnate ein Ritter, des Namens Waltmann von Sättelstätt, der gehörte zum Ingesinde des Landgrafen-Hofes auf Schloß Wartburg. Derselbe war ein guter Wappner und ein strenger Ritter, und hohen Muthes; der zog im Gefolge des Landgrafen, seines Herrn auf einen Hof- und Fürstentag gen Merseburg, und führte mit sich eine wohlgeschmückte Jungfrau, die trug auf der Hand einen Sperber, und führte einen fertigen, guten Steuber (Jagdhund, Stöbrär, mittelhochdeutsch Spürhund), und Herr Waltmann von Sättelstätt war des Erbietens, mit jedem Ritter dreimal zu rennen und einen Stoß zu halten. Welcher ihn vom Rosse stieße, der solle alle sein Stechzeug, seinen Harnisch, die Jungfrau, den Steuber und auch den Sperber haben, stieße er ihn aber nicht herab, so solle er der Jungfrau ein goldenes Ringlein verehren. Solches Erbieten nahmen der Herren viele an, und wollten mit Herrn Waltmann die Stöße halten, und er wählte sich stets einen aus, mit dem er zuerst rannte. Aber keiner vermochte den stattlichen Kämpen aus dem Sattel zu heben, auch der tapferste und beste nicht, und er zog fröhlich wieder mit seiner Jungfrau, seinem Steuber und Sperber vom Hoftage zu Merseburg in die Heimath zurück und auf die Wartburg, und die Jungfrau trug die Siegesdanke, die Herr Waltmann erkämpft, an allen zehn Fingern, und theilte sie aus unter die Frauen und Jungfrauen, ihre Freundinnen am Hofe der Landgräfin Elisabeth, und alle waren sehr fröhlich und dankten dem frommen Ritter seiner großen und herrlichen Mannlichkeit.

84.
Der Hirte von Mechterstätt.

Nicht weit ab vom Wege, wenn man von Sättelstätt nach Mechterstätt geht, sprang ein klares Brünnlein, dessen erquickende Fluth von Hirten und Ackerleuten gern getrunken wurde. In der Nähe dieses Quells hüthete einst der Hirte von Mechterstätt und nahete ihm, um an der gewohnten Stelle sein einfaches Mittagsmahl einzunehmen. Da sah er einen vorher niemals erblickten Hügel, in den führte ein Gang tief hinein, und aus dem Gange trat eine weiße, bleiche Jungfrau, mit einem Gesichte, auf welchem eitel Schmerz lag, und die sah den Hirten ganz seltsam und wie flehend an. Ueber der Quelle aber erblickte der Hirte drei goldige Blumen an einem grünen Strauche, die pflückte sich der Hirte, und das traurige Antlitz der Jungfrau schien sich zu erheitern, wie er das that. Sie sprach zu ihm: Nun kannst Du mich erlösen, Du darfst nur dahinein gehen, und etwas mit herausbringen, doch darfst Du darin nicht etwa das Beste vergessen. Darauf folgte der Hirte der Jungfrau in das Innere des Hügels, und kam durch viele Gänge und Kammern in einen weiten Raum, darinnen Gold und Edelsteine in Fülle sich befanden; auch gewahrte der Hirte eine zahlreiche Gesellschaft von Rittern und Ritterfrauen, die saßen bei einem reichen Mahle an voll besetzten Tafeln, aßen und tranken, aber niemand sprach ein Wort, alles geschah so still und lautlos, daß man nicht einmal einen Athemzug vernahm. Dem Hirten grausete es, und er wandte sich zum gehen. Da fiel ihm das Geheiß der Jungfrau ein, etwas mit sich zu nehmen aus dem Schoose des Hügels, und da gewahrte er ein altes Trinkhorn, das hing unter 3 gekreuzten Schwertern an der Wand, und das wollte er herunternehmen, vermochte dieß aber nicht mit einer Hand zu thun, legte daher seine drei gelben Blumen aus der andern Hand auf den Tisch und nahm mit Hülfe beider Hände das Horn ab, und eilte von dannen, ohne der Blumen zu gedenken. Da hielt ihn die Jungfrau flehend auf, rufend: Vergiß, o vergiß das Beste nicht! Sonst muß ich ja unerlöset bleiben! - Er aber stürzte von Grausen überwältigt an ihr vorüber, dem Eingange zu, und achtete nicht auf den verhallenden Jammerruf der im Berge zurückbleibenden. Hinter ihm brauste es dumpf und gewaltig, wie Sturmgeheul und Meereswogengeroll. Kaum war der Hirte mit dem Horn im Freien, so that es einen grellen Donnerschlag hinter ihm und verschwunden war der Hügel sammt dem Blumenstrauche und aus der Tiefe schien ein Wimmern zu dringen, das er dann noch oftmals hörte, wenn er an jenen Brunnquell kam. Das alte Trinkhorn aber trug er auf die Wartburg zum Landgrafen, der ihm dafür eine stattliche Belohnung gab, und es in seiner Harnischkammer und Waffenhalle aufbewahren ließ, allwo es ohne Zweifel noch hängen wird.

85.
Graf Ludwig mit dem Barte.

Die letzten Sagen aus dem Gebiete des Hörseelenberges deuten nach der nahen Wartburg, und leiten zu einem neuen großen und reichen Sagenkreise hinüber, zu dem schönsten Poesiekranze, den das Thüringerland aufzuzeigen hat. So oft und viel ist die Wartburg und das Paradieß ihrer Umgegend in Liedern und Schriften gepriesen, sind die Sagen der Burg und Gegend verherrlicht, oft auch ausgeschmückt worden, daß es völlig genügt, ja daß es nothwendig erscheint, sie in möglichster alter, ungeschminkter Einfachheit wieder zu erzählen, da sie nun einmal in einem Thüringischen Sagenbuche nicht fehlen dürfen. Wozu auch der Schmuck moderner Dichtung für sie, die in ihrer hehren Einfachheit schon hinlänglich schön und unvergänglich sind.

In uralten Zeiten hatte das Erzbisthum Mainz vom Kaiser Otto dem ersten das Thüringerland zu Lehen überkommen. Später war ein Mann vom Geschlechte der Karolinger am Hofe Kaiser Conrads und Gisela's, seiner Gemahlin, der hieß Ludwig, und wurde groß und gewaltig am Kaiserhofe, und der Kaiser sandte ihn an den Bischof zu Mainz, daß ihn der belehne mit Land und Leuten, wegen besonderer Ansprüche, die Ludwig an den Stuhl zu Mainz hatte. Darauf sandte ihn der Bischof von Mainz nach Thüringen und machte ihn zu einem Vizthum dieses Landes, und gab ihm das Geleite und sonstige Gerechtsame und Einkünfte zu Lehen. Das geschahe im Jahre 1036, daß Ludwig mit dem Barte, wie er genannt wurde von dem langen Barte den er trug, nach Thüringen kam, und daß allen Grafen, Freien, Rittern und Knechten, Bürgern und Bauern geboten wurde, ihm Folge zu leisten und gehorsam zu sein. Ludwig nahm sich alsobald des Landes treulich an, ordnete Zoll und Geleite, setzte Amtleute in Schlösser und Städte, bestimmte und regelte die Grenzen, ließ die Wälder in Thälern und Gründen ausroden, das Land überwachen, baute neue Dörfer, und besetzte sie mit Insassen, die er aus Nähe und Ferne herbeizog. Dann erbauete er eine gute stattliche Burg auf dem Berge über Friedrichrode, und sprach da: „Nun schaue welch eine Burg!" Da wurde ihr der Name Schauenburg gegeben. Ludwig mit dem Barte aber mehrte fort und fort das Land und kaufte dazu so viel er vermochte, und baute allenthalben mit großen Kosten, so daß man ihn gar lieb in dem Lande gewann. Darauf machte ihn Kaiser Konrad zu einem Grafen von Thüringen, und verlieh ihm das alte Wappen des Landes Thüringen und Hessen, einen bunten Leuen von vier rothen und vier weißen Stücken in einem blauen Felde, und die Zier auf dem Helme mit den Hörnern und silbernen Kleeblättern, wie sie der römische Kaiser golden führte. Und Graf Ludwig gewann einen großen Namen, und vermählte sich mit der Schwestertochter des Herzogs von Braunschweig, durch welche er Sangerhausen, die Stadt und das Gericht, und 7000 Acker Artland ohne die Wälder gewann. Von Cäcilie, seiner Gemahlin, empfing Graf Ludwig mit dem Barte einen Sohn, den ließ er taufen durch den Erzbischof von Mainz in der Pfarrkirche zu St. Johannes auf dem Altenberge, die er neu gebaut hatte auf die Stätte, an welcher der heilige Bonifacius, als er in das Thüringerland gekommen war, eines der ersten

Kirchlein gegründet und geweiht hatte, und verband mit der Weihe der neuen Kirche zugleich die Taufe seines erstgeborenen Sohnes, welcher auch Ludwig genannt wurde.

86.
Wie die Wartburg erbaut ward.

Graf Ludwig II. hatte sich nach seines Vaters Tode mit der Tochter des Herzogs Ulrich von Sachsen vermählt, die er aber ob allzugroßer Hoffahrt wieder nach Hause gesendet hatte, und welche bald darauf verstorben war. Darauf faßte er eine heftige Neigung gegen die Gemahlin Friedrichs, Pfalzgrafen zu Sachsen, Adelheid, welche Neigung von ihr erwiedert wurde, worauf es dahin gedieh, daß Graf Ludwig dem Pfalzgrafen erstach, und sich mit dessen Wittwe vermählte. Graf Ludwig mehrete, gleich seinem Vater, mit allen Kräften das Land und baute neue Schlösser und Ortschaften, so auch die Naumburg und das Städchen Freiburg an der Unstrut. Nun hatte bei Gelegenheit der Weihe und des Tauffestes auf dem Altenberge der Erzbischof von Mainz den Grafen Ludwig mit dem Barte für ihn und seine Erben auch mit dem Lande zur rechten der Werra und vor dem Walde beliehen. Da geschahe es eines Tages, daß Graf Ludwig, der Sohn, im Walde jagte bis an den Metilstein, und auf den Berg kam, darauf jetzt die Wartburg liegt, der behagte ihm aus der Maßen, wohl wegen seiner günstigen Lage, seiner Steilheit und seiner festen Steine, nur war ihm nicht lieb, daß er dem Schlosse Metilstein so nahe lag und in der Herren von Frankenstein Gericht gehörte. Da sann Graf Ludwig Tag und Nacht darauf, wie er den Berg an sich bringen möchte, und ließ heimlich auf seinem Schlosse Schauenburg ein Haus und zwei Bergfriede zimmern, sammelte eine große Schaar von Freunden und schlug auf dem Berge vorn und hinten einen Bergfried auf, und in der Mitte die Behausung. Da sprachen die Herren von Frankenstein auf dem Metilsteine, der Graf nehme ihnen das ihre wider Gott und Recht und Ehre, Graf Ludwig aber antwortete, der Berg gehöre dem Stifte zu Mainz an, und gehöre zum Thüringer Lande, und mit dem Thüringer Lande seien sein Vater und er und alle Erben belehnt worden, das wolle er auch behalten. Da nun von den Frankensteinern Klage geführt ward ob dieses Streites bei Kaiser und Reich, die sich wegen des Kaisers Abwesenheit sehr in die Länge zog, so wurde getheidingt, daß der Graf sein Recht auf den Berg mit zwei Eideshelfern beschwören solle. Darauf ließ der Graf noch zum Ueberfluß von seiner eigenen Erde aus Eisenach hinauf auf den Berg fahren und droben aufschütten, und auf diese Erde trat er mit seinen zwölf Eideshelfern, steckten ihre Schweter in die Erde, und schwuren, daß er auf seinem eignen Grund und Boden stehe. Eisenach war damals ein offenes Städtlein zwischen der Hörsel und Nesse, da wo man es jetzt in der alten Stadt nennt, und galt als Grenzstadt des Thüringerlandes gegen das Hessenland. Zu jener Ziet, im Jahre 1067 war große Hungersnoth im Lande Thüringen und Franken, Graf Ludwig hatte aber viel Korn und Hafer zu Sangerhausen gesammelt und aufgeschüttet, und da von allen Orten und Enden her Leute kamen, nur um des Brotes Willen mit am Bau zu helfen, so baute Graf Ludwig schier ohne Geld, und sprach freudig: *„Warte welch ein Berg!"* und davon ist hernach das Schloß **Wartberg** und **Wartburg** genannt worden. Zu gleicher Zeit wurde auch Eisenach näher an die Wartburg herangerückt, und mit Mauern gefestet, welche von den Dorfschaften ausgeführt wurden, jedes Dorf baute eine gewisse Zahl von Gerten (Ruthen) lang, wie man noch sieht.

87.
Der eiserne Landgraf.

Graf Ludwig II:, der Erbauer der Wartburg, hinterließ einen Sohn des gleichen Namens, welcher Tochtermann Herzog Lothars des Sachsen ward, bevor Lothar Kaiser wurde. Da nun Lothar Kaiser geworden war, erhob derselbe seinen Eidam mit Zustimmung der Fürsten des Reiches in den Fürstenstand, und gab ihm den Namen und Rang eines **Landgrafen** zu Thüringen und Herren zu Hessen, und ordnete ihm 12 Grafen zu seinen Hoferbämtern. Des ersten Landgrafen Ludwigs Sohn, wiederum Ludwig geheißen, verlor seinen Vater früh, und artete sich in seiner Jugend gütig und verträglich und weichen Sinnes, wodurch es geschah, daß die Edeln seines Landes seiner wenig achteten und die Unedlen ihn nicht fürchteten. Daraus entstanden ihn muthwillige Leute aus seinen Mannen und es verdarben die gehorsamen Bürger und Einwohner seines Landes. Die Vornehmen hielten ihn für einen Thoren und die Bürger und Bauen verwünschten ihn, denn sie wurden bedrückt von den Vornehmen und durften ihrem Herren ihre Noth nicht klagen, und es wurde ihnen unerträgliche Lasten aufgebürdet. Nun geschah es zu einer zeit, daß der Landgraf in einem Walde zur Kurzweil jagte, wie er gern that, und sich um andere Sachen wenig bekümmerte. Da überfiel ihn die Nacht im Walde, und kam in die Ruhla, und erbat Herberge bei einem Waldschmiede; der fragte ihn, wer er wäre, da antwortete er, ich bin ein Jäger Landgraf Ludwigs. - Pfi Pfi, des Konczenherrn (weiblichen Mannes)! rief der Waldschmied: Wer seinen Namen nennt, der sollte allwege seinen Mund danach ausspühlen! und schalt ihn zumal übel, und sprach: Ich will Dich wol gerne herbergen, aber um seinetwillen nicht! Ziehe Dein Pferd in den Schoppen, da findest Du Heu, und behilf Dich diese Nacht wie Du kannst; hier ist kein Bettgewand. Darauf pflog der Schmied in der Ruhla großer und harter Arbeit die Nacht hindurch, und brannte und hitzte das Eisen, und schlug mit dem großen Hammer darauf und fluchte und schalt dabei jedesmal den Landgrafen, indem er rief: Werde hart Landgraf! Du schmählicher, böser, unseliger Herr! Was hilft Deinem armen Volke Dein längeres Leben? Deine Vornehmen reden Dir nach dem Munde - der (hier nannte der Schmied jedesmal einen der höheren Diener und Beamten): überlastet die Deinen mit Schatzung, der - maßt sich Deiner Rechte an, der - macht die Deinen rechtlos gegen Dich, der - beraubt sie, der - gewinnte Dir das Deine ab und schmiert Dich mit Deinem eigenen Schmalze; der - wird reich durch Dich, und Du verarmst mit den Deinen! Werde hart Landgraf! Oder fahre in die Helle hinunter! - Der Landgraf hörte schweigend zu, und aller Schlummer verging ihm schier und ritt am andern

Morgen still und gedankenvoll von dannen, ganz hart geschmiedet und gestählt, und begann alsbald eine andere Ordnung der Dinge in seinem Lande, sah allenthalben selbst zum Recht, milderte den Druck und strafte die widerspenstigen Vasallen. Das war ihnen sehr ungelegen, und sie murrten und lehnten sich auf gegen ihren Herrn und verbanden sich unter einander gegen ihn. Der Landgraf aber zog gegen sie an den Ort, wo sie sich gesammelt hatten, stritt mit ihnen, schlug und fing sie alle zusammen, und dann sprach er: Was soll ich thun mit euch? Soll ich euch tödten, soll ich eure Güter verheeren, so verwüste ich mein eigenes Land; soll ich euch euern Aufruhr mit Geld abbüßen lassen, das lautete mir unehrlich und schimpflich. Harret, ich will euch Demuth lehren! - Das soll sich begeben haben nahe über Freiburg an der Unstrut, nordwärts der Naumburg, da sah der Landgraf einen Pflug auf einem Acker stehen, spannte vier der Edeln, entkleidet bis aufs Hemde, an den Pflug, und ließ sie eine Furche auf dem Acker ziehen, und ging mit der Geisel nebenher. Und wenn eine Furche gezogen war, so kehrte er den Pflug und spannte vier andere ein, und trieb es so lange bis der ganze Acker umgefurcht war. Selbiger Acker ist mit weißen Mal-Steinen sonders umhegt, und heißt noch der „Edelacker" bis zum heutigen Tage, und der Landgraf freiete ihn zu einem ewigen Gedächtniß. Danach wurde der Landgraf sehr gefürchtet, aber auch gehaßt, und verwünscht, daß er seinen Vasallen und Edeln nicht mehr ihren herrischen und trotzigen Willen ließ, und sie machten ihm Verdruß, wo sie nur konnten, ja sie trachteten ihm heimlich nach dem Leben, daher ging er stets gewappnet, mit eisernem Sinn in eisernem Kleide, und schonte die offenbare und wiederholte Untreue keines wegs, sondern er ließ die, welche auf Unthaten begriffen wurden, ohne weiteres henken, köpfen oder ertränken, wie es eben kam. Davon gewann er den Namen der eiserne Landgraf.

88.
Des eisernen Landgrafen Seele.

Ludwig der eiserne hinterließ einen Sohn, das war Ludwig IV. des Namens und als Landgraf der dritte, den nannte man den milden, weil er wieder sanfter herrschte wie sein Vater, der die Edlen geplagt und geschreckt hatte bis nach seinem Tode, da sie ihn von Freiburg an der Unstrut bis nach Reinhartsbrunn im Sarge auf ihren Schultern tragen mußten. Nun hätte Landgraf Ludwig III. gern gewußt, wie es um seines Vaters Seele beschaffen sei, denn obschon er dem Volke geholfen und es vom Drucke der Beamten und edeln Vasallen entlastet hatte, ärntete er doch den gewöhnlichen Volksdank, der Undank heißt, und sein Andenken war ungesegnet. Nun war am Landgrafenhofe ein Ritter, welcher einen Bruder hatte, der hatte in Paris studirt und die Schwarzkunst erlernt, dann war er in Eisenach Cleriker geworden. Da der Ritter des Landgrafen Wunsch vernahm, ging er seinen Bruder an, zu erforschen, wie es um die Seele Landgraf Ludwigs des eisernen stehe? Der Zauberschüler beschwur hierauf den Teufel, und befragte diesen, und alsbald war der Teufel willig, wenn er mit ihm fahren wolle, so solle er des

Landgrafen Seele selbst sehen. Das war dem Nekromanten lieb, und nachdem er sich hatte beschwören lassen bei dem allerhöchsten Gott und bei seinem schrecklichen Gerichte, daß solche Fahrt ihm nicht geistlich noch leiblich schaden solle, so führte ihn der Teufel zu der Hellstätte, die gar nicht weit war, und der Zauberschüler sahe allda einen großen unaussprechlichen Jammer. Andere Teufel gesellten sich zu dem einen, und warfen von einer Grube einen glühenden Deckel, und der Teufel steckte eine Posaune in die Grube, und blies, da bebten von dem entsetzlichen Schall Himmel und Erde. Dann schlug die helle Flamme aus der Grube mit zahllosen Funken und gräulichem Gestank, und in ihr zitterte des Landgrafen Seele wie ein bleicher Schemen herauf, und sprach zum Nekromanten: Siehe hier bin ich, ich armer unseliger Landgraf, vormals Dein Herr! - Dem Zauberschüler verging vor Schreck und Beben eine ganze Weile die Sprache. Dann sagte er der Seele des Landgrafen seines lebenden Sohnes Wunsch an, und jener antwortete, der Sohn solle doch das Gut, was er als eiserner Landgraf der Kirche oder vielmehr den Pfaffen entzogen, alles zurückgeben, denn der Landgraf hatte verstanden, von den Landen der Stifter Mainz, Fulda und Hersfeld viel an Thüringen zu bringen, sodann hoffe er Erlösung zu finden; geschähe dieses nicht, so werde die arme Seele Pein leiden müssen bis zum jüngsten Tage. Der Zauberschüler, da er selbst ein Pfaffe war, war klug genug, einzusehen, daß der neue Landgraf solche Rede für eine Lügenmär, von Pfaffen ausgesonnen, und alles für Gaukeltrug und Blendwerk halten werde, und bat um ein Wahrzeichen oder ein Geheimwort, daran sein Gebieter erkennen könne, daß er gewiß und wahrhaftig den Willen des Pein leidenden Herrn verkünde. Darauf sagte ihm die Seele Dinge, die niemand wissen konnte als der Sohn und gab ihm gründliche Wahrzeichen an, dann sank er wieder hinab in die Hellgrube, und jener ward zurückgeführt, und sagte treulich an, was er gesehen. Nun hätte wohl Ludwig der Milde gern seines Vaters Seele aus der Pein erlöset, aber die, so jene Stiftsgüter inne hatten, wollten sie doch lieber fernerhin behalten, und gaben Ludwig dem Milden den Rath, er solle fein auch behalten, was ihm zugestorben sei, und nur fleißig Almosen geben und Messen lesen lassen, so werde seines Vaters arme Seele sonder Zweifel noch eher ihre Erlösung finden. Jener Zauberschüler aber hatte für sein Leben genug gesehen, er entsagte fortan allem Zauber und wurde ein Mönch im Kloster Volkerode bei Mühlhausen. -

Diese Sage deutet auffallend nach einem Fegefeuersitze hin, aber leider nennen bei ihr die alten Quellen keine Oertlichkeit desselben. Man könnte den Hörseelenberg mit Fug als letztere annehmen, wenn nicht die Sage sich in späterer Zeit auf der Wartburg wiederholte, und zwar nach dem Tode Landgraf Friedrich des freudigen, mit dessen Sohne Friedrich dem ernsthaften, wobei der Fegefeuerort mit Bestimmtheit genau bezeichnet und genannt wird. Es ist auf diese mythischen Züge ganz besonders Acht zu haben, die ganz sicher nach der urältesten heidnischen Frühzeit, vielleicht auch nach unbegriffenen und längst verschollenen Naturphänomenen hinweissen.

89.
Sankt Georgs Panier.

Landgraf Ludwig der eiserne hinterließ vier Söhne, Ludwig III., den milden, Heinrich Raspe III., Hermann I. und Friedrich. Ludwig und Hermann besuchten die Hochschule zu Paris, Heinrich Raspe starb jung, Friedrich wählte den geistlichen Stand. Ludwig regierte mit Weisheit und Milde, erwieß sich wohlthätig und freigiebig, besonders gegen Klöster, er erbaute die Hauptkirche zu Eisenach und weihte sie seinem und der Stadt Schutzpatron, dem heiligen Georg. Das geschahe deshalb, weil er auf des Kaisers Geheiß mit seinem Bruder Hermann im Kriege mit Heinrich dem Löwen gen Goslar gesendet, und im freien Felde gegen den Herzog von Braunschweig zu streiten gekommen war, von nur wenigen Mannen umgeben. Da hatte Landgraf Ludwig, nahe daran, von der Ueberzahl und Uebermacht seiner Gegner bewältigt und gefangen zu werden, Gott und St. Georg eine Kirche zu erbauen gelobt, und es war ihm wunderbarlich geholfen worden. So mild Landgraf Ludwig III. war, so tapfer war er zugleich, darum nahm er auch gerne, dem Aufrufe des Kaisers Friedrich Barbarossa gehorsam, das Kreuz mit vielen andern Fürsten, Grafen, Rittern und Herren, um in einem Zuge gegen Palästina des Heilandes Grab aus Heidenhänden zu befreien. Da geschahe es, daß das Panier St. Georgs, des heiligen Märtyrers und Drachentödters, sich vom Himmel herab auf die Wartburg senkte, das nun freudig der Landgraf als ein Siegeszeichen ergriff, und unter dem er mit den Seinen kämpfte und siegte. Aber auf der Rückreise erkrankte der Landgraf und starb in Otranto auf der Insel Cypern, und trauernd brachten die Seinen seine irdische Hülle und das heilige Panier zurück. Die Reste des Landgrafen fanden in Reinhardsbrunn ihre irdische Ruhestätte, St. Georgs Panier aber wurde auf Schloß Wartburg aufbewahrt, nach langer Zeit aber auf Schloß Wartburg aufbewahrt, nach langer Zeit aber auf Schloß Tharand gebracht, niemand weiß, weshalb und durch Wen? Später ging Schloß Tharand in Flammen auf, und da hat man gesehen, wie St. Georgs Panier sich aus den Flammen erhob und zum Himmel flog. Wie St. Georgs Panier ausgesehen habe, ist noch zu gewahren auf dem größten und ältesten Siegelstock der Stadt Eisenach, darauf der ritterliche Heilige steht, das Panier in der Hand, welches reich verziert ist und in drei flatternde Streifen endigt.

90.
Der Singerkrieg auf Wartburg.

Ludwig der milde war auf der Heimkehr von seiner Heeresfahrt nach dem heiligen Lande und kinderlos gestorben, daher fiel das Thüringerland, da der zweite Sohn Ludwigs des eisernen, Heinrich Raspe III. auch schon tod war, an Landgraf Hermann, welcher in zweiter glücklicher Ehe mit Sophie von Wittelsbach vermählt war. Damals stand in Deutschen Landen die edle Kunst des Minnesanges in

hohem Flor, wurde selbst geübt von vielen Fürsten und Edlen, und das thüringische Herrscherpaar weihte ihm vollen Antheil und große Gunst, für welche Huld,
die sie erfuhren, die Sänger dem Landgrafen und der Landgräfin hinwiederum
sehr dankbar waren. Nun waren zu Anfange des dreizehnten Jahrhundets sechs
Minnesänger zugleich am Thüringer Landgrafenhofe auf Schloß Wartburg versammelt. Diese gehörten theils an diesen Hof als Dienstmannen des Landgrafen,
theils an diesen Hof als Dienstmannen des Landgrafen, theils waren sie Gäste.
Die Dienerschaft war außerordentlich zahlreich; den Hofstaat der Landgräfin
Sophie allein bildeten nicht weniger als 40 Frauen, darunter 8 Gräfinnen, der
Gäste waren häufig so viele, daß die Wartburg deren Zahl nicht ganz fassen konnte, so groß und raumreich dieselbe auch war; die Ueberzahl mußte daher in
Eisenach wohnen. Es war allda viel Glanz und Reichthum entfaltet, es strömte auf
der Burg ab und zu, und so freigebig war Landgraf Hermann der Sängerfreund,
daß ein Sänger von ihm rühmte:

> *„Und gält ein Fuder Weines tausend Pfund,*
> *Doch stünde nimmer eines Ritters Becher leer."*

Der das sang, war zu jener Zeit einer der Sängergäste auf Schloß Wartburg, Herr
Walter von der Vogelweide, ein weitberühmter Minnesänger aus Franken, mit ihm
zugleich waren noch auf der Burg versammelt: Wolfram von Eschenbach, der
bedeutendste von allen, auch ein Franke; Heinrich von Ofterdingen, muthmaßlich
ein Oesterreicher, doch nennen alte Nachrichten ihn einen Bürger von Eisenach.
Leicht möglich, daß der Sänger sich in Eisenach eingebürgert hatte. Man nennt
ihn als den Dichter des hochberühmten Nibelungenliedes, des bedeutendsten
deutschen Gedichtes alter Zeit. Ferner Johannes Biterolf, ein Henneberger, welcher als Diener der Landgräfin genannt wird; Reimar von Zwetzen, ein Thüringer,
und endlich Herr Heinrich, der Schreiber genannt, ein ritterlicher Diener des
Landgrafen, sein Kanzlar. Nun lagen poetische Wettkämpfe und Preissingen von
erlesenen Zuhörerkreisen im Geiste der Zeit, und es vereinten sich zu einem solchen die auf Wartburg anwesenden Dichter. Die Aufgabe, welche sie sich gestellt
hatten, war das Lob edler und freigebiger Fürsten. Das Singen wurde in dem noch
vorhanden Minnesingersaale in Gegenwart des landgräflichen Paares und dessen
Hofstaates abgehalten. Heinrich von Ofterdingen sang das Lob des Erzherzogs
Leopold von Oesterreich gegenüber seinen 5 Sangesgenossen, die sammt und
sonder das Lob des Thüringer Landgrafen priesen, und sich nach der Zeitsitte
des Gleichnisses und der Räthselreden bedienten, die bisweilen sehr schneidend
und herb waren. Durch den Widerstand von fünfen gegen einen erhitzte sich dieser eine, Heinrich von Ofterdingen, immermehr, bis, entweder wirklich oder
scheinbar, das lyrisch-oratorische Drama dieses Singerkrieges zu einem Spiele
um Tod und Leben wurde, und selbst die edle Landgräfin Sophie eine Rolle in
demselben übernehmen mußte. Denn da Heinrich von Ofterdingen durch die von
seinen Gegnern gesungenen Räthsel und Gleichnisse endlich verwirrt wurde, und
jene ihn mit dem Tode von der Hand des Meister Stempfel, der als Statist mit
Schwert und Stricken seitwärts der Bühne stand, bedräueten, so warf sich Heinrich

von Ofterdingen Schutz erflehend zu den Füßen der Landgräfin, und diese legte nun mit wahrer Fürstenhoheit den Edelmuth einer herrlichen Frau an Tag, indem sie, ihren Mantel über den bedrohten Sänger breitend, obschon er gegen ihren Herrn und Gemahl gesungen, die herrlichen Worte sprach:

„Wem ich die Hand je bot
Der läßt ihn wol genesen!
Herr Wolfram von Eschenbach,
Walter, Reimar, Herr Schreiber laßt euch sagen
Wart je zuvor ich Eurer Eines Kummers Dach (Schirm)
So sollt ihr euern Zorn vertagen.

Da nun Heinrich von Ofterdingen auf einen Schiedsrichter sich berufen und angetragen hatte, so wurde ihm zugestanden, denselben herbeizurufen. Dieser war der berühmte Meister Klinsor aus dem Ungarlande, Magus, Astrolog, Arzt, Bergmann und Dichter, und da Ofterdingen Urlaub erhalten, hob er sich von dannen, und fuhr zunächst gen Oesterreich zum Erzherzog Leopold, und bat diesen um Rath und um Empfehlungsbriefe an Klinsor. Letztere brachte er nun dem berühmten Meister, der in Siebenbürgen weilte, ward von ihm höchlich wohl empfangen, mit der Zusage, daß Klinsor selbst mit ihm gen Thüringen sich erheben wolle, und solle nur zuvor erst einige Zeit bei dem Meister verweilen, und so verging fast schnell ein ganzes Jahr, und endlich fürchtete Heinrich von Ofterdingen, er werde nimmer wieder nach Thüringen zurückkehren können. Als aber die Nacht vor dem Tage kam, an welchem Ofterdingen hätte wieder auf Wartburg sein sollen, berief Meister Klinsor seine Geister, und ließ sich mit Heinrich auf einem Zaubermantel durch die Lüfte gen Eisenach tragen. Das that er aber erst, als Heinrich von Ofterdingen eingeschlafen war.

91.
Klinsors Zauber und Prophezeihung.

Heinrich von Ofterdingen war in Siebenbürgen schlafen gegangen, und als er erwachte, hörte er den Thürmer den Tag anblasen, und den Schall einer bekannten Glocke an sein Ohr dröhnen. Er sprach: Ist mir doch, als wäre ich zu Eisenach, und höre die Glocke von Sankt Jürgen. Darauf sprach Klinsor: Besinne Dich, Dir träumet wol. - Aber als der Sänger sich erhob und aus dem Fenster blickte, da rief er freudig: Bei Gott, wir sind zu Eisenach. Das ist Heinrichs, des Hellegrafen Hof, linker Hand vorm Sankt Georgenthor! - Bald kam die Kunde hinauf zur Burg, daß Ofterdingen wieder gekehrt sei, und den großen Meister Klinsor mitgebracht habe. Da schritten die Sänger alle herab, die beiden zu begrüßen, und fragten Ofterdingen, allwo von ihnen beiden die letzte Nachtrast gehalten worden sei? Darauf antwortete Ofterdingen: In Siebenbürgen legten wir uns schlafen, zur Zeit der Mette müssen wir hier gewesen sein; ich weiß es nicht zu sagen, wie mir

geschehen ist. - Und Klinsor bewirthete die Sänger und behielt sie bei sich bis gegen Abend, da sie zum Theil wieder hinauf zur Burg gingen, dann saß er im Hellegrafen Hofe mit mehreren Bürgern, die zu Gaste kamen, im Gespräche, und blickte mit großer Aufmerksamkeit nach den Gestirnen. Die Bürger fragten ihn, ob er etwas heilsames im Stande der Gestirne lese? und er sagte ihnen: Ihr sollt wissen, daß heute Nacht meinem Herrn, dem Könige Andreas von Ungarn, ein Töchterlein geboren wird; diese wird man Elisabeth nennen, sie wird dem Sohne eures Herrn, des Landgrafen von Thüringen, vermählt werden, und der Ruf der Frömmigkeit und Heiligkeit dieses Paares wird durch alle Lande erschallen. - Ueber diese Rede erstaunten die Bürger, und als am andern Tage Klinsor mit Ofterdingen festlich eingeholt, und mit großem Gepränge auf der Burg empfangen ward, sagte ersterer auch dem Landgrafen und der Gemahlin desselben an, was er in den Sternen gelesen, und dieß wurde mit merklicher Freude vernommen. Klinsor hatte bei sich eine zahlreiche Dienerschaft, niemand wußte, woher sie gekommen war, und prunkete einer gleich einem Bischof; er war sehr reich, und hatte ein wenig mehr Gehalt, als die heutigen Hexenmeister, Sternseher, Propheten, Aerzte, Bergverständige und Dichter, selbst wenn einer das alles in seiner Person vereinigte, und obschon mancher König sehr freigebig ist; Klinsor hatte jährlich 3000 Mark Silbers. - Nach dem glänzenden Empfange und dem Mahle ging Klinsor in das Ritterhaus (so heißt der vordere Theil der Wartburggebäude noch bis diese Stunde), die strittigen Sänger zu scheiden und zu versöhnen; solches gelang ihm auch, nur Wolfram von Eschenbach that sich noch hervor mit seinen Liederstrophen, die er im Widerstreit gesungen hatte. Und als in der That Klinsor nicht vermochte, diesen Sänger zu überwinden, bediente er sich der Hülfe eines Geistes, Nasias oder Nosion genannt, der mußte in Gestalt eines Priesters erscheinen und mit Wolfram kämpfen, doch mit hohen und gelehrten Worten und Redensarten, die über menschliche Vernunftsbegriffe hinauszugehen pflegen. Der Geist war sehr kundig der Weltgeschichte und aller menschlichen Gesetze und Einrichtungen, aber Wolfram sprach gegen ihn von hohen und geheimnißvollen Dingen, von Christi Menschwerdung, vom Sakramente des Altars, von dem Worte, das Fleisch ward, und so hielt der Geist Wolfram für einen geweihten Priester, und kam noch einmal in dessen Wohnung, die sich bei einem Bürger in der Stadt Eisenach, Namens Gottschalk, befand, welcher nicht weit vom Sulzenborne wohnte, und versuchte Wolfram noch einmal, indem er ihn nach der Natur der Sphären fragte, nach Planeten und Sternen, und da von diesen Dingen Wolfram keine Kenntnisse hatte, so lachte ihn der Teufel höhnend aus, und schrieb mit feurigem Finger in einen Stein eine feurige Schrift: *„Du bist ein Laie, schnipp, schnapp!"*
Diese Schrift brannte und glühete lange in dem Steine und alle Welt kam gelaufen und wollte sie, wenn nicht lesen, so doch sehen, das ärgerte den Bürger Gottschalk, und er ließ alsobald den Stein aus der Wand brechen und ins Wasser werfen.
Nach diesen Ereignissen wurde dahin gehandelt, daß durch Meister Klinsor die Sänger vor dem Landgrafen vertragen wurden, und zog derselbe nach dem Empfange reicher Gaben wieder nach Ungarland, obgleich ihn der Landgraf gern an seinen Hof gefesselt hätte.

Auch in diesem Wartburg-Sängerkriege ist der dämonische mythische Zauber, der über diese Gegend ein geheimnißvolles Netz gesponnen, und der auch noch in spätern Zeiten fortwirkend sich geltend machte zu erblicken.

92.
Die kleine Braut aus Ungarn.

Landgraf Hermann I. hatte einen Sohn, das war Landgraf IV., der war jetzt 11 Jahre alt, und die kleine Tochter des Ungarkönigs zählte 4 Jahre, und man schrieb das Jahr des Herrn 1211, daraus ergiebt sich für die Zeit des Sängerkrieges auf der Wartburg das Jahr 1207, und nun beschloß der regierende Landgraf, eine stattliche Gesandtschaft gen Ungarn an den Königshof zu schicken, und für seinen Sohn Ludwig um die kleine Prinzessin Elisabeth werben zu lassen. Diese Gesandtschaft bestand aus angesehenen Edeln und Edelfrauen des Thüringerlandes, nicht als ob man zu jener Zeit die Frauen höher als in unsern Tagen geehrt hätte, wo man nur Männer sendet, als allein geschickte, und Frauen dazu nicht hinlänglich geschickt hält, als Gesandte zu wirken, sondern weil es galt, im Falle der vorausgesetzten älterlichen Einwillung des Königpaares die junge Prinzessin Braut gleich mitzubringen an den Landgrafenhof. Es fuhren in das Ungarland Graf Meinhard von Mülberg mit seiner Gemahlin und deren Jungfrauen, Frau Bertha, Wittwe des Grafen Rudolf, nach andern Egillolf von Bendeleben, Herr Walther Schenk von Vargila, und ein großes und stattliches Gefolge. Als nun diese edle Gesandtschaft nach Preßburg kam, wurde sie von Fürsten, Prälaten und Magnaten schon am Weichbilde herrlich empfangen, und mit großen Ehren in das königliche Schloß geleitet, wo der König und die Königin sie huldvoll empfingen. König Andreas von Ungarn war ein friedfertiger und guter Mann, die Königin aber, Gertrud von Meran, war ein muthiges und hochherziges Weib, welche ihrem Gemahle, der vielleicht ungern daran ging, sich von der geliebten Tochter schon jetzt zu trennen, und sie einem Landgrafen von Thüringen, einem Lande, von der er wenig kennen mochte, hinzugeben - die Verbindung als nützlich, ja sogar nothwendig darstellte. Nun erfuhr auch König Andreas von seinen Räthen, und zumal von Klinsor, vieles über das Thüringerland und dessen Fürstenhof, wie glänzend der letztere, und wie gesegnet das letztere an Wäldern und Weiden, Wild und Wein, Salz und Metallen. So wurde denn der Gesandtschaft die junge Prinzessin anvertraut und wurde ihr gleich mitgegeben ein reicher Brautschatz, viele und mancherlei große Gefäße von Gold und Silber, die werthvollsten Diademe, Schmucksachen, Ringe, zahlreiche Kleider von Sammt und Goldstoff, und kostbare Geräthe, auch die goldene Wiege des Kindes, und einstweilen tausend Mark Goldes. Niemals kamen wieder so herrliche Sachen und in solcher Zahl auf einmal nach Thüringen. Die Gesandtschaft war in vier Wagen gekommen, und in dreizehn fuhr sie unter stattlichem Geleite mit Prinzessin Elisabeth von dannen, und reich beschenkt mit Rossen, Waffen, Prunkgewändern und Kleinodien. Nur allein den Wagen zu ziehen, der das Heirathsgut und die Ausstattung der kleinen

Braut aus Ungarn trug, bedurfte es neun starker Rosse. Als nun die Gesandtschaft nach Thüringen und gen Eisenach zurückkehrte, wurde sie und ihr bestes Kleinod, das sie mit sich führte, die junge Königstochter, gar hoch empfangen. Da es schon Abend war, wurde im Hellegrafen-Hofe eingekehrt, aber der Landgraf und die Landgräfin kamen noch von der Wartburg herab, und letztere gewann alsbald das Kind so lieb, daß auch sie die Nacht über in Eisenach blieb, und am nächsten Morgen sie im festlichen Zuge und Geleite selbst hinauf auf die Burg brachte. Da ward gleichsam vorbedeutend ein stattliches Hochzeitmahl ausgerichtet, und theils im Scherze, theils symbolisch Elisabeth dem jungen Herrlein in Kindesweise als Gemahel zugesellt.

93.
Die Jugend Elisabeths von Ungarn.

Selten ward ein Menschenleben so von Poesie und Sage verklärt, wie das der jungen ungarischen Prinzessin Elisabeth, obschon ihr Leben mehr ein leidendes als ein handelndes war, und vielleicht gerade deshalb. Das menschliche Mitgefühl, die innige Theilnahme, die wehmuthvolle Rührung nehmen die Herzen gefangen, und die unverschuldeten Leiden einer tugendreichen Dulderin stehen über dem Heldenthume des Kriegers. Aus dem Kranze Elisabeths, der sich ihr in die Heiligenglorie verwandelte, pflückt die Geschichtsforschung manches Blatt, und legt es still bei Seite, die Sagenforschung hat das schöne Vorrecht, jenen unsterblichen Kranz in voller Frische und ungeschmälert aufzubewahren.

Mit Elisabeth waren aus Ungarn auch ihre Amme und ein fünfjähriges Mägdlein, des Namens Jutta, letztere jetzt zu ihrer Gespielin, später zum Hoffräulein bestimmt, gekommen. Elisabeth war ein lebensfrohes, gutes Kind, das sich aber frühzeitig frommen Sinn aneignete, und diesen immer mehr zur Erscheinung kommen ließ, als auch sie vom Leben nicht immer sanft berührt wurde. In früher Jugend schon offenbarte sich bei Elisabeth der Zug der Milde und Barmherzigkeit gegen Nothleidende, der sie in ihrem späteren Leben so verehrungswürdig machte, ihr aber auch gar manchen Tadel zuzog, manches harte Urtheil gegen sie hervorrief.

Frühzeitig trat der Schmerz an das Kind Elisabeth heran. Sie zählte sechs Jahre, als die Königin, ihre Mutter, eines gewaltsamen Todes starb. Frau Gertrud soll der jungen Tochter einigemale im Traume erschienen sein, und gewiß macht die Kunde eines so schweren Ereignisses auf das früh reifende Kind einen tiefen Eindruck, bestimmte mit ihre ernste, fromme, vielleicht für ihr Alter schon zu strenge Lebensrichtung. Daher manche Mißbilligung von Seiten der Pflegemutter Frau Sophia, mancher Hohn der niedern Dienerschaft, manche spöttische Bemerkung der höheren. An einem Himmelfahrttage Maria's ging die Landgräfin mit der eigenen Tochter Agnes und mit Elisabeth im Festschmucke nach Eisenach herab in die Kirche. Elisabeth nahm gegenüber dem Bilde des dornengekrönten Heilandes ihren mit Edelsteinen besetzten goldenen Kronenreif vom Haupte, legte ihn neben sich, und fiel betend auf die Kniee nieder. Dieses zog ihr Verweiß und Vorwurf zu. Auch waren Leute am fürstlichen Hofe, denen Elisabeths Milde und Demuth ein Dorn im Auge war, die sagten, sie halte sich nicht, wie eines Königs Kind, sondern wie eines Bauern Tochter.

Von solchen Ohrenbläsern mag ihr manche trübe Stunde bereitet worden sein. Mancher Tadel, manche verletzende Rede berührte unsanft der holdheranblühenden Jungfrau zartbesaitetes Herz, als: man werde besser thun, sie ihrem Vater wieder nach Ungarn zu senden - man werde sie in ein Kloster stecken müssen, wo sie sich dann satt beten könne - es finde sich für den jungen Landgrafensohn wohl eine anständigere Braut - und solcher Aeußerungen mehr. Doch gab es auch Augen, die mit Liebe auf ihr weilten und Männer, die übeln Rath in seine Schranken wießen; zu diesen letzteren gehörte der wackere Schenke, Herr Walther von Vargila, der Elisabeth aus ihrem Heimathlande nach Thüringen geführt hatte, wo sie nun aufblühte gleichwie eine schöne duftende Lilie unter Dornen.

94.
Elisabeths Vermählung.

Unter allem Seelenweh, das seine Dornen ins Gemüth der hehren königlichen Jungfrau Elisabeth schlug, blieb ihr doch ein süßer und hoher Trost nächst dem Gefühle ihrer Demuth und ihrer Zuflucht bei Gott durch Gebet und Standhaftigkeit - das war die unerschütterliche Liebe und Anhänglichkeit, welche ihr junger Verlobter, Ludwig, gegen sie stets an Tag legte, und von der ihn nichts abzubringen vermochte.

Zu dieser Zeit hatte der regierende Landgraf, Hermann, einen merkwürdigen Traum; er sah sich auf der Richtstätte vor Eisenach, und alle dort Hingerichteten waren zu Jungfrauen geworden, welche sich um die Mutter Gottes und die heilige Katharina geschaart hatten, die zu ihm sprachen: Auf dieser Stätte hier sollst Du uns ein Haus bauen, in das wir alle diese Jungfrauen versammeln wollen, und dann in Kürze auch Dich zu uns nehmen. Darauf verlegte der Landgraf sofort jenen Richtplatz an eine andere Stelle, und erbauete das St. Katharinenkloster, in welchem er nach seinem Tode beigesetzt zu werden verordnete. Wenige Jahre darauf, als das neue Kloster erbaut und eingeweiht war, starb der Landgraf. Jetzt wurde nun Hermanns Sohn, Ludwig, noch in sehr jungen Jahren stehend, Regent von Thüringen, konnte sich aber noch nicht vermählen, da seine zarte Braut erst im zwölften Lebensjahre stand. Um so reiner war das Verhältniß beider zu einander, gleichsam völlig geschwisterlich; sie nannten auch einander fast immer nur Bruder und Schwester, und Ludwig legte für sie die zärtlichste Zuneigung an den Tag, brachte ihr von jedem Fernsein von Wartburg irgend eine erfreuende Gabe mit, und erwarb sich als ein edler fürstlicher Jüngling von ausgezeichneten Eigenschaften des Geistes und Gemüthes das höchste Lob. Auch war er körperlich schön und wohlgestaltet, und wohlerfahren in allen ritterlichen Künsten. Da fehlte es nun freilich nicht an heimlichen Winken und Plänen, eines theils ihn von seiner

Treue gegen seine traute Verlobte abwendig zu machen, anderntheils ihn gar zu bewegen, sich zeitig zu vermählen und Elisabeth, da sie noch zu jung, lieber wieder in ihre Heimath zurückzusenden, und dieß mit den Umständen, die einem jungen Regenten zur Pflicht machen, für die Fortdauer seines Stammes in Zeiten zu sorgen, zu entschuldigen. Elisabeth blieb alles, was gegen sie gesonnen und geredet wurde, nicht verborgen, und sie machte den redlichen Schenken von Vargila zum Vertrauten ihrer bangen Befürchtungen. Dieser sprach deshalb auf einem Waldritt mit seinem jungen Herrn, der aber deutete hinüber auf das Gebirge, über das der Inselberg sein mächtiges Haupt erhebt, und erwiederte: Siehst Du dort den großen Berg? Wäre der ganz von Golde und mein, so wollte ich ihn doch lieber missen, als daß ich Elisabeth mißte, meine liebe Braut. Was auch immer die Leute reden und sagen mögen, glaube, daß Elisabeth mir lieber ist, als alles auf der weiten Erde. Und da Walther fragte, ob er diese Rede ihr ansagen dürfe, erwiederte Ludwig: Ja, das sage ihr nur, und gieb ihr zum Wahrzeichen dieses Andenken! und reichte dem Schenken einen Hand-Spiegel in Elfenbein gefaßt, auf der Rückseite mit einem Crucifix, kunstvoll geschnitten. Darüber wurde Elisabeth von Herzen froh, und küßte den Spiegel, und dankte Gott und dem Ritter.

Nach dem Antritte seiner Regierung ließ sich der junge Landgraf in der St. Georgenkirche feierlich zum Ritter schlagen, in Gegenwart aller seiner thüringischen und hessischen Vasallen, denn er wollte von niemand die Ritterschaft empfangen als von Gott und den Seinigen; hernach kämpfte er manche Fehden durch, strafte Aufwiegler und Landesverräther wie sich gebührte, machte manche Heerfahrt, selbst mit dem Kaiser nach Italien, und als indessen seine Elisabeth ihr vierzehntes Lebensjahr zurückgelegt hatte und zu einer holdseligen Jungfrau aufgeblüht war, vermählte er sich mit derselben unter großen Festlichkeiten. Elisabeths Brautführer waren dieselben edlen Ritter, die sie als Kind aus ihrer Heimath abgeholt, Graf Meinhard von Mülberg und Walter von Vargila. Da gab es Festmahle und Turnerspiele, Musik und Tänze dreier Tage lang, herrlich und allen Freuden.

95.
Landgraf Ludwigs Tugend.

Viele Züge melden die Sagen von der Tapferkeit und Tugend Landgraf Ludwig IV. Seinen Aeltern war er kindlich und gehorsam, seiner Braut und Gemahlin treu wie Gold, seinen Freunden redlich mit Rath, und hülfreich mit That, wie nur einer es wünschen mochte. Seine Rede war sittsam, züchtig war er von Geberden, wahrhaft von Worten, rein und keusch waren seine Sitten. Seine Vorsätze waren männlich, seine Versprechungen vorbedacht, sein Gericht war gerecht, sein Beginnen mild und weise. Seine Tapferkeit war die eines Helden; er führte seine Heereszüge mit Nachdruck aus, und behandelte überwundene Gegner mit Güte und Schonung, soweit sie deren würdig waren.

Ein Herr von Salza hatte das Kloster Reinhardsbrunn dadurch geschädigt, daß er auf dessen Grunde und Boden auf dem Altenberge einen Bergfrieden angelegt hatte. Der Landgraf Ludwig kam nach Reinhardsbrunn, übernachtete an einem Sonnabend dort mit seinen Wappnern, und gebot am Sonntage früh dem Abt und Convent, nicht eher Amt und Messe zu halten, bis er zurück sei. In aller Stille überraschte er die Bemannung jener Befestigung sammt ihrem Gebieter, führte sie gen Reinhardsbrunn, ließ sie mit Stricken um den Hälsen dem nun beginnenden Hochamte beiwohnen, und den Vorsängern eine Psalmstelle parodirend intoniren, und das Chor responsiren, während die Sänger in Procession durch die Kirche schritten. Darauf mußte der von Salza Urphde schwören, dann ward ein frohes Siegesmahl gehalten, dessen Kosten der Landgraf jedoch keineswegs vom Kloster der Landgraf jedoch keineswegs vom Kloster bestritten wünschte, da aber der Kammermeister doch der Weigerung des Abtes, Zahlung für die Bewirthung anzunehmen, Folge leistete, so mußte der erstere aus eigener Tasche die Kosten bestreiten.

Ein fränkischer Ritter hatte dem Kloster Reinhardsbrunn einen mit Wein befrachteten Wagen unterwegs abgenommen, und nichts konnte den guten Vätern und Brüdern störender sein, daher sie in solcher Trangsal, die ihnen den Trank vorenthielt, Hülfe bei ihrem Herrn, dem Landgrafen suchte. Da eilte dieser mit einer Schaar Gewappneter alsbald nach Franken, umstellte des Schnapphahns Schloß, drohte ihn auszuhungern, und zog nicht ab, bis jener Ritter im Büßerhemde, Strick um den Hals und ein bloßes Schwert gegen seine Brust gezückt in der Hand haltend, in seinem geöffneten Burgthore erschien, Reue und Leid klagte, und ein Fuder guten Frankenweines, Saalecker oder Neuburger etwa, welche Sorten in jener Zeit als die besten erachtet wurden, nebst einem Wagen mit 6 Pferden bespannt, gen Reinhardsbrunn sandte.

So wurde in ähnlicher Weise auch einem Krämer sein Esel und Kram wieder, den ebenfalls ein fränkischer Wegelagerer und Schnapphahn ihm in der Nähe von Würzburg abgedrungen. Der Mann kam klagend zu dem Landgrafen, dieser machte die Sache seines Hörigen zu seiner eigenen, und den Esel zu dem seinigen, und suchte ihn, und ruhte nicht, bis dem Manne wieder zu seinem Rechte, seinem Krame und seinem Esel geholfen war.

Welche Mannlichkeit dem Landgrafen innewohnte, zeigt die Sage von dem Löwen, der auf der Wartburg in einem Käfig gehalten ward, und den ihm sein Schwager, der Gemahl seiner Schwester Agnes, Herzog Heinrich von Oesterreich, geschenkt hatte. Der Landgraf ging in der Morgenfrühe, aller Waffen bar und nur von einem leichten Mantel umhüllt, in den Burghof herab, siehe da trat ihn der Löwe frank frei entgegen, da der Pförtner versehen hatte, dessen Käfigpförtlein richtig zu verschließen, und fletschte ihn an, und brüllte ganz ungethümlich, schlug mit dem Schweife stark um sich, und mochte etwa einen Sprung auf den Herrn versuchen wollen. Aber Landgraf Ludwig blickte aus festem Auge den Leuen unerschrocken an und streckte seinen Arm gegen ihn und bedreute ihn mit starker Stimme, da besann sich dieser eines andern und legte sich nieder, wie er zu thun gewohnt war vor seinen Wärter. Der Thürmer auf der Warte sah voll Schreck, was sich drunten im Hofe begab und stieß ins Lärmhorn und schrie das Gesinde zusammen, und mit diesem stürzte entsetzt der Wärter herbei, der brachte den Löwen auf gute Weise in den Käfig zurück. Deß zum Gedächtniß soll das uralte Simsonbild von Stein auf Wartburg zeugen, doch kündet die Sage nicht, daß der Landgraf mit dem Leuen so gekämpft und ihm den Rachen aufgerissen, wie das Steinbild darstellt.

96.
Die Wunder Elisabeths.

Das ganze Leben der Landgräfin Elisabeth war eine Kette von Edelthaten, ein Kelch voll Leiden und eine Dornenkrone von Schmerzen und Mißgeschicken. Sie leerte den Kelch und trug die Krone mit der Sanftmuth einer Heiligen, und obschon die, als die noch im irdischen Leben wandelte, den verdienten Dank nicht allenthalben ärntete Undank und Verkennung aber im vollsten Maaße, so ward ihr reiner herrlicher und makelloser Wandel doch von der Nachwelt anerkannt und dankbar gepriesen, ja es gediehe dahin, daß sie der höchsten irdischen Verherrlichung endlich theilhaft wurde, die einer Staubgeborenen zu Theil werden konnte.

Vieles offenbarte sich an der Landgräfin Elisabeth, was übernatürlich erschien, was schon ihre Mitwelt als ein Wunder empfand, und als Wunder der gläubigen Nachwelt überlieferte. Diese Wunder sind die unverwelklichen Goldblätter am Lebensbaume Elisabethes; die Sage hat sie abgepflückt und treulich aufbehalten. Die Sage muthet keinem zu, diese Goldblätter für untersiegelte Pergamente zu halten.

Elisabeth liebte sich stets möglichst einfach zu kleiden, war allem Prunke und aller Hoffahrt abhold, und ging für gewöhnlich so gering einher, daß man sie wol eher für eine dienende Frau des Hauses als für die Herrin des stolzen Wartburgschlosses und des gesammten Landes Thüringen hätte halten können. Diese übertriebene Einfachheit blieb nicht ohne Mißbilligung und erschien nicht stets am rechten Orte. Bald nach ihrer Vermählung waren vier edle Ungarn auf einer Betfahrt zu Aachen gewesen, allwo man viele Heilthümer ausgestellt und großen Ablaß verkündet hatte; diese waren vom Könige Andreas beauftragt worden, auf ihrer Rückkehr durch Thüringen die Wartburg zu besuchen und Kunde mit in die Heimath zu bringen, wie es Elisabeth ergehe. Sehr willkommen war dieser Besuch, aber dem Landgrafen, als er die Magnaten mit seiner Gemahlin empfangen wollte, erschien Elisabeths Anzug doch allzu gering und schmucklos, und sie besaß auch kein schönes Gewand, denn ihre prachtvollen Brautkleider hatte sie zerschnitten und die Stoffe zu wohlthätigen Zwecken verwendet. Da sagte der Landgraf zu ihr: Aber liebe Schwester, schämen muß ich mich doch vor Deinen Landsleuten, wenn sie, die so prachtvoll gekleidet einher gehen, Dich in solchem armseligen Gewande erblicken! Sie werden das meiner Kargheit zuschreiben und denken und sagen, daß ich Dir es am nöthigsten fehlen lasse. Darauf erwiederte Elisabeth: Lieber Bruder, lasse Gott walten! - Darauf ging sie in ihre Kleiderkammer, und ward hernach von den edeln Ungarn mit großer Verwunderung geschaut in einem wundervoll schönen hyacinthenfarbenen Kleide, das war ganz übersäet mit Perlen und Edelsteinen, schöner, als noch je das Kleid der reichsten Königin auf Erden erblickt worden war. Da nun hernach, da sie wieder allein bei einander waren, der Landgraf fragte, wo das herrliche Kleid hergekommen, das er ja nie an ihr erblickt, da antwortete sie herzinnig: Lieber Bruder, Gott kann, was er will.

Ehe noch Landgräfin Elisabeth ihren ersten Sohn gebar, reisete sie mit ihrem Gemahl zum Besuch an den Hof ihres Vaters nach Ungarn mit großem und stattlichem Gefolge gräflicher und ritterlicher Männer und Frauen. Dabei sollen gewesen sein ein Graf Heinrich von Schwarzburg, Günther von Kefernburg, Heinrich von Stolberg, Gottfried von Ziegenhain, auch wieder der alte getreue Graf Reinhard von Mülberg und Walter Schenk von Vargila mit Rudolf, seinem Sohne, zum Theil mit ihren Frauen und Töchtern und vielen anderen. Da richtete König Andreas noch einmal eine Hochzeit aus und übereignete dem landgräflichen Paare abermals einen reichen Schatz von Kostbarkeiten aller Art, und begabte die Begleiter und Begleiterinnen je nach Rang und Geschlecht in freigebigster Weise.

Als Elisabeths Schwägerin Agnes das Hochzeitsmahl auf Schloß Wartburg festlich ausgerichtet wurde, und das Haus von Gästen wimmelte, fehlte, als man zur Tafel gehen wollte, die Landgräfin. Diese war vor der Treppe im Mushause auf einen fast nackten Armen gestoßen, der sie flehentlich um Almosen und um Bedeckung seiner Blöße anrief, und anhielt mit Bitten, wie das kananäische Weiblein. Da nun Elisabeth bereits alles weggegeben hatte, was sie bei sich , so warf sie dem Armen ihren seidenen Mantel über. Nun war es aber Zeitsitte damals, im Mantel zur Tafel zu gehen, und als Elisabeth ohne solchen erschien, fragte der Landgraf, wo sie ihn gelassen habe? Erschrocken bebten ihr die Worte von den Lippen: Herr, in meiner Kammer. Alsbald sandte der Landgraf eine der dienstthuenden Hoffräulein hin, den Mantel zu holen, und siehe, da ward ein Mantel gebracht, der war von himmelblauem Stoff, mit kleinen goldenen Bildchen bestreut, und so sein und rein, daß er später lange zu einem Meßgewande gedient hat, das im Barfüßerkloster zu Eisenach aufbewahrt wurde.

Die große Milde, welche die fromme Landgräfin Elisabeth unablässig gegen die Armen bewieß, wurde noch mehr in Anspruch genommen und gesteigert, als eine Zeit schrecklicher Hungersnoth das Thüringerland heimsuchte. Täglich schritt sie, von Dienerinnen gefolgt, welche die Gaben ihrer Milde trugen, soviel nicht die Landgräfin selbst zu tragen vermochte, zum Fuße der Wartburg nieder, allwo die Armen ihrer harrten, und vertheilte Almosen und Lebensmittel in Fülle. Elisabeths Mißgünstige äußerten sich nicht selten tadelnd gegen den Landgrafen, daß seine Gemahlin allzuviel verschenke, ja auch sich selbst zuviel vergebe durch den persönlichen Verkehr mit dem nicht sauberen hungernden und lungernden Gesindel, und da geschahe es, daß eines Morgens Elisabeth, wie sie gewohnt war, zu thun, ein Körbchen mit Lebensmitteln tragend, aus der Burg schritt, und der Landgraf, der wol schon gegen sie über ihre allzugroße Freigiebigkeit sich mißbilligend ausgesprochen haben mochte, zu ihr trat und nicht gerade freundlich fragte: Was trägst Du da? Erschrocken und zagend gab die edle Herrin zur Antwort: Herr, Blumen! - Ich will sie sehen, zeige her! rief der Landgraf, und hob die Hülle vom Korbe. Und siehe, der Korb war übervoll Rosen. Der Landgraf stand staunend vor der Gemahlin und beschämt, und als später die Mißgünstigen aufs neue Klagen erhoben über die allzugroßen Spenden der Frau Landgräfin, so sprach er: Lasset sie nur immerhin Almosen austheilen, da sie daren ihre Freude hat, wenn sie Uns nur nicht die Wartburg, Eisenach und die Neuenburg hinschenkt. - Oft war es auch, als wenn in Elisabeths Hand die Gaben sich verdoppelten und an ihren Gewanden kein Zergang sei. Auch der Kranken pflegte Elisabeth mit besondrer Sorgfalt, bediente sie häufig selbst, scheute nicht zurück vor ekelm Aussehen, kannte keine Furcht vor Ansteckung, ward auch von letzterer nie befallen.

In einer kleinen Felshöhle nahe der Wartburg lebte ein armer Einsiedel, des Namens Eli, der erkrankte und schleppte sich krank auf die Burg hinauf, und Elisabeth wollte seiner absonderlich warten und pflegen. Aber der Landgraf war nicht daheim, und niemand wollte dem kranken Alten eine Stätte einzuräumen, und die helfende Hand bieten, ihn zu betten. Da nahm Frau Elisabeth ihn mit in die eigenen Gemächer, die sie selbst bewohnte, und wusch und pflegte den Alten säuberlich, und bereitete ihm ein Bad, und nach dem Bade legte sie ihn in ihr eigenes Bette. Darüber wurde Frau Sophia, die Schwiegermutter, über alle Maßen ungehalten, und zürnte laut, und sagte, daß dieses zu weit gehe und konnte sich nicht beruhigen. Und indem so kehrte unverhofft ihr Sohn zurück, und die Mutter eilte ihm entgegen, und verkündete ihm spottweise, welch raren Schatz sein Ehegespons Zeit seiner Abwesenheit sich gewonnen, Eli, den alten Betbruder, habe sie aufgenommen und gepflegt und in ihr und sein Bette gelegt. Er werde das am eigenen Leibe lange spüren. Unwillig folgte der Landgraf seiner Mutter in Elisabeths Gemächer nach, schritt zur Lagerstätte und riß die Decke herunter. Siehe, da wurden ihm die inneren Augen aufgethan, und es lag vor ihm im Bette Christus, der Weltheiland, wie er am Kreuze hing, auf dem Haupte die Dornenkrone, im Antlitz die Milde der Gottheit. Das bewegte den Landgrafen übermächtig, und der sprach zu Elisabeth: Meine liebe Schwester, solcher Gäste magst Du oft und viel in unser Bette legen, das thust Du mir wol zu Danke, denn ich erkenne: was man armen kranken Leuten in der Liebe Gottes thut, das ist Christo unserm Herrn selbst gethan. So hatte der Landgraf viele Freude an dem Christusbilde, seiner Mutter aber grausete, denn sie sahe selbes nicht; sie sahe nur einen jämmerlichen aussätzigen Kranken vor sich in dem Bette liegen. Der arme Einsiedel Eli aber lebte in seiner Felsklause geruhig fort, und sagte auf späteres Befragen aus, daß er weder krank gewesen, noch zu jener Zeit hinauf aufs Wartburgschloß gekommen sei. Seine Höhle zeigt man in dessen Nähe noch immer.

Als wahre Mutter und Wohlthäterin der Armen erwieß sich Elisabeth fort und fort. Sie spann unablässig mit ihren Dienerinnen Wolle und Linnen, und ließ daraus bei daraus bei den Minoriten in Eisenach Kleiderstoffe weben, die sie für die Armen verwendete. Am Burgberge sprang eine frische Quelle, dort wuchs sie oft die Kranken oder deren Kleider. Sie schöpfte Fische daraus, was außer ihr niemand gelang; die Quelle quillt noch heute und wird der Elisabethenbrunnen genannt. Eine andere Stätte heißt die Armenruhe. In Eisenach richtete Elisabeth ein Kranken- und Verpflegungshaus ein, und als die Hungersnoth immer höher stieg, der Landgraf aber auf einem Heereszuge begriffen war, ließ die Landgräfin die Fruchtspeicher öffnen, ließ täglich Brod backen, und vertheilte dieses täglich an

300 Arme, andere nennen sogar 900. Auch die Tafelreste wanderten zur Burg hinaus, wo die Armen in Schaaren lagerten, darüber das Burggesinde nicht wenig murrte. Wenn es immer noch nicht reichte, denn je mehr gegeben ward, je mehr Arme gab es, die zu nehmen geneigt waren, verkaufte Elisabeth selbst ihre kostbaren Gewänder und Kleinodien, und theilte das Geld aus. Wenn sie in Eisenach in die Kirche ging, konnte sie jedesmal vor Bettlern kaum hinein, und so hatte sie einst schon alle ihr Geld hingegeben, als noch ein alter Mann ihr den Weg verstellte, und auf das beweglichste mit Bitten anhielt, auch ihm etwas zu schenken, und sie bis in die Kirche hinein verfolgte. Da zog Elisabeth einen ihrer mit Silber gestickten Handschuhe aus, und gab diesen den unabweisbaren Alten. Das sahe ein Ritter, der auch in die Kirche sich begab, der lösete alsbald von dem Alten den Handschuh um vieles Geld ein, und befestigte denselben dann als ein Kleinod auf seinem Helme, zog in das heilige Land und kämpfte stets siegreich, denn der Handschuh der hehren Frau schützte ihn wie ein wunderbarer Talisman. Dann hat der Ritter den Handschuh zum ewigen Danke in sein Wappen aufgenommen.

Es offenbarte sich an der frommen Landgräfin mehr und mehr eine göttliche Kraft; sie heilte Kranke durch das Auflegen ihrer Hände, machte Blinde sehend, und richtete gekrümmte Glieder wieder gerade. Ein Heilmittel, von ihrer Hand gereicht, verfehlte nie seiner Wirkung. Daher begann das Volk sie als eine auserwählte Lieblingin Gottes zu verehren, und an ihre Wunder zu glauben; es fehlt nur noch das Martyrthum, um sie als Heilige anzubeten. Auch das Martyrthum sollte ihr nicht ausbleiben.

97.
Vom Kreuzzuge Landgraf Ludwigs V.

Landgraf Ludwig, der fromme Gemahl Elisabeths, faßte den Entschluß, vielleicht nicht ganz aus freiem Antriebe, Kaiser Friedrich II. im Geleite einer ansehnlichen Schaar thüringischer und hessischer Edeln auf einen Kreuzzug nach Palästina zu folgen. Er lud alle seine Vasallen auf einen Tag nach Kreuzburg, ermahnte die, welche zurückblieben, gute Ordnung im Lande aufrecht zu erhalten, und empfahl ihrer Fürsorge auch seine Gemahlin und seine Kinder, die ihm an das Herz gewachsen seien. Elisabeth hatte ihm zwei Kinder geschenkt, die nach den Großältern väterlicher Seits hießen: einen Sohn Hermann, eine Tochter Sophia, und ein drittes Kind trug sie unter dem Herzen. Die thüringischen und hessischen Kreuzfahrer, die ihrem Landgrafen folgten, und in Kreuzburg mit versammelt waren, waren die Grafen Ludwig von Schwarzburg, Burkhard von Brandenburg, Meinhard von Mülberg, Heinrich von Stolberg, Ernst von Gleichen, Günther von Kevernburg, und die Ritter und Träger der Erbhofämter, Rudolf, Schenk von Vargila, Heinrich Marschall von Ebersberg, Herrmann Truchses von Schlotheim, Heinrich Kämmerer von Vahner, Heinrich von Erffa, der Hofmeister, sodann die Ritter und Edeln: Hartmann oder Hermann von Heldrungen, Ludolf von Belstätt, Rudolf von Bilzingsleben, Friedrich von Treffurt, Lutze von Wartberg, Dietrich von Seebach, Gerhard von Elende, Ludwig und Rudolf von Hausen, Heinrich von

Meideburg, Berthold von Mila, Berthold von Heilingen, Seifarth von Spatenberg und viele andere. Ebenso folgten dem Zuge des Landgrafen 5 Kleriker, der Hof- und Burgkaplan Berthold, der Kaplan Konrad von Marburg, Erhard, Kaplan auf der Neuenburg, auch der Geheimschreiber Konrad von Würzburg, mehrere Aertze, ohne den Troß der zahlreichen Knappen und Knechte. Landgraf Ludwig zog, von seiner Gemahlin, seiner Mutter, den Kindern und vielen Treuen begleitet, mit 200 Pferden über Reinhardsbrunnen gen Schmalkalden, wo er von den Seinen einen beweglichen und schmerzlichen Abschied nahm, und von wo seine Mutter mit den Kindern zurückkehrte, Elisabeth aber vermochte nicht, sich jetzt schon von ihm zu treuen, sie begleitete ihn noch bis Meiningen, wo er ihr beim endlichen herzbrechenden Abschiede einen Ring zeigte, in dessen Saphir ein Agnus die geschnitten war, und zu ihr sprach, wenn er diesen Ring ihr sende, möge sie daran erkennen, daß die Botschaft gewiß von ihm komme. Davon steht noch geschrieben in der Meininger Chronik: „Vorerwähnte H. Elisabetha hat zum Gedächtniß eine Capelle allhier erbauen lassen, so aber nunmehr eingerissen und verwüstet." Diese Capelle soll neben der Kirche auf dem Markte gestanden haben, und ihr Portal später das frühere der Kirche ersetzt haben, wie man, daß dasselbe eingesetzt worden, deutlich wahrnimmt. - Elisabeth kehrte trauernd nach der Wartburg zurück, legte dort alsbald Wittwenkleider an, und legte diese leider nie mehr ab.
Landgraf Ludwig sollte nach dem Willen seines kaiserlichen Herrn als Oberbefehlshaber und Feldherr des ganzen Kreuzheeres im heiligen Lande auftreten und wirksam sein, aber anders war es verhängt im Rathe Gottes, denn Ludwig sahe weder das heilige Land, noch jemals seine Heimath und die Seinen wieder. Er erkrankte auf der Insel Otranto und jählings stieß ihm die Krankheit zu und wurde heftiger und heftiger. Da sahe er das Gemach, darin er lag, voll schneeweißer Tauben, die von allen Seiten sein Bette umflogen, und er sprach zu denen, die um ihn waren von den Seinen: Sehet ihr nicht die große Menge dieser schneeweißen Tauben? - Und nach einer Weile begann er wieder: Ich muß und will von hinnen mit diesen schneeweißen Tauben. Und als er diese Worte gesprochen hatte, da gab er seinen Geist auf und schlummerte hinüber in die göttliche Ruhe. Einer von Ludwigs Kaplanen aber sahe am Himmel einen Flug weißer Tauben sich gen Aufgang wenden, darunter war eine wunderschöne weiß glänzende Taube, der heilige Geist. - Dieser führte des frommen Landgrafen Seele von hinnen, und es entstand großes und schmerzliches Wehklagen unter seinen zurückgelassenen Lehenträgern und zumals unter seinen Dienern. Und wurde eine Sage, der Landgraf habe einen „vergifteten Trunk" gethan, doch ist das nicht zu verstehen im heutigen Sinne, daß ihn niemand absichtlich mit Gift vergeben, sondern man nannte im Mittelalter alles, was schädlich wirkte, vergiftet, und so konnte ein jäher Trunk des reinsten kalten Wassers als vergiftet bezeichnet werden. Und war der edle Fürst, den man ob seines tugendreichen Wandels, ob seiner Frömmigkeit, Gerechtigkeit und Milde später den Heiligen nannte, obwohl kein Papst ihn heilig sprach, noch gar jung an Jahren, da er von hinnen fahren mußte, erst sieben und zwanzig Jahre alt.

98.
Elisabeths Prüfung

Die fromme Landgräfin Elisabeth von Thüringen war einer Tochter genesen, während ihr Gemahl sich auf dem Kreuzzuge befand, welches Kind den Namen Gertrud, nach ihrer eigenen Mutter, empfing. Da kam die Schreckenskunde vom Ableben des Landesherren nach Thüringen, und es blieb ihrer Schwiegermutter vorbehalten, ihr die Todesnachricht des Gemahles beizubringen, die Elisabeth mit dem tiefsten Schmerz empfing. Dahin war nun alle ihr Trost auf Erden, und sie sagte es selbst: Tod, tod, tod ist mir nun die ganze Welt. Das furchtbar schwere Gewicht des Worts **Wittwe** drückte sie zu Boden. Der Brunnen ihres Lebensglückes war nun versiegt, und wurde zum Wermuthsborne, der den Kelch ihres Leides füllte.

Des Landgrafen Bruder **Heinrich, Raspe** zubenannt, hatte längst nicht ohne heimlichen Groll die übergroße Freigebigkeit Elisabeths wahrgenommen, und sie laut, wie im Stillen getadelt. Jetzt hielt er an der Zeit, gegen diese Verschwendung einzuschreiten, denn er war jetzt Thüringens Regent, da seines Bruders einziger Sohn noch nunmündig war. Ueber die persönlichen Zerwürfnisse, welche vorhergingen, bevor es zum äußersten gedieh, schweigt sowohl die Sage, als auch die Geschichte. Es überhüllt dieselbe ein tiefer Schleier, aber das äußerste geschah, und war nichts geringeres, als daß an einem Wintertage des Jahres 1227 auf 1228 die bisherige Herrin des Thüringer Landes, die Tochter eines Königes, die mildthätigste, untadelhafteste Frau, die treueste Gattin, die zärtlichste Mutter ihrer Kinder, sammt diesen Kindern ihr hochprangendes Schloß verließ, herunter nach Eisenach wandelte, und in dieser Stadt von allen Häusern, wo sie Obdach suchte, mit Härte, Strenge oder Furcht vor dem neuen Herrn abgewiesen, herumirren und endlich mit einem elenden Schoppen, in der Rolle, und da in der Nähe eines Schweinekofes (*heute Schweinestall*), vorlieb nehmen mußte. Aber groß und herrlich in ihrer tiefsten Erniedrigung ging Elisabeth um Mitternacht in die Klosterkirche der Bafüßer Mönche und bad dieselben, ein Tedeum anzustimmen, daß Gott sie also heimsuche. Wie stolz war der Wirth zum Hellegrafenhofe einst gewesen, als sein Haus die Ehre gewürdigt ward, das Königskind von Ungarn aufzunehmen, und zu übernachten, das er jetzt derselben Elisabeth verschloß. Auch ärntete sie in vollem Maaße den Dank, der einem unbegrenzten Wohlthätigkeitstriebe zu Theil wird. Keine Seele von alle den Hungerern und Lungerern, Faullenzern und bettelnden Tagedieben Eisenachs, die sie vielleicht mit ihren Spenden erst verwöhnt, regt auch nur eine Hand für die herabgewürdigte Herrin, und für den jungen Herrn, den gebornen rechtmäßigen Landgrafen von Thüringen. Elisabeth wandelte von der Rolle aus am Markt beim Eingange in die Messerschmiedegasse über den Löbersbach, wo man über diesen kothigen Graben nur auf schmalen Schrittsteinen gelangen konnte, da begegnete ihr ein altes nichtswürdiges Bettelweib, dem die milde Almosenspenderin oft genug die Hände und den Mund gefüllt, das wich ihr nicht nur nicht aus, sondern stieß mit jauchzender Verruchtheit die edle Fürstin von den Schrittsteinen herab in den Koth des

Löberbaches, daß sie hernach an ihren übel beschmutzten Kleidern genug zu waschen hatte. Und sie trug das alles mit Lächeln, und dankte Gott, daß er sie so demüthigte. Sie sahe auch den Heiland in einem himmlischen Gesichte, mitten im offenen Himmel, und er sprach zu ihr: Wenn Du bei mir sein willst, so will ich bei Dir sein. - Davon ward sie wunderbar aufgerichtet.

99.
Elisabeths Wiedererhöhung.

Elisabeth, die fromme Landgräfin, zählte, als ihr Schlag auf Schlag so viel herbes widerfuhr, erst zwanzig Lebensjahre. Da hörte eine Muhme welche Aebtissin zu Kitzingen in Franken war, von dem großen Weh, was ihrer Verwandten widerfuhr, diese sandte alsobald Boten, und bot ihr und ihren Kindern ein Asyl in dem Kloster an. Auch in Bamberg lebte Elisabeth ein Oheim, Bischof Egbert, der ebenfalls nach ihr sandte, und ihr Schloß Botenstein zum Aufenthaltorte anwieß, dort lebte sie nun einige Zeit mit den ihrigen still und fürder ungekränkt. Nur das war ihr leid, daß ihr Oheim darauf sann, sie wieder zu vermählen, und zwar mit dem Kaiser Friedrich II., welcher Wittwer geworden war. Elisabeth aber wollte nichts von einer Wiedervermählung hören und wissen. Sie wollte dem so innig geliebten Gemahl auch im Tode noch ihre Treue fest bewahren.
Landgraf Ludwigs treue Mannen kehrten nach vollendetem Kreuzzuge aus Palästina zurück und brachten die Gebeine ihres vormaligen Herrn mit. In jedem Rastorte stellten sie die Sarglade in die Kirche und ließen zum Seelenheile Ludwigs ein Todtenamt halten, und opferten der Kirche Geld und Gaben. Auf diesem Zuge nach der Heimath berührten die Thüringer Herren auch Bamberg, die ehrwürdige Bischofstadt, und ließen dem Bischof Egbert ihr nahen ansagen. Da berief der Bischof alsbald Elisabeth, und zog mit ihr und einer festlichen Procession unter Glockengeläute den Gebeinen des Landgrafen entgegen. Auf das tiefste erschüttert und bebend fiel die unglückliche Wittwe beim Anblick der Gebeine ihres Gemahls nieder in tiefem Schweigen. Dann betete sie und gewann frischen Muth und fand Trost in ihrer Seele und sprach hernach viel mit den Thüringer Herren, die sehr schmerzlich betroffen waren von dem was sie erfuhren, wie es ihrer geliebten Herrin ergangen sei, und sie baten, in ihrem Geleite mit nach Thüringen zurückzukehren, und dem Feste der Bestattung der Gebeine ihres Herrn im Kloster Reinhardsbrunn beizuwohnen. Diesem Wunsche gab Elisabeth nach, und in Reinhardsbrunn strömte fast die ganze Bevölkerung Thüringens zusammen, Leid zu tragen um den so früh geschiedenen, geliebten Herrn. Nach beendigter Leichenfeier, welcher der neue Landgraf, Heinrich Raspe mit seinem Bruder Conrad, dem Deutschherrenordenscomthur, in Person bewohnte, richtete Rudolf, der Schenk von Vargila an den ersteren mit großem Freimuth sehr ernste Worte über sein Verfahren gegen des Bruders Wittwe und gegen dessen Kinder, und drohete ihm mit dem Zorne Gottes, wenn er sein Benehmen gegen Elisabeth nicht ändere und sie sich nicht versöhne. Da wurde der Landgraf zu Thränen gerührt und versprach, alles zu thun, was für Recht und Billigkeit erachtet werde.

Elisabeth begehrte auch in keiner Weise zu herrschen über Städte und Burgen, Land und Leute, nur die Herausgabe ihrer Mitgift und das ihr von ihrem seligen Herrn verschriebene Witthum beanspruchte sie, und das ward ihr auch gewährt und sie erhielt Marburg als ihr Witthum und ihren Wohnsitz, auch wurden die Rechte und Ansprüche ihrer Kinder gesichert. Zu Marburg, wohin nun nach einiger Zeit die verwittwete Landgräfin zog, lebte ein Geistlicher, des Namens Konrad, insgemein Konrad von Marburg genannt, der war der Beichtiger Elisabeths, war sehr gelehrt, sehr sittenreinen Wandels, aber dabei von äußerster Strenge in Bezug auf kirchliche Zucht, Bußübungen und Kasteiungen, der gewann über die fromme Elisabeth gar große Gewalt.

100.
Von Elisabeths Tod und Heiligsprechung.

Schon als Landgräfin hatte Elisabeth den gestrengen Prediger und Ketzerrichter Konrad von Marburg zu ihrem Beichtiger erwählt, weil ihr Gemahl denselben mit einem großen Vertrauen beehrte, und ihm die Besetzung aller geistlichen Stellen, wie die Vergebung kirchlicher Lehen übertragen. Sie gelobte ihm feierlich im Sanct Katharinenkloster zu Eisenach Gehorsam an, demüthigte sich vor ihm, geiselte sich auf sein Verlangen, und übte alle die guten Werke, welche der Glaube zur Erlangung der Seligkeit vorzeichnete, oft mit grausamer Strenge gegen sich selbst, mit harter Entsagung, mit asketischem Heldenmuthe. Sie trat mit den ihr stets treu gebliebenen vormaligen Hofjungfrauen Jutta und Eisentrud als Tertianerin in den Orden des heiligen Franziskus, und trug fortan das Gewand der grauen Schwestern, sie entsagte öffentlich in der Minoritenkirche zu Eisenach der Welt und all ihrer Freundschaft. Sie bezog in der Nähe von Marburg eine armselige Bauernhütte, bis ein kleines Häuschen von Holz und Lehm in Marburg für sie erbaut war. Nun gründete sie von ihrer Mitgift ein Armenhaus und Krankenhospital, besuchte und pflegte die Kranken, und übte alle Werke der Barmherzigkeit, indem sie Kranke pflegte, Nothleidende unterstützte, Gefangene tröstete, Gestorbene bestattete. Unablässig spann sie Wolle für die Armen und vertheilte Almosen, begnügte sich dabei selbst mit Armenkost, und ging in Kleidern einher, die kaum besser waren, als die der Aermsten, und oft geflickt und bestickt mit allerlei Lappen.

Indem Elisabeth sich mühte durch Entbehrungen, Demüthigungen und Kasteiungen sich immer würdiger des Himmels und der künftigen Seligkeit zu machen, ertrug sie mit himmlischer Geduld alle Qualen und Peinigungen, welche Konrad von Marburg ihr auferlegte, ja selbst die persönlichen, körperlichen Mißhandlungen, die er sich in seinem geistlichen Hochmuthe gegen sie erlaubte. Er durfte sich erfrechen, sie zu schlagen. Sie ertrug es, aus freiem Willen, um Gottes Willen, widerstand allen Aufforderungen, ihre asketische Lebensweise zu ändern, in ihre Heimath nach Ungarn zurückzukehren, ein anderes Leben zu führen. Sie hatte das Elend liebgewonnen, und fand ihre Wonne in Schmerzen.

Mehr und mehr wuchs unter der Bevölkerung die Anerkennung des frommen Wandels und die Verehrung der landgräflichen Wittwe. Aber die freiwillig auferlegten Entbehrungen und Schmerzen, alles ertragene Mühsal, und eine heiße Sehnsucht nach dem Himmel rieben frühzeitig die Körperkräfte der Dulderin auf, und schon am 19. November des Jahres 1231 entschlief sie, nur erst 24 Jahre alt, und ihr Hinscheiden wurde beklagt von allem Volke. Bald genug verbreitete sich die Kunde von allerlei Wundern, die während der Leichenbestattung Elisabeths und an ihrem Grabe geschahen. Konrad von Marburg sammelte diese Kunden und sendete sie an den Papst, Gregor IX., zu welchem auch der Schwager Elisabeths, der Deutschordensritter Konrad von Thüringen reiste. In Perguia, wo Gregor IX. eine Zeit lang verweilte, erfolgte am Pfingsttage des Jahres 1234 unter großen Feierlichkeiten Elisabeths Heiligsprechung im Kloster des Predigerordens. Der Schwager Elisabeths, Landgraf Konrad, war bei dieser festlichen Handlung Augenzeuge und vertheilte reiche Spenden an die Gotteshäuser und an Arme, bewirthete die ganze Geistlichkeit, und saß bei einem Mahle des Papstes diesem zur Seite. Die Bulle der Heiligsprechung Elisabeths wurde unterm 1. Juni 1235 ausgefertigt und mußte von allen Kirchen in Deutschland verlesen werden. Erzbischof Siegfried von Mainz bestimmte den 1. Mai des Jahres 1236 als den Tag der feierlichen Erhebung der Gebeine der heiligen Elisabeth, die unter dem Zustrome zahlloser Fremden erfolgte, bei der der Kaiser selbst gegenwärtig war, ferner die Erzbischöfe von Mainz und Köln, die Bischöfe von Bamberg, Speier, Worms, Halberstadt, Hildesheim, Paderborn, Naumburg, Merseburg und Bremen, nicht minder Elisabeths beide Schwäger, ihre Kinder, ihre Schwiegermutter.
Am Morgen des Erhebungstages der heiligen Gebeine begaben sich die Fürsten, den Kaiser an ihre Spitze, letzterer im grauen Büßergewande, und gänzlich ohne Schmuck, nur die goldene Krone auf dem Haupte tragend, in die Kirche; die Fürsten und die hohe Geistlichkeit erscheinen im höchsten Glanze des Schmuckes und der Tracht. Und nun wurden Elisabeths Gebeine erhoben, wobei Kaiser Friedrich selbst mit Hand anlegte; dann bedeckte der Kaiser das Haupt der Heiligen mit einer goldenen Krone, und sprach: Da ich sie auf Erden nicht krönen sollte als eine Kaiserin, so will ich sie doch ehren mit dieser Krone als eine ewige Königin in Gottes Reiche. Rührend war es anzusehen, wie Elisabeths Kinder an der Truhe knieeten, welche die Gebeine ihrer heilig gesprochenen Mutter in sich schloß. Zahlreiche Opfer wurden an diesem Tage dargebracht zur Erbauung der prachtvollen Kirche in Marburg, welche künftig das Mausoleum Elisabeths einschließen sollte, und zu welcher bereits der Grundstein gelegt war. Bald auch wuchs der Ruf der Wunder, welche nach dem Glauben jener Zeit die Heilige fortwährend übte, und es ist wol unbestritten das schönste und würdigste Wunder Elisabeths, daß noch bis heute, nach sechshundert und zweiundzwanzig Jahren, und in den Ländern Thüringen und Hessen, deren religiöses Bekenntniß an Fürbitte der Heiligen, wie an Wunder nicht zu glauben lehrt, das Andenken an diese Heilige ein rein und treu bewahrtes ist, und Elisabeth, die gottergebene, vielleicht überfromme fürstliche Dulderin, in der vollen Glorie der Heiligkeit im Herzen des Volkes lebt, und nie vergessen werden wird.

101.
Vergeltungen.

Viele hatten nicht gut und recht gegen Elisabeth gehandelt, und mehrere derselben traf dafür die Hand der Vergeltung. Leider stand der Landgraf Heinrich Raspe unter diesen in erster Reihe. Wenn er auch berechtigt erschien, der maaßlosen Freigiebigkeit seiner verwittweten Schwägerin Schranken zu setzen, so mußte er doch anders gegen sie handeln als er that. Er stieß Mutter und Kinder in das Elend hinaus, statt dem Neffen ein treuer Vormund zu sein, er wollte nicht Verweser Thüringens sein, bis der Knabe Ludwigs zu reiferen Jahren gekommen, sondern Selbstherrscher, Alleinregent. Eine neue Dynastie wollte er begründen, sein Stamm sollte herrschen über das Thüringerland. Sein Bruder Konrad mochte von gleicher Gesinnung beseelt sein, er übernahm die Regentschaft von Hessen. Landgraf Hermann blieb zur Seite gedrängt, auch als er herangewachsen war, man verheirathete ihn, als er fast noch im Knabenalter stand, und als zu fürchten war, daß er, zur Einsicht gekommen und vom Herzoghause Braunschweig, aus dem seine Gemahlin Helene stammte, unterstützt, vielleicht mit Nachdruck sein Vatererbe fordern werde, da verschwand er, erst 17 Jahre alt und erbenlos, aus der Reihe der Lebendigen. Die Volksstimme der Mitwelt beschuldigte geradezu Heinrich Raspe, daß er seinen Neffen durch Gift aus dem Wege zum Landgrafenthrone geräumt habe. Landgraf Konrad bestand viele Kämpfe, kam in den Bann des Papstes und der Kirche, und wurde darauf Deutschordensritter - er konnte daher Thüringen keinen Erben geben, da er sich nicht vermählen durfte. Sein Bruder Heinrich Raspe hatte sich mit Elisabeth von Braunschweig vermählt; sie starb 1231 ohne Kinder. Er nahm Gertrud von Oesterreich zur zweiten Frau - auch sie ging, ohne ihm Erben geboren zu haben, im Jahre 1244 zur ewigen Ruhe ein. Und zum drittenmale vermählte sich Heinrich Raspe mit Beatrix von Brabant, aber auch diese dritte Ehe blieb ohne Kindersegen. Er verwickelte sich in große Kämpfe, wurde unter Papst Innocenz IV. Gegenkönig Kaiser Friedrichs II., dem er mit Undank lohnte. Friedrich II. Sohn Konrad aber rächte diesen Undank, schlug Heinrich Raspe bei Ulm auf's Haupt, dieser mußte verwundet entfliehen und starb bald darauf auf der Wartburg, da denn mit ihm der Stamm der alten Landgrafen von Thüringen erlosch.

Jener fanatische Konrad von Marburg, der die arme Elisabeth auf das empörendste gequält und gemißhandelt hatte, starb keines guten Todes. Die unbeugsame Strenge, die er gegen die gedemüthigte fürstliche Frau übte, indem er sie von ihren Kindern, zuletzt auch von ihren treuanhänglichen Dienerinnen trennte, sie schlug - übte er auch als päpstlicher Ketzerrichter. Wer ihm ein Ketzer schien oder als solcher heimlich angegeben wurde, wurde verbrannt. Im Jahre 1233 hatte Konrad einen Grafen von Sayn, einen Grafen von Henneberg, einen Grafen von Solans, eine Gräfin von Loots und viele andere der Ketzerei erwiesen. Als nun Konrad mit zwei Helfershelfern, dem Dominikaner Konrad von Tours, und einem anderen, Namens Hans, der einarmig und einäugig war, von Mainz wieder nach Marburg zürück fuhr, wurde ihnen von erbitterten Dienern des Grafen von Sayn und andern der Ketzerei grundlos angeklagten Männern ein übles Ende bereitet, indem er nebst Hans entrann dem Mordgetümmel, fand aber auswärts später seinen Tod an einem Galgen.

102.
Sophia's Handschuh.

Die älteste Tochter der Landgräfin Elisabeth, Sophia, hatte sich mit dem Herzoge Heinrich II. von Brabant vermählt, dem sie 6 Kinder geboren. Das jüngste derselben war ein Sohn, des Namens Heinrich. Diesem hätte, als Enkel der heiligen Elisabeth, nach dem Aussterben des Landgrafenstammes, das Thüringerland nebst Hessen gehört, aber Heinrich Raspe hatte, als er sein kinderloses Absterben voraussah, das Erbe dem Sohne seiner ältesten Stiefschwester, Jutta, vermählte Markgräfin von Meissen, und später vermählte Gräfin von Henneberg, als Erbe zugedacht. Dieser Sohn war Heinrich, Markgraf von Meissen, der Erlauchte genannt, ein stattlicher und tapfrer junger Fürst, der bereits einen Anwartschaftsbrief vom Kaiser Friedrich II. auf die Landgrafschaft Thüringen hatte, und alsbald nach Heinrich Raspe's, seines Stiefoheims Tode, sich beeilte, Besitz zu ergreifen, wenigstens von Thüringen, denn von Hessen als einer freien Landschaft, die dem Reiche nicht zu Lehen stand, hatte Heinrich nicht den gleichen Anspruch. Hessen erklärte sich für Heinrich von Brabant, und lud Mutter und Kinder zu ein, denn Heinrich zählte erst vier Jahre, darum hieß man ihn das Kind von Brabant. Sophia kam zuerst nach Marburg, trat, ihren Sohn auf dem Arme, unter die Bürger, und entflammte sie für des Sohnes Recht, und da wirkte gar mächtig die frische Erinnerung an die heilige Elisabeth. Aber die Herzogin von Brabant verfolgte ihres Kindes Rechte weiter. Wenn sie auch Heinrich dem Erlauchten die thüringischen Reichslehen, die er vom Kaiser empfangen hatte, nicht wol streitig machen konnte, so hatte sie doch Rechte an die alte Grafschaft Thüringen, und die Güter, welche Ludwig der Bärtige und dessen Nachkommen als Allode erworben und vermehrt hatten; daher rückte sie auch nach Eisenach vor und hielt mit Heinrich dem Erlauchten eine Tagsatzung, auf der sie sich mit ihm vergleichen wollte, und es wäre alles gut geworden, wenn die Versprechungen des Markgrafen Dauer gehabt hätten. Diese hatten aber keine Dauer, und daran waren die Rathschläge Schuld, welche dem Markgrafen gegeben wurden. Denn da die Zeit des Interregnums war, und kein Reichsoberhaupt als Schlichter des Streites vorhanden, so widerriethen Heinrichs Mannen und zumal der Marschall Helwig von Schlotheim jede Nachgiebigkeit, die der Markgraf zeigte, und zumal sprach der erstere: Wär' es möglich, daß Ihr mit einem Fuße im Himmel stündet, und mit dem andern auf der Wartburg, so solltet ihr viel eher den einen Fuß aus dem Himmel ziehen und ihn zu dem andern auf die Wartburg setzen. Das änderte Heinrichs nachgiebigen Sinn, er verschob die völlige Ausgleichung auf den Spruch des neuwählenden Kaisers, und beschwur mittlerweile sein Recht auf Thüringen in der Kirche zu Eisenach auf eine Rippe der heiligen Elisabeth, und zwanzig Eideshelfer schwuren mit ihm in Sophia's Gegenwart. Da wurde die arme Herzogin von Zorn bewegt und außer sich, und in Thränen ausbrechend zog sie ihren Handschuh aus und rief: O Du, der aller Gerechtigkeit Feind ist, Teufel! Dich meine ich! Nimm hin diesen Handschuh zusammt den falschen Rathgebern, die meinen Sohn um sein Erbe betrügen! So bot Sophia von Brabant dem Teufel selbst Fehde, denn eine muthige Frau nimmt es mit dem Teufel schon auf - dabei aber begab sich das Wunderbare, daß der Teufel die Fehde annahm, denn der Handschuh, den Sophia in die Luft geschleudert hatte, kam nicht wieder herunter - und bald entbrannte blutig und schwer in seinen Folgen der Thüringische Erbfolgekrieg.

103.
Bürgertreue.

Bald wußte nach dem Sprüchwort im Thüringerlande niemand mehr, wer Koch oder Kellner war, so ging es darunter und darüber. Eines Tages kam die Herzogin Sophia wieder gen Eisenach, da wollte man sie nicht einlassen, und hatte das Georgenthor zugeschlossen; da trat sie dagegen, nahm eine Axt und hieb zwei Kerben in das Eichenholz, die man noch nach 200 Jahren sah. Da die Eisenacher solchen Ernst sahen, öffneten sie ihr Thor und ließen die streitbare Frau mit ihrem Gefolge einziehen. Ein Theil der Thüringischen Ritterschaft hing dem Markgrafen von Meissen an, hauptsächlich die reichslehenbaren Vasallen, ein anderer Theil nebst der Hessischen Ritterschaft hielt zu Sophia von Brabant und ihrem Sohne. Andere hielten weder zu dem einen, noch zu dem andern, sie wollten am liebsten für sich sein, ohne Oberherren, Selbstherren, und wer es konnte suchte sich selbst zu schützen. Daher entstanden damals eine Menge neue Burgen und hohe Warten, zumal um Eisenach. So wurde von denen von Wangenheim auf dem Kalenberge hinter Fischbach ein Steinhaus errichtet, an der Werra erhob sich Burg Brandenfels. Die Bürger zu Eisenach, die nun mit ihrem Bürgermeister Heinrich Velsbach der Herzogin anhingen, schlossen die Wartburg ein, welche der Markgraf besetzt hielt; einestheils bemächtigten sie sich des Mittelsteins vor der Wartburg, und auf deren Rückseite legten sie eine Frau-Sophienburg an, die auch Frauenburg genannt wird, und die Eisenacher Burgen, dadurch wurden die Zugänge zur Wartburg beherrscht und abgeschnitten. Rudolph von Vargila, des Name später in Vargula sich umwandelte, hielt zu dem Markgrafen, und baute, von diesem unterstützt, den Rudolphstein gegen die Eisenacherburg, wodurch er wieder den Eisenachern die Straße nach Franken über den gehauenen Stein verlegte und absperrte. Sophia von Brabant hatte einen mächtigen Bundesgenossen an ihrem Schwiegersohne, der mit ihrer jüngsten Tochter Elisabeth vermählt war, Albert I. Herzog zu Braunschweig, welcher nun auch mit Heeresmacht in Thüringen einfiel und so viel als möglich von den Besitzungen Heinrich des Erlauchten verwüstete. Er soll auch hart an der Stadt die Burg Klemda erbaut haben, eine Klemme für die Bürgerschaft. Doch bekam solches Thun ihm endlich merklich übel, denn Rudolph von Vargila überfiel ihn, schlug und zerstreute sein Heer und nahm ihn selbst gefangen. Zu derselben Zeit befand sich Markgraf Heinrich der Erlauchte auf der Wartburg, ließ in einer dunkeln Sturmnacht deren Thor öffnen, und zog mit einer Schaar tapfrer Mannen, welche zum Theil Sturmleitern und Pechkränze trugen, nicht in der geraden Richtung, sondern in der gegen das einsame Ziegenthal herab, klommen dann bei den Felsen, welche Mönch und Nonne genannt werden an der Rückseite des Berges, darauf der Metilstein thronte, empor, und erstiegen die gar nicht bewachte Rückmauer, nahmen die Besatzung gefangen, und stießend die Burg mit Feuer an. Wie nun die Flammen des brennenden Metilstein schrecklich durch die wilde Mitternacht leuchteten, stießen die Thürmer zu Eisenach in ihre Hörner und lärmten die Bürgerschaft auf - die wollten ihrer Besatzung zu Hülfe kommen, und öffneten das Predigerthor - unterdessen war der Markgraf mit seiner Schaar schon seitwärts herunter, und kam an die Stadtmauer, in deren Nähe das Barfüßerkloster gelegen war, dort hatte er heimlichen Anhang unter den Bürgern, welche des Kriegs und der Fehde schon herzlich müde waren, und die sprachen: Steiget herein in Gottes Namen, wie lange sollen wir dies Ungemach ertragen! - So gewann der Markgraf die Stadt Eisenach, nahm den ganzen Rath gefangen, und verfuhr mit nichten sänftiglich, denn er achtete die Bürger gleich Empörern. Am andern Tage zog er wieder zu Wartburg hinan, nachdem er einigen Herren des Rathes hatte die Köpfe vor die Füße legen lassen, das Oberhaupt aber, und der am treuesten an Sophia hing, den führte er auf die Burg. Droben stand eine Blide oder Steinschleuder, mit der von Zeit zu Zeit ein Felsbrocken hinab nach dem Metilstein geschleudert worden war, die Burg zu speisen. Auf diese Blide ließ der Markgraf Herrn Heinrich Velsbach legen und durch die Lüfte schleudern. Da schrie noch, indem er dahin flog, der treue Mann: Thüringen gehört doch dem Kinde von Brabant! - Hernachmals ist an der Stelle, wo Heinrich Velsbach zerschmetternd niederstürzte, ein Gedenkstein gesetzt worden; wer um denselben dreimal stillschweigend herumgeht, - geht die Sage - bekommt von unsichtbarer Hand einen Backenstreich.

104.
Der Wangenbiß.

Neun Jahre hatte der Thüringer Erbfolgekrieg gedauert, und dem Lande und Volke war viel Weh widerfahren. Und endlich mußten die streitenden Parteien sich doch einigen. Sophia mußte auf alle Ansprüche auf Thüringen für ihren Sohn verzichten, dafür erhielt sie ganz Hessen, und so wurde Heinrich, das Kind von Brabant, der erste Landgraf von Hessen und der Ahnherr und Stammvater der noch blühenden hessischen Regentenhäuser. Auch wurde eine gegenseitige Erbverbrüderung aufgerichtet, daß beim Aussterben eines Hauses, des Thüringisch-Meißnischen oder des Hessischen, die überlebende Linie wiederum das Ganze besitzen solle, deshalb behielten auch beide Lande das alte Stammwappen, den Löwen aus silbernen und rothen Stücken im blauen Felde bei, doch wird der

Nachricht von der Aufrichtung einer solchen Erbverbrüderung auch von mehrern Geschichtschreibern widersprochen, und soll dieselbe erst später erfolgt sein, was zu erörtern die Sage nicht berufen ist. Sie weiß nur, daß der Mark- und Landgraf Heinrich der Erlauchte, Pfalzgraf zu Sachsen, zur allgemeinen Friedensfeier zu Nordhausen ein Prachtturnier anstellte, welches von Fürsten und Rittern und edeln Frauen zahlreich besucht war, und bei dem auch Heinrichs ältester Sohn, Albert mit seiner Gemahlin Margaretha, der Tochter Kaiser Friedrichs II. gegenwärtig war. Markgraf Heinrich der Erlauchte hatte des Länderbesitzes fast zu viel, ohne die mancherlei Ansprüche auf Lande in Oesterreich, auf Neapel, auf Sicilien, daher übergab er seinem ersten Sohne Albert die Oberherrschaft über die Landgrafschaft Thüringen und die Pfalz Sachsen, dem zweiten Sohne aber, Dietrich, das Osterland und Landsberg. Albrecht war ein streitbarer und auch streitlustiger, tapferer Herr, doch ohne geregelte Neigungen, und sein Leben war eine Kette von Kämpfen, erst gegen den eigenen Bruder, dann gegen den eigenen Vater, dann gegen den eigenen Sohn. Dieß, und eine heftige Neigung zu einem schönen und verlockenden Hoffräulein seiner Gemahlin, Kunegunde von Eisenberg, und alles, was in Folge dieser Neigung geschah, wurde Ursache, daß dem Landgrafen Albert von Thüringen schon sehr frühzeitig von Geschichtschreibern der übel klingende Beiname der Entartete gegeben wurde, der auf sein Andenken einen trüben Schatten wirft, welchen Schatten vielleicht die sorgfältigere Geschichtforschung der neuesten Zeit in etwas zu lichten im Stande sein wird. Die Sage aber wird sich das, was sie selbst von ihm und über ihn berichtet, nicht nehmen lassen.

Als Landgraf von Thüringen hatte Albert seine Hofhaltung im Schlosse Wartburg, und dort vergaß er der ehelichen Liebe und Treue gegen seine Gemahlin Margaretha ganz und gar, und lebte nur für Kunegunde von Eisenberg, die ihn mit ihren üppigen Reizen also umstrickt und bezaubert hielt, wie Frau Venus im Hörseelenberge vor Zeiten den Ritter Danhäuser, und ihn also sehr bethörte, daß er seiner tugendhaften Gemahlin das Leben rauben zu lassen gedachte. Nun war ein armer Knecht auf der Burg, dem oblag, täglich mit 2 Eseln Fleisch und Brod aus der Stadt auf die Burg zu schaffen, dem gebot der Landgraf gegen Verheißung eines großen Stückes Geld, sich des Nachts in die Kammer der Landgräfin zu schleichen und ihr heimlich das Genick zu brechen, nachher sollte die Unthat, wenn der Tag komme, dem Teufel in die Schuhe geschoben werden. Wie nun die Zeit da war, daß der Eseltreiber den Meuchelmord an seiner unschuldigen Gebieterin und Landesherrin ausführen sollte, regte sich sein Gewissen, und er bedachte bei sich, daß er, obschon blutarm, doch ehrlicher Leute Kind sei, und was es auf sich habe, eine solche That zu thun. Tödtete er seine Herrin und bliebe, so würde bald genug der Landgraf auch ihn tödten lassen, damit die That verschwiegen bleibe. Tödtete er sie und entfliehe, so würde man um so mehr in ihm den Thäter vermuthen und ihm das Bekenntniß abpressen, dann war sein Tod abermals gewiß. Tödtete er sie nicht, so hatte er des Gebieters Zorn zu fürchten, und an der Ehre, Vertrauter geworden zu sein, hing sein Leben.

Da nun der Eseltreiber die Ausführung der That an vierzehn Tage hinzögerte, wurde der Markgraf ungeduldig und redete ihn wiederum an mit ernstlicher

Frage: Hast Du die Aernte geworben, die ich Dir anbefohlen habe? worauf der Knecht zagend antwortete: Herr, ich will sie baldigst werben. Und noch desselben Abends spät führte ihn die böse Kunne von Eisenberg durch die Frauengemächer in das Gemach, darin die Herrin ganz allein schlief, befahl ihm alles wohl zu richten, und ging dann ihren Weg dahin, wo sie mit Zärtlichkeit erwartet wurde. Der Eselknecht aber fiel am Bette der Herrin auf seine Kniee nieder und weckte sie auf, und sie fragte erwachend: Wer ist da? Da nannte sich der Knecht, und flehte sie an, seines Lebens zu schonen und zu genaden. Sie aber sprach: Was thust Du? Du bist trunken oder unsinnig. Schweigt Herrin und verrathet mich nicht, erwiederte er: rathet vielmehr Euch und mir. Ich habe Befehl, Euch zu ermorden - das kann und will ich aber nimmermehr. Ersinnet Rath, daß wir Beide das Leben retten und behalten! - Gehe hinweg! sprach Margarethe erschrocken, und berufe mir eilend und heimlich den Schenken, Rudolf von Vargila - mit dem will ich mich berathen, was ich beginnen soll. Ehe der Schenke kam, hatte sich Margarethe vom Lager erhoben und ihre Jungfrauen geweckt, die in einem Nebenzimmer schliefen; Rudolph von Vargila, der Haushofmeister, rief seine Hausfrau wach, und in aller Stille versammelten sich diese Getreuen im Zimmer der Herrin, um rasch zu berathen, was in so verhängnißvoller Lage zu thun sei. Schleunige Flucht erschien allen das am meisten anzurathende zu sein, und Margaretha war dazu entschlossen. Sie hieß ihre Jungfrauen alles vorbereiten, indessen sie sich nach dem Schlafzimmer ihrer Söhne begab. Sie hatte deren drei: Heinrich, schon 16 Jahre zählend, Friedrich, nur ein Jahr jünger und Diezmann, zehn Jahre alt. Und sie setzte sich an ihrer Söhne Bette und beweinte ihr Unglück mit heißen Zähren unter großen Schmerzen, aber ihre Diener drängten sie zur Eile, und das sie sah, daß es nicht anders sein konnte, küßte und segnete sie die Söhne und sonderlich küßte sie Friedrich ohne Aufhören und biß ihn aus herzbrechender Mutterliebe heftig in die Wange, daß sie blutete, und wollte auch Diezmann also zeichnen, aber Rudolf der Schenke wehrte es ihr, und fragte: Ich habe Friedrichen gebissen, daß er, wenn er erwachsen, stets an diesen großen Jammer seiner Mutter und an dieses trauervolle Scheiden gedenke. Nun war nur noch die schwere Frage: wie entkommen? Denn das Burgthor war verschlossen, wohl verwahrt und bewacht, und Margaretha mußte aus dem von ihr bewohnten Bau vor in das Ritterhaus gehen, dort befand sich ein Gang, der zum Theil noch heute vorhanden ist und der Margarethengang heißt, der hing hart über der Burgmauer und hoch über dem waldigen und felsigen Abhange nach Westen, dort wurde sie an Seilen und Bändern, welche die Frauen aus Bettlacken geschnitten und fest aneinander geknüpft hatten, hinunter gelassen, mit ihr eine ihrer Jungfrauen und eine Kammermagd und zuletzt auch der Eseltreiber, der als Wegezeiger dienen mußte, und so kamen sie in aller Stille auf den schmalen Pfad, der an der hintern Seite der Burg um diese zieht, und stiegen steil hinab in den Burghain, kamen in die Thalstelle der Silbergräben und gewannen von da aus die waldige Straße, die über Marksuhl und Vacha gen Frankfurt führt. Und gingen noch dieselbe Nacht mit Jammer und Leid bis zur Burg Krainberg, welche damals dem Stifte Hersfeld zugehörte; dort nahm sie der Amtmann willig auf, die Tochter eines Kaiser, und ließ sie andern Tags weiter gen Fulda geleiten. Auch dort wurde sie vom Abte gar ehrerbietig empfangen und dieser ließ sie bis nach Frankfurt geleiten, wo sie wieder die beste Aufnahme fand, und in einem Jungfrauenkloster ein schirmendes Asyl. Aber was sie erfahren und erduldet, und was ihre Seele gelitten, da nagte ihr am Herzen und sie überlebte nicht lange den Tag ihrer Flucht und wurde zu Frankfurt begraben.

105.
Von Friedrich mit der gebissenen Wange.

Nach der Nacht, in welcher Fürstin Margaretha von der Wartburg entkommen war, hoffte der Landgraf, daß früh genug Zetergeschrei ob des Todes der Herrin durch das Schloß gellen werde, es blieb aber still, zu seiner großen Verwunderung. Da sandte er nach dem Eseltreiber, aber die Boten kamen zurück und meldeten, derselbe sei nicht zu finden. Nun ging der Landgraf in die Zimmer seiner Gemahlin, deren Kammermägde zu befragen, ob die Herrin aufgestanden - aber es war keine beihanden. Und so fand er auch Margarethe nicht mehr, und endlich dämmerte ihm eine Ahnung und fiel ihm schwer aufs Herz, obwohl er innerlich froh sein mußte, ohne eine blutige That der nicht mehr geliebten Gemahlin ledig zu gehen. Er bot auch nicht viele Mittel auf, sie verfolgen zu lassen, wol aber sandte er reitende Eilboten an seine Vater und seinen Bruder, ihnen Margarethens Flucht kund zu thun, und verließ Diezmann alsbald sein Schloß Landsberg im Osterland, kam auf die Wartburg, und mußte einen schändlichen Lug hören, den Albrecht ersann, indem er sagte, Margarethe sei mit einem Buben auf und davon, mit dem sie in unehrbarer Vertraulichkeit gestanden habe. Diezmann durchschaute gleichwol das Verhältniß ganz klar, und bat, Albrecht möge ihm Margarethens Kinder anvertrauen, so werde er um so weniger an sie erinnert werden. Das war Albrecht ganz willkommen und ließ es gern geschehen. Den ältesten Sohn nahm sein Vater, Heinrich der Erlauchte zu sich, und die beiden jüngern Diezmann, welcher sich nicht lange zuvor erst mit Helene von Brandenburg vermählt hatte. Landgraf Albrecht aber bekam einen Sohn von Kunne, seiner Kebse, mit der er sich nun förmlich ehelich verband, dieser Sohn hieß Apiz, und der Vater hatte sondre Neigung, dermaleinst diesem und nicht seinen drei ältern Söhnen das reiche Erbe zu hinterlassen, über das er herrschte. Mittlerweile wuchsen seine Söhne heran, und es begannen Zwiespalte zwischen ihnen und ihrem Vater, die um sich griffen wie ein fressendes Geschwür, und aufs neue das Thüringerland, das schon im Erbfolgekriege genugsam gelitten hatte, in Unglück und Verderben stürzten. Am Anfange war das Glück mit Albrechts Waffen. Seinen ältesten Sohn, Heinrich, dem Heinrich der Erlauchte die Verwaltung des Pleisner Landes und dessen Einkünfte übergeben hatte, verjagte Albrecht, der er flüchtig umherirrte, und den Spottnamen „Heinrich ohne Land" mit sich herumtragen mußte. Friedrich der Gebissene wurde seines Vaters Gefangener, und mußte über Jahr und Tag in einem Hungerthurme auf der Wartburg sitzen, bis ihn seine Freunde heimlich und mit List befreiten. Jahrelang setzten sich die Kämpfe heftig fort, und Friedrich nahm, nachdem sein Großvater und sein Oheim gestorben waren, Besitz von den

Landen und war überall voll Zuversicht und freudigen Muthes, daher er auch den Beinamen der freudige erlangte. Markgraf Albrecht aber verkaufte endlich Thüringen für zwölftausend Mark Silbers an den Kaiser Adolf von Nassau, der führte viel schwäbisches und anderes Fremdvolk in das Land, das darin verheerend hauste, aber auch zu Zeiten seinen Lohn dafür bekam. Und als Albrechts Frau Kunne sammt ihrem Sohne Apiz gestorben war, that er seinen Söhnen den Tort an, und heirathete die Wittwe eines Grafen von Arnshaugk, und führte sie auf Schloß Wartburg. Diese hatte eine einzige Tochter, des Namens Elisabeth, ein holdseliges Fräulein, die blieb auf Burg Arnshaugk zurück; diese sah Friedrich der freudige, entbrannte in Minne gegen sie, entführte und heirathete sie; so wurde er nun der Schwiegersohn seiner Stiefmutter, und wenn man will, seines Vaters. Friedrich war stets des von seiner rechten Mutter empfangenen Wangenbisses eingedenk, und ließ nicht ab, seinen Vater zu befehden, wodurch Städte und Dörfer in großen Schaden und Abgang geriethen, absonderlich Eisenach. Endlich gewann Friedrich sogar die Wartburg in einer Nacht durch Ueberrumpelung und fast ohne Schwertschlag, nachdem er sich am Tage über in der schattigen Schlucht mit seinen Mannen verborgen gehalten hatte, die noch das Landgrafenloch heißt, und nahm seinen Vater gefangen, mit dem er dann unterhandelte und der nach Erfurt zog; seine Frau Stief- und Schwiegermutter behielt Friedrich in allen Ehren auf der Wartburg, wohin er seine eigen Gemahlin nachkommen ließ. Diese neue Freudigkeit aber, welche die glückliche Ueberrumpelung der Wartburg Friedrich dem freudigen geschaffen, war nicht von langem Bestande.

106.
Der Taufritt.

Die Bürger von Eisenach hielten zu ihrem alten Herrn, sandten Eilboten an den Kaiser, schlossen die Wartburg wiederum ganz eng ein und schnitten ihr alle Zufuhr ab, was bei der Unzulänglichkeit ihrer Lage auf einem hohen Felsen sehr leicht war. Außerdem war mit stürmen und steinschleudern der hohen Bergfeste nicht beizukommen. In dieser Zeit genaß des Landgrafen junges Ehegemahl, Frau Elisabeth, eines Töchterleins auf Schloß Wartburg, das konnte nicht getauft werden, denn es war kein Geistlicher auf der Burg und auch keiner zu erlangen. Da faßte Friedrich der freudige einen raschen Entschluß. Er erkürte aus der Zahl seiner Mannen zwölf tapfere Kämpen, stieg mit ihnen zu Roß, hieß die Amme mit dem Kinde ebenfalls ein sicher trabendes Rößlein besteigen, ritt mit ihnen bei nächtlicher Weile einen Saumpfad von der Burg nieder, durch das Hellethal, über den Gaulanger, der vor dem Frauenthore lag, und gewann den Thalgrund des Engelsbach oder Sengelbach hinter dem Karthäuserberge, von da aus die Weinstraße und so weiter. Die Reiter waren schon ziemlich weit, als in der Stadt Lärm wurde, die Wächter ihre Hörner erschelleten, und eine Reiterschaar aus dem Nicolaithore hervorbrach, den Flüchtigen nachzujagen, was sie mit großem Lärm und Geschrei that. Wie nun Friedrich mit den Seinen immer rasch vorwärts ritten, schrie das Kind heftig und die Amme hielt ihr Rößlein an. - Was ists? Was fehlt dem Kinde? Warum schreit es? fragte der Landgraf, und riß sein Roß herum. - Herr! erwiederte die Amme: es hat Durst! Es schweiget nicht, es sauge denn. - Wohlan, so halter! rief Friedrich der freudige den Seinen zu. Meine Tochter soll um solcher Jagd Willen nichts entbehren, und kostete es das Thüringerland! Da schaarten sich alle um die Amme, welche das Kind stillte, und waren bereit zum Kampfe auf Tod und Leben, denn sie hörten den Hufschlag der Feinde in ziemlicher Nähe; es kam aber nicht zu einem Kampfe, weil muthmaßlich die Verfolger der Hauptstraße entlang jagten, und Friedrich mit den Seinen zur Rechten derselben Feld- und Waldwege gewonnen hatte. Und so kamen alle nach einem angestrengten Ritte im Schlosse Tenneberg über Waltershausen an, und der Landgraf ließ den Abt von dem nahen Kloster Reinhardsbrunn berufen, der mußte das Töchterlein taufen und dasselbe auch Elisabeth nennen. Als dieses geschehen war, gewann sich der freudige Landgraf Hülfe und Zuzug von seinen Freunden und Vasallen, speisete trefflich aufs neue die Wartburg, und brachte ganz Thüringen auf seine Seite. Darob erzürnte sich der Kaiser Albrecht mächtiglich, wollte Thüringen aufs neue mit Heeresmacht überziehen, wie er die Schweiz zu überziehen drohte, aber da wurde seinem Leben ein Ziel gesetzt durch die Hand seines eigenen Neffen, Johann von Schwaben. Das wandte alle Dinge merklich anders; die Bürger zu Eisenach demüthigten sich vor ihrem rechtmäßigen Gebieter, die Abgefallenen huldigten ihm aufs neue; Uebelthaten und Untreue mußten gesühnt werden; die von den Bürgern in ihrem Freiheitseifer gänzlich zerstörte Zwingburg Klemme mußten sie neu und schön wieder aufbauen. Zu diesen Zeiten starb Markgraf Diezmann zu Leipzig auch durch Meuchelmord, wie der Kaiser, da zog sein Bruder Friedrich der Freudige schnell nach Sachsen, wo noch kaiserliches Kriegsvolk lagerte. Er aber rüstete sich zur Schlacht, ließ sich von seinem Wappner die heraldischen Kleinode der Lande Meißen, Pleißen und Thüringen, den wachsenden Mann und die Hörner mit den silbernen Kleeblättern zugleich auf den Helm befestigen und soll dazu gesprochen haben:

> Heute binde ich auf Meissen,
> Thüringen und Pleissen,
> Und alles, was meiner Aeltern je gewart,*)
> Gott helfe mir auf dieser Fahrt!
> *(*von Gewargemeinschaftliches Besitzthum.)*

Und dann ging in der Gegend zwischen Leipzig und Altenburg, beim Oertchen Lucka der blutige Tanz gegen das Heer des Kaisers los, das meist aus Schwaben bestand, und schmählich in die Flucht geschlagen wurde. Davon entstand ein Sprüchwort, wenn sich einer vermaß, große Dinge zu thun:

> Es wird dir glucke - (glücken)
> Wie den Schwaben bei Lucke.

107.
Das Spiel von den zehn Jungfrauen.

Nach den vielen Kämpfen und Fehden, welche das Thüringerland zu tragen hatte, und in denen die Zeit so unfroh und verdienstlos gewesen, daß auf dem Markte zu Eisenach das Gras eine halbe Elle hoch gewachsen war, kehrte endlich eine bessere Zeit zurück; das Lebend wurde wieder regsamer, und die Freude forderte wieder ihren Antheil an Festeslust und Schaugepränge. Da geschah es, daß am Abend der vor dem Sonntage Misericordias, war der 24ste April des Jahres 1322, die Predigermönche zu Eisenach auf der Rolle, zwischen der Hauptkirche St. Georgen und dem Barfüßer Kloster, ein geistliches Schauspiel aufführten, welchem Friedrich der Freudige mit seinem Hofstaate und vielem Volke als Zuschauer beiwohnte. Den Inhalt des Schauspiels bildete das Evangelium von den 5 klugen und den 5 thörigten Jungfrauen, die Darstellung war gleichsam oratorisch, als durchaus ernstes Singspiel gehalten, obschon vielleicht auch manche Stellen gesprochen wurden. Hierauf traten die zehn Jungfrauen mit einem Lobgesange auf, Engelstimmen geboten Schweigen, Christus lud zu seinem Hochzeitmahle ein. Die Jungfrauen theilten sich in ihre zwei Parteien und führten Wechselreden über die Wahl zwischen himmlischer und Weltfreude; die thörigten hielten ein Mahl, bei dem sie zum Theil entschlummerten. Dann hielten sie, nachdem sie die 5 klugen vergebens um Oel gebeten, einen Umgang auf der Bühne, Oel zu kaufen, was ihnen nicht gelang. Christus erschien als der Bräutigam, winkte den klugen zu seinem Mahl empor; Maria empfing und krönte sie. Engelchöre verherrlichten das Hochzeitmahl. Nun flehten die thörigten Jungfrauen, auch sie aufzunehmen, aber mit Strenge wies sie Christus zurück; sie wandten sich an Maria als Fürbitterin, welche sich auch bewegen ließ, bei ihrem göttlichen Sohne für die glücklichen Sohne für die unglücklichen zu bitten, allein vergebens, vielmehr traten Teufel auf, welche die thörigten Jungfrauen mit einer Kette umschlangen, die nun in die jammervollsten und wehmuthsvollsten Wehklagen in Mark und Gebein durchschütternden Worten ausbrachen, das Haar sich rauften, die Brüste zerschlugen, dem Tage ihrer Geburt und ihren Erzeugern fluchten und unter einem hochtragischen Klagechore in das geöffnete Thor der Hölle von den Teufeln gestoßen wurden. Das fiel dem Landgrafen centnerschwer aufs Herz - sein frommer Glaube an Christi Versöhnungstod und an die Fürbitte Mariä wurde in den tiefsten Tiefen seines Gemüthes erschüttert, und sein Zorn über die zur Schau gelegte gnadenlose Härte, dem er Worte gab, und die Aufregung darüber ergriffen ihn so heftig, daß ihn der Schlag rührte und ihm die Sprache lähmte. Zwar starb er nicht alsbald, aber die freudige Kraft war gebrochen, sein Geist blieb umdüstert, und zwei und ein halbes Jahr nach der Aufführung jenes traurigen Spieles erlag Friedrich mit der gebissenen Wange seinen Leiden.

112

108.
Die Seele in der Helle.

Friedrich der freudige war siebenundsechzig Jahre alt geworden, als er das zeitliche segnete, und im St. Katharinenkloster begraben wurde. Er hinterließ nur einen Sohn, auch Friedrich geheißen, den die Geschichte später den ernsthaften nannte, und jene Tochter Elisabeth, die der Vater in der Nacht von der Wartburg gen Schloß Tenneberg brachte, und die sich hernachmals mit dem Enkel Sophia's von Brabant, dem Urenkel der heiligen Elisabeth, Heinrich II. von Hessen vermählte. Noch stand der alte Glaube unerschüttert, und die Lehre vom Fegefeuer, von Orten sündenabbüßender Qualen, die aus grauen Zeiten her in dieser Gegend ganz besonders als vorhanden geglaubt wurden, hatte noch volle Geltung. Jedem der aus den Fenstern des Wartburgpalastes nordostwärts blickte, stand des Hörseelenberges oft majestetisch grauenvoll erscheinende Sarggestalt vor Augen, und die Kunden vom büßende Todtenheere unter Frau Holle's Führung, von der in Flammen sich läuternden Seele des Gemahles der Königin Reinschwig, von der aus Gluthen emportauchenden Seele des eisernen Landgrafen waren noch keineswegs vergessen. Daher regte sich im Gemüthe des Sohnes Friedrichs des freudigen derselbe Wunsch, den Ludwig der Milde empfunden und nachgegeben hatte, es verlangte ihn zu erfahren, wie es um seines Vaters Seele stehe. Da berief der Landgraf einen Meister der schwarzen Kunst, und dieser offenbarte ihm, daß seines Vaters Seele im Fegefeuer Pein leide in dem Grunde hinter der Wartburg unter dem hintersten Thurme. Sonach verlegte die alte Sage den Fegefeuerort unmittelbar in die Nähe der Wartburg, und just seitab von der hintern Seite derselben zieht sich der grüne Grund, welcher noch heute das Helltahl heißt, hinab bis an die sogenannten Thränenteiche. Bei vielen bedeutenden Burgen aber findet sich die schaurigste Stelle hinter dem schroffsten Mauerabhang „die Hölle" geheißen, so unter andern beim Kynast. Im Mittelalter schrieb man niemals Hölle, sondern stets Helle, hergeleitet vom Begriffe eines flammenden Feuers, und ebenso war der Begriff vom letztern und dem der Hölle identisch, daher hatte der Teufel allerlei damit zusammenhängende Namen, als Hellebock, Helljäger, Hellemohr, Hellrabe, Helledrache, Hellrüde (Höllenhund), Hellewolf, Hellewirth, Hellewurm u.a. Und so reicht in die Geschichtssagen von der Wartburg immer wieder der Dämonenschutz herein, der in eigenthümlicher Weise sich innerhalb dieses bergigen Gebietes seßhaft gemacht hatte, und noch in mehr als einer Sage wiederkehrt.

109.
Die verfluchte Jungfer.

In den dämonisch-mythischen Sagenkreis der Eisenacher Gegend gehört auch die „verfluchte Jungfer." Eine Felshöhle ziemlich hoch über der linken Wand des Marienthales wird vom Volke seit uralten Zeiten „das verfluchte Jungfernloch" genannt. Einst soll zu Eisenach eine Jungfrau gelegt haben, von übergroßer

Schönheit, aber auch von übergroßem Stolze, Hochmuth und prunksüchtigem Weltsinn. Stets putzte sie sich, und strählte, gleich der Lurelei am Rhein, ihr goldenes Haar mit goldenem Kamme, vergaß und versäumte darüber sogar des Gottesdienstes, denn sie wurde nicht fertig mit strählen, Zöpfe flechten, Geschmuck und Geschmeide anlegen, und da ihrer frommen Mutter dieses Thun ein Gräuel war, Bitten und Ermahnungen aber gänzlich fehl schlugen, so hat die Mutter diese Tochter in den Stein verwünscht, bis ihr Gott helfe. Dort ist sie nun in die Felshöhle gebannt, vor der kein Gras wächst, und läßt sich zu Zeiten sehen; manche sagen nur alle sieben Jahre, andere gar nur alle hundert Jahre. Zu Zeiten ist ein rothes Hündlein bei derselben erblickt worden. Man sieht sie droben sitzend oder stehend und immer weinend, auf Erlösung hoffend, die nur dadurch bewirkt wird, daß jemand ihr, der zwölfmal Nießenden, zwölfmal hinter einander ein „Gott helf!" zurufe. Dazu hat leider noch niemand die Geduld gewonnen. Ein Fuhrmann brachte es wirklich bis zu eilfmal, als sie aber zum zwölftenmale nießte, schrie er im Fuhrmannszorne: Ei, wenn Gott Dir nicht helfen will, so helf Dir der Teufel! - Da that die verwünschte Jungfrau einen lauten Schmerzensschrei und verschwand. Vielfach gehen noch andere Sagen von ihrer Erscheinung um. Eine Schaafherde wurde von ihr so geschreckt, daß sie sich wild zerstreute und an vierundzwanzig Schaafe sich von den steilen und schroffen Felsklippen herab zu Tode fielen. Einer Hirtenfrau erschien die Jungfrau, und ließ sich von derselben das Haar strählen, wollte sie auch gut dafür belohnen, und hatte sie schon in ihre Höhle geführt, die voller Schätze war, gleich der Höhle im Schlosse Xsara, aber da schreckte sie ein großer Hund mit feurigen Augen, daß sie laut aufschrie, weil sie glaubte, der Hund werde sie beissen - da verschwanden Jungfrau, Schätze, Hund und Höhle mit einemmale, und die Frau stak in einer Dornenhecke, aus der sie sich mühsam befreien konnte. Ein im Walde verirrtes und durch ein Vöglein verlocktes Kind schirmte die verfluchte Jungfrau, gab ihm Nahrung und deckte es zu, wenn es schlief. Erst nach acht Tagen fand es der Vater wieder, und es war frisch und gesund. Eine weiße Jungfrau - sagte es, sei zu ihm gekommen, habe ihm zu essen und zu trinken gegeben, und es zugedeckt. - Hinter der Frauenburg, vor welcher am Bergesabhang die Jungfernhöhle liegt, quillt eine Quelle, aus dieser trank einmal ein armer Leineweber aus Eisenach, da warf das Wasser mit einemmale einen Klumpen Silber heraus, den nahm der Leineweber und trug ihn in die Stadt zum Schlosser Rauchmaul, der zahlte dem Leineweber fünfzig Thaler für den Fund und bewirthete ihn noch obendrein, und schänkte ihm so lange zu trinken ein, bis jener den Ort ausplauderte, wo er das Silber gefunden. Nun gingen beide mit einander zu dem Silberborn, und siehe, es lag wieder so ein Klumpen da, und der Schlosser zahlte seinem Freude die Hälfte des für den ersten gezahlten Geldes, aber heimlich dauerte und reute ihn das schöne Geld; er mochte das Silber gern umsonst haben, und wo möglich recht viel. - Daher verfügte er sich andern Tages bei guter Zeit ganz allein zu dem ergiebigen Brunnen, aber die verfluchte Jungfrau hatte den Quell mit einem seidenen Wams verstopft, und so floß er nicht mehr, und weder der Schlosser, noch andere, die dort herum hackten und schaufelten, fanden jemals wieder einen Gran Silbers. Nur dem tiefen Grunde, der sich von der Quelle des Silberhorns absenkt, zwischen der Wartburg, der Viehburg und der Hollunder, blieb der Name: Die Silbergräben, weil man in selbigen niemals Silber ergrub. Lucus a non lucendo.

110.
Mönch und Nonne.

Am südwestlichen Abhange des alten Burgberges Metilstein, der heutzutage Mädelstein genannt wird, ragen zwei nahe beisammenstehende Felsen hoch und vereinzelt empor, diese heißen Mönch und Nonne. In einem Kloster zu Eisenach lebte ein junger Mönch, und in einem andern eine Nonne, mögen etwa der Mönch ein Karthäuser, und das Nönnlein in St. Katharina gewesen sein, die liebten einander, obschon niemand zu sagen weiß, wo sie einander zuerst gesehen, und wie sich ein Einverständniß zwischen ihnen entsponnen. An einem Abende aber entwichen laut Verabredung beide heimlich aus ihren Klöstern, ob nur auf ein kurzes Stelldichein oder ob für immer, das meldet wiederum die Sage nicht. Vielleicht hatten sie nicht den Willen, wieder in die Klöster zurückzukehren, und haben dieß auch nicht gethan, vielmehr fanden sie sich an einer einsamen Stelle hinter dem Metilstein und standen da gar lange beisammen auf einer Stelle und küsseten einander, und stehen noch immer daselbst, denn sie wurden in hohe Steinfelsen verwandelt, die von weitem gesehen, immer noch zwei riesigen Menschengestalten ähneln, welche sich gegen einander zum Kusse neigen.

111.
Hilten der Mönch.

Im Kloster der Barfüßer zu Eisenach lebte ein frommer Mönch, des Namens Johannes Hilten, dem war die Gabe der Weissagung eigen, es ging ihm aber damit, wie das Sprichwort sagt: Der Prophet gilt nichts in seinem Vaterlande; und zumal mißfiel er sehr, als er eine Veränderung in der kirchlichen Lehre von der Kanzel vorhersagte, und den Klöstern eine wenig tröstliche Zukunft verhieß. Das Barfüßerkloster zu Eisenach werde einem Lustgarten weichen, das Kloster zu Weimar ein Zeughaus werden, das zu Magdeburg ein Schulhaus, das zu Wittenberg ein Kornhaus. Solche Prognostica über die Zukunft dieser und anderer Klöster mißfielen dem Abt und Convent, und als Hilten nicht aufhörte zu prophezeihen, und unter andern vorbrachte, im Zeichen des Löwen werde ein Eremit erweckt werden, der werde mächtiglich rütteln am päpstlichen Stuhle, so warf man ihn in ein scheusliches Gefängniß voll Stank und Moder, und obschon er flehentlich bat um eine erträglichere Custodie, erhielt er sie doch mit nichten; darauf prophezeihete er noch härter, in fünfzehn Jahren werde sich ein Held erheben, der werde die Mönche scharf anfassen, und sie würden ihn nicht, gleich ihm, fesseln und einkerkern können, und dann ist er gestorben.

Und gerade als fünfzehn Jahre verflossen waren, kam, im Jahre 1498, auf die Schule zu Eisenach ein fünfzehn Jahre zählender Schüler, der ersang sein Brod vor den Thüren, und es nahm ihn eine andächtige Matrone an ihren Tisch, das war Frau Ursula Cotta, des Rathsherrn Conrad Cotta hinterlassene Wittwe. Und als aber fünfzehn Jahre verflossen waren, ging derselbe vormalige Schüler aus dem Augustinerkloster zu Wittenberg als ein Bruder und schlug an die Schloßtür daselbst seine Sätze an. Damals herrschte zu Rom Papst Leo X., das war Hiltens Löwe, und der Eremit war Hiltens Held, Doctor Martin Luther. - Nach Hiltens Tode hat man ihn hoch geehrt, und ihm zu Eisenach ein Denkmal aufgerichtet.

112.
Junker Jörg.

Der heilige Ritter Georg, der Drachentöter, war der Schutzpatron des Schlosses Wartburg, der Stadt Eisenach und ihrer schönsten Kirche. Und es geschah, daß eines Abends ein Mann auf die Wartburg gebracht wurde, der kam im Geleite des Amtmannes daselbst, Hansen von Berlepsch und des Ritters Hans von Wenkheim, der im Schlosse zu Altenstein drüben vor dem Walde saß. Die beiden Edeln hatten mit reisigen Knechten den Mann gefangen genommen, als derselbe über Altenstein durch den Wald nach Waltershausen zu zu reisen im Begriff war, und hatten das gethan auf Befehl ihres Herrn des Kurfürsten von Sachsen. Auf der Wartburg wurde dieser Mann in einem Zimmer des Ritterhauses gut gehalten, trug ritterlich Gewand und ein Schwert, und ward Junker Jörg geheißen. Es schien aber besagter Junker Jörg mehr ein Gelehrter, denn ein Ritter, denn er blieb in seinem Gemach, wie der gefangene Sankt Paulus zu Rom in seinem Zimmer und übersetzte als ein Drachentödter mit dem Schwerte des Geistes die dem Volke von der römischen Klerisei vorenthaltene Bibel, das Wort Gottes, in die deutsche Sprache. Dabei machte ihm der Teufel, wie die Sage geht, allerlei Spuk und Gerümpel, rappelte in einem Sacke mit Nüssen, aber der gelehrte Ritter kehrte sich nicht daran und sprach: Bist Du's, so sei es! Einmal aber umsummsete der Teufel den eifrig seiner Arbeit obliegenden Junker Jörg in Gestalt einer großen Brummfliege allzusehr, so daß dieser zornig ward und sein Tintenfaß nach ihm warf. Davon wurde an der Wand nächst dem Ofen ein großer Flecken, der immer wieder zum Vorschein kam, so oft man auch die Wand überstrich, und am Ende wollten viele davon etwas zum Andenken mitnehmen, und bröckelten den Kalk ab, und da ist zuletzt aus dem Fleck ein Loch geworden. Dem frommen und fleißigen Junker Jörg wurde ein ehrbarer Knecht, ein verschwiegener Reitersmann, beigegeben, der wenn der Junker einmal ausritt, mit ihm ritt, und dessen treue reiterische Einreden und Verwarnungen der Junker hernachmals oft rühmte, weil ihm der Reiter verbot, in Herbergen, sobald er dahin kam, sein Schwert abzulegen und alsbald über die Bücher zu laufen - damit man ihn nicht gleich den Schreiber und Gelehrten ansehe. So ist der Junker da und dort hingekommen zu seinen Freunden, unter andern nach Marksuhla, und haben ihn in seiner ritterlichen Verkleidung und seinem starken Barte nicht erkannt. Im Kloster Reinhardsbrunn aber erkannte ihn ein Conventuale, und wollte das weiter sagen, da drängte der Reiter zum Aufbruch und gab vor, sein Junker müsse Abends bei angestellter Verhandlung sein, und brachen beide eilends auf und zogen auf Schloß Wartburg. Als aber in Wittenberg und andern Orten die Rott- und Schwarmgeister sich aufrüttelten, und der Thomas Münzerische und der Bauernaufruhr losbrachen, da hielt es den Junker Jörg nicht mehr in der stillen Wartburgzelle, sondern erhob sich eilend gen Wittenberg, und kämpfte auch gegen jene gräulichen Drachen ritterlich und beharrlich, und war wieder, der er zuvor gewesen: Doctor Martin Luther.

113.
Erscheinungen in und um Eisenach.

Alle sieben Jahre erscheint im alten Waisenhause, welches früher das Katharinenkloster war, gleich der verfluchten Jungfer, eine weiße Frau in Nonnentracht, welche dreimal tief aufseuzt und die Hände zum Gebet erhoben hat. Sie verwandelt eine gewisse Stelle, wo ein Schatz verborgen liegt, und geht dann nach den Gärten, wo sie sich verliert. Der alte Waisenhaus-Inspektor Limbrecht, Verfasser des Büchleins, „das lebende und schwebende Eisenach," meldete von dieser Erscheinung, daß sie kurz zuvor, ehe er in das Waisenhaus als Inspektor gekommen, sich gezeigt habe.

Auf dem Predigerplatze, wo nach der Rest der ehemaligen Predigerklosterkirche steht, und zu einem Wagenschoppen dient, wird zu Zeiten Mitternachts ein seltsam gekleideter Zwerg erblickt. Er geht die Gasse nach dem Markte schweigend vor, und verschwindet dort, ohne daß jemand näheres über seine Erscheinung zu sagen weiß.

Auf einem der Marktplätze in Eisenach liegt ein gewisser Stein im Pflaster; wenn nun eine Jungfrau zufällig diesen Stein betritt, so wird sie noch im selben Jahre Braut, und wenn eine unversehens Braut wird, daß die Leute sich darüber wundern, so heißt es: die muß auf den Marktstein getreten haben. Aber niemand kennt den Stein, sonst wäre er längst abgetreten.

In Auerbachs Garten zu Eisenach, wenn derselbe noch so heißt, steht in einer Laube ein Schatz. Ein Kind fand dort am hellen Mittage einen großen Haufen Knotten, nahm eine Handvoll davon mit nach Hause, und da fanden sich die Knotten in eitel Goldküglein verwandelt; gab eine herrliche Schnur um den Hals des Mägdleins. - Einem Mann träumte zwei Nächte hintereinander, er finde den Schatz; darauf ging er hin - suchte, grub ein wenig, und war auch so glücklich, einen Topf sammt Deckel aus der Erde herauszugraben, nur Schade, daß es ein wohlgefüllter Nachttopf war. Wüthend warf er diesen gegen die Mauer - da glänzte plötzlich die Mauer an jener Stelle, an der der Topf zerfahren war, wie von massivem Golde. Der Schatzfinder eilte freudig hin, aber da verschwand sichtbarlich vor seinen Augen die goldene Herrlichkeit und war wieder die alte Unsauberkeit.

Ein Eisenacher Bürger, Namens Balthasar Meisekopp, ging einmal Nachts durch die „Moosbacher Hölle" - ein düsteres Waldthal nahe beim Dorfe Moosbach, da gewahrte er eine spukhafte Feuererscheinung in Gestalt einer Kuh, die ihm entgegen kam. Er hub ein Stoßgebet an und schlug drei Kreuze, da verschwand die Kuh und an ihrer Stelle stand eine alte Birke, die er nie zuvor erblickt hatte. Er ging einigermaßen verzagt an diesem Baume vorüber, und sah sich furchtsam um. Weg war die Birke, und da wo sie gestanden hatte, erblickte er eine Hexe, die auf einer Ofengabel reitend, rasch vorüber ins Buschwerk fuhr.

Zwischen Eisenach gegen Moosbach erstreckt sich ein kleiner Zug von Berghöhen, über dem Engelsbach die Göppelskuppe mit dem Gänsekopf, dann die kalte Staude (nicht Stute), dann der heilige Berg, in dessen Nähe der Drachenstein sein stattliches Haupt erhebt, unter ihm die weitgehende Waldung der Asburg oder Aschburg und der hohe Wachstein. Mancher mythische Namensanklang. Fast überall, wo Nachhalle der alten Siegfriedsage oder der mit ihr verschmolzenen St. Georgslegende, und wo St. Georg, wie in Eisenach Schutzpatron war, fehlt es der Umgegend nicht an einem Drachenstein, Drachenfels oder Drachenberge.

Am Brodrain bei der Moosbach sieht man zu Zeiten ein großes brennendes Faß von der Bergspitze bis herab auf den Steg kollern. Offenbar auch ein sagenhafter Nachhall (wie das Eisenacher Sommergewinnen) der Erinnerung an das Julrad der altheidnischen Vorfahren. Auf der erwähnten „kalten Staude" erscheinen gespenstige Rehe und dergleichen Hunde mit spitzen Köpfen, feurigen Zungen und schlanken Beinen. Von einer Felsenquelle am Hanstein (Hainstein) über Moosbach geht die stets wiederkehrende Wasserjungfrauensage.

114.
Spukende Thiere.

Sagen von spukenden Thieren, wie die feurige Kuh in der Moosbacher Hölle, sind in Thüringen nicht selten, vielleicht aber nirgend häufiger auftretend, als in der Ruhl, d. h. in dem Stadtflecken Ruhla nach neuer Schreibweise. In Ruhla durchwandelt zunächst der Bier-Esel bei nächtlicher Weile die Gassen, und hockelt sich den Männern auf, die spät Nachts vom Biere heim gehen. Einige nennen ihn auch den „wilden Esel." Bisweilen wälzt er sich und schreit, wie Esel zu thun pflegen. Am Kirchberge, darauf ehedem eine alte Kirche stand, sah einst ein Schleifmüller eine schneeweiße Gans vor sich her watscheln. Er gedachte dieselbe zu fangen, und glaubte, sie sei aus dem Orte in den Wald gerathen - aber wie er auch nach ihr fing, stets entging oder entflog sie seinen Händen - bis sie ihn so weit gelockt hatte, daß er sich plötzlich auf dem Hausfelde sah, einem verrufenen Spukorte. Am Berner, einem großen Waldberge, sah in der Nähe eines verfallenen Stollens ein Mann drei Spitzhunde aus dem Grubenloche herausfahren, dann kamen drei Pudel, dann drei Dachshunde, die jagten einander im Kreise rund herum, und verschwanden dann. Drei mal ist diese Erscheinung von jenem Manne erblickt worden, und jedesmal in der Mittagsstunde. Ein anderer Mann hat auf dem

Kreuzwege auf dem Ringberge, des Berners nächstem Nachbar, drei Hunde ohne Jäger jagen sehen, auch ist dort ein Schwarm von Nebelgestalten und ein Leichenzug zum öftern erblickt worden. Sagenhafter Nachhall vom Todtenheere des Wode. Ueber dem Dörfchen Thale, ohnweit Ruhla, liegt am Schloßberg ein „Holde-Stein." Auf dem Berner, auch auf dem Mühlrain fährt oft das wüthende Heer mit allen seinen Hunden und Ungethümen überhin, wenn es aus dem Hörseelenberg und über den hohen sagenreichen Wartberg (nicht mit Wartburg zu verwechseln) gezogen kommt. Am Ringberge ist ein Fels, der Reinzers oder Ringbergstein, darauf sitzt der wilde Jäger auf dem Anstande, wie auf dem Elbelsteine bei Mila der gespenstige Hölzerkopf. Er trägt die Tracht der Zeit des dreißigjährigen Krieges.

Am Gallert-Raine wird manchesmal bei Nacht eine Gluckhenne mit ihren Küchlein um eine Schüssel gesehen, aus der sie gackernd und piepend Körner fressen. Wer von den Körnern stillschweigend etwas mitnimmt, findet es daheim in Gold verwandelt.

Am Singrain geht ein weißes Schaaf oder Lamm um.

115.
Von der Ruhl.

Der Ursprung des bedeutenden Ortes Ruhla oder die Ruhl, er tief zwischen waldige Berge in langer Ausdehnung eingebaut ist, reicht in ziemlich frühe Zeit hinauf. Waffenschmiede sollen im eilften Jahrhundert aus Eisenach, dessen Namen man von Eisen ableiten will, weg, und in diese Thalenge gezogen sein, wo der rollende Bergbach „die Ruhl" zu Schmieden und Hammerwerfen sich ganz geeignet zeigte. Der ganze Ruhler weitausgedehnte Forstdistrikt soll früher ohne Waldung gewesen sein, und man habe die Berggelände zum Weinanbau benutzt, was uns jetzt kaum glaubhaft bedünkt. Im Ringberge wollte man noch vor hundert Jahren die Grenzraine der Weinberge von zusammengetragenen Steinen erblicken. Das alles klingt nicht glaubhaft. Besser zu glauben ist die örtliche Ueberlieferung, daß zuerst Köhler sich angesiedelt, von denen die Kohlengasse den Namen trage, dann Hammerschmiede und Bergleute, die haben in der „alten Ruhl" gewohnt. Später brachten zwei Messermacher aus Ungarn ihre Kunst in die Ruhl, die sich zu großem Flor erhoben, dann kam die Pfeifenkopffabrikation. In früheren Zeiten grub man am Berner, am Wasserberge und hinter dem Kaiserberge vieles Eisen, auch fand man Steinkohlen und am Wartberge (Martberge) Silber und Kupfererz, ja sogar Gold. In Urkunden um das Jahr 1216 heißt der Ort Ruhla, Rupoldis. Jene Schmiede, in welcher Ludwig der Eiserne, der Sage nach, hart geschmiedet wurde, war vor hundert Jahren ein Zainhammer, lag fast mitten im Orte und gehörte damals dem Kaufmann Johann Hermann Malsch. Viele wollen den Ortsnamen „die Ruhl" von „Tirol" ableiten, und den Ort durch Einwanderer aus jenem Lande bevölkern lassen, was keine Wahrscheinlichkeit für sich hat. Nach alten Chroniksagen kamen zuerst Bergleute vom Harz in den Thüringerwald, und legten Hüttenwerke in den Niederungen um dem Fuß des Inselsberges an, so in Cabarz, Tabarz, Brotterode, Steinbach bei Liebenstein, und Ruhl. In den letztgenannten drei Orten ist die Sprache in ihrer dialektischen Form sehr eigenthümlich mit vielen rein erhaltenen mittelhochdeutschen Lauten. Nach hohem Alter des Ortes deutet in der Ruhl ein Jugendspiel, daß sogenannte Laubmännchen, die alte Gewohnheit der Laubeinkleidung zum Zweck symbolischer Feier der Frühlings- oder Sommerwiederkehr, die sich in Thüringen nur sehr vereinzelt findet. Der Ruhler Boden ist ungemein sagenreich, Sagen und Geistern, Gespenstern, Schätzen, Wundermännern, Hexen, Croaten und sonstigen Trägern der Volkssage fanden dort eine vom Glauben und den Neigungen des Volkes bevorzugte Heimath.

116.
Das Alp.

Zu einem Manne in der Ruhl kam allnächtlich das Alp und drückte ihn ganz erbärmlich. Er klagte seine Leiden einem kundigen Freunde, und der gab ihm den Rath, er möge sobald er im Begriffe sei, zu Bette zu gehen, alsbald sein Schlüsselloch verstopfen, denn durch dieses ziehe sich das Alp in das Zimmer, sei so dünn und so leicht wie eine Flaumfeder und werde dann dick und schwer, und drücke einen wie Blei, daß man vermeine die Seele müsse einem ausfahren. Sei das Alp, wenn das Schlüsselloch verstopft werde, noch drausen außerhalb der Schlafkammer, so könne es nicht hinein und der Schlafende habe Ruhe - sei es aber schon darin, so müsse es sich sichtbar zeigen. - Der Geplagte probirte dieß Stücklein, verstopfte vor Schlafengehen das Schlüsselloch, und siehe, - auf seinem Bette saß sichtbar und leibhaftig das Alp, eine Frauengestalt in feiner Kleidung, in einem weißen Schleier, und von besonderer Schönheit - aber dabei von sehr ernsten Zügen. Dieses Alp gefiel dem Ruhler, und er behielt es bei sich, und lebte mit ihm, als mit einer Frau - aber gleichwohl, wenn sie auch des Mannes Liebkosungen duldete, lachte sie niemals und bat nur immer, er möge das Schlüsselloch öffnen, denn selbst dürfe und könne sie dieß nicht thun, und wie sie herein gekommen sei, so müsse sie auch wieder hinaus. Das schien dem Manne aber gar nicht glaubhaft, daß eine erwachsene Frauensperson, wie sein gefangenes Alp, durch ein Schlüsselloch schlüpfen könne, und so nahm er einst ganz unvermerkt den Stoff, mit dem er das Schlüsselloch verstopft hatte, hinweg - und da wurde die Gestalt des schönen ernsten Frauenbildes immer kleiner und kleiner - und endlich war sie nur noch ein schwebendes Federchen - nach welchem der Ruhler eifrig haschte, aber völlig fruchtlos. Mit einemmale näherte sich das Federchen dem Schlüsselloche und zog hindurch - und kam niemals wieder.

117.
Hüthchen unterm Wackelstein.

In einem Hause in der Ruhl lag ein großer rundlicher, abgeplatteter Stein; trat man auf ihn, so wackelte er und schwappelte er. Unter diesem Steine wohnte ein Hüthchen, wie man in diesem Theile Thüringens die Wichtlein zu nennen pflegt. Die Besitzer des Hauses wurden reiche Leute. Sie ahneten nicht, daß sie ein hülfreiches Hüthchen im Hause hatten, und eines Tages kam dem Manne der Gedanke, es sei doch unangenehm, daß der Stein im Keller so wackele und schwappele, wenn man drauf trete; er wolle ihn tiefer legen und fest keilen. Zu dem Behuf mußte der Stein erst gehoben werden, um unter ihm eine tiefere Oeffnung zu machen, das ging aber nicht so leicht, als der Wackelstein hatte erwarten lassen, es ging vielmehr sehr schwer, denn das Hüthchen hielt ihn fest. Endlich that der Mann einen Fluch, etwa Schockschwerenoth, oder Kreuzmohrendonnerwetter! Und da that es unter dem Stein einen lauten Schrei, wie von einer Kinderstimme, und der Stein war gehoben, und unter ihm lag, so schien es, ein todtes Kind - aber es schien nur so, denn wie man mit Händen zugriff, war die Erscheinung des Kindes hinweg. Nun werde der Stein recht fest geteilt, und wackelte nicht mehr. Der gute Mann aber wurde bald genug gewahr, daß er sich sein Glück verkeilt hatte, denn es traf ihn nun Unfall auf Unfall, er kam zurück, gleich jenem Bauer im Dorfe am Hörseelenberge, und nie wieder auf einen grünen Zweig.
In einem andern Keller zeigt sich bisweilen eine silberne Kanne voll Goldstücke, aber ein großer schwarzer Pudel bewacht den Schatz.

118.
Geisterspuk in und bei der Ruhl.

Zu Ruhla hat einmal ein Pfarrer gelebt, der hieß Feuchter, von dem geht mehr als eine Spuksage. Seine Frau, die er sehr liebte, starb ihm, und er that den Schwur bei ihrer Leiche: Wenn ich je eine Andere heirathe, so will ich das Reich Gottes nicht schauen. Solcher Schwüre haben schon mehrere Männer gethan, und doch wieder geheirathet, und der Pfarrer Feuchter heirathete auch wieder. Er war aber noch gar nicht lange zum zweitenmale verheirathet, als er starb, und gleich nach seinem Tode begann er gräulich zu spuken, denn er konnte nicht zum Frieden des Reiches Gottes kommen. Da ließ seine Wittwe Jesuiten kommen, welchen die Sage insgemein das Amt der Pöpels- oder Popanzträger beilegt; die zitirten den Geist in der Geist in der Kirche im Beisein seiner Wittwe, die ihn dreimal bei seinem Taufnamen rufen mußte. Sehr zornig erschien er, und weigerte sich entschieden, in den Sack zu kriechen, darinnen er fortgetragen werden sollte. Endlich ließ er sich durch die Macht des Exorcismus willig finden, und bot seiner Frau die Hand zum Abschiede. Diese war aber gewarnt und schlug nicht ein, sie hielt ihm blos ihr Sacktuch hin, das lohte alsbald in hellen Flammen auf. Nun trugen ihn die Pöpelsträger im Sacke von dannen, und bannten ihn in die Gallert, ein Thal, das nach Etterwinden zu liegt. Dort spukte er schrecklich umher, hielt den Schubkärr-nern die Schubkarren auf, wenn es bergan ging, und schob daran, wenn es bergab ging; theilte mit unsichtbarer Hand Maulschellen aus, und trieb es so arg, daß die Teufelsbanner nochmals kommen mußten. Da schrie der Geist einen derselben an: Pfaff, Du willst mich bannen! Hast Du nicht heute erst aus einem Acker eine gelbe Rübe gestohlen, meinen Hunger zu stillen - aber ich habe dafür einen Gro-schen in das Loch geworfen. Und nun wurde Feuchters Geist zum andern male gebannt, manche sagen in das alte Liebensteiner Schloß, andere nennen das „fin-stere Loch" unterm Hohebruch hinter Wilhelmsthal, und noch andre den Schilder-stein oder Schillkopf in derselben Gegend.

Am Reifsteig wird bisweilen ein sehr großer Mann erblickt, der ein Gesicht hat wie Flor. Er neckt und schreckt die Wanderer, wenn sie auf das dort wachsende Irrkraut getreten haben. - Am Häsel, einem Theile des Kirchberges, hält ein gespenstiger Schulmeister mit Kindern Schule, auch begleitet er gespenstige Lei-chenzüge, und man hört von trauervollen Stimmen das Lied singen: „Ein Würm-lein bin ich, arm und klein," ec. Auch liegt am Reifsteig eine große Waldwiese, „die Reifsteigshalde." Von dieser geht die Sage, daß man sie an einem gewissen Tage nicht finden könne.

Am Rittersberge, beim Gehöft Hucheroda, nahe bei Thal reitet ein spukender geharnischter Ritter auf einem kohlschwarzen Rappen. Eine Gasse in der Ruhl selbst heißt noch die Rittersgasse, dort quillt auch der „Rittersborn" - ein Ritter soll an demselben erschlagen worden sein, und noch umgehen. (Siehe Sage 119.) Ebenso läßt sich bisweilen ein Reiter ohne Kopf blicken, der mit wildem Spu-klärm die Straße auf und ab trabt.

119.
Spukende Mönche und weiße Jungfrauen.

Am Mühlraine bei der Ruhl liegt eine Waldwiese, die heißt „der Mönch." Dort sieht man zum öftern einen gespenstigen Mönch wandeln. Ein solcher wandelt auch am Wasserberge, und läßt sich am hellen Mittag sehen. Er geht um den Schwarzenberg herum, dann durch die Straße am Wasserberge herunter, bis zu einem gewissen Hügel, den er dreimal umwandelt, und dann verschwindet. Glaubwürdige Leute haben ihn gesehen, und großes Grauen bei seinem Anblick empfunden.

Am Engesteig ohnweit Wagners Teich liegt die „Klosterwiese," auch Herrenwiese und Kellerwiese genannt. Dort soll ein Kloster oder eine Wallfahrtskirche gestan-den haben, von der noch einige Trümmerreste vorhanden sind. Von dort geht ein noch gut erhaltener gepflasterter Weg durch den Wald nach dem ehemaligen Klo-ster „Weissenborn" bei Thal. An alle den Stellen, wo andere Pfade diesen Stein-weg kreuzen, ist es nicht geheuer; es spuken da Mönche, Leichenzüge, Hunde theils schweigend, theils aber auch mit Lärm durch die Lüfte brausend, und mit furchtbarem Stimmengetöne. Auf der Klosterwiese zeigt sich nicht selten eine weiße Jungfer, hauptsächlich erscheint sie Bräuten, und winkt ihnen, näher zu kommen, um einen Schatz zu heben. An einem goldenen Sonntag pflückte eine Frau aus Ruhla auf der Klosterwiese eine prächtige Blume, und legte diese in ihren Schoos. Als sie dieselbe wieder erfaßte, war ein rostiger Schlüssel aus der Blume geworden, und der Frau gegenüber zeigte sich ein altes Gewölbe mit einer Thüre. Diese würde der Schlüssel erschlossen haben, aber die glückliche Finderin, die ein Goldsonntagskind war, war zu zaghaft. Der Schlüssel blieb jedoch lange in ihrer Familie, dann kam er nach Eisenach, dann in meine Hand. Er ist von Eisen und hat einen doppelten Kamm. -

Einmal sahen drei Bursche am Dreifaltigkeitssonntage mitten auf der Klosterwiese in der Mittagsstunde und im hellen Sonnenschein einen schön geschmückten Altar, darauf Crucifix, Monstranz, goldene Abendmahlskelche und silberne Altarleuchter, darauf halbverbrannte Wachskerzen. Sie riefen einige begegnende Freunde laut an, dorthin zu blicken, aber in demselben Augenblicke verschwand alles. Auf oder an der Klosterwiese entspringt ein klarer Quell, der „Klosterborn," auch der „Glockenborn" genannt, an ihm hat schon mehr als einer die Wunderblume blühend gesehen, aber auch und zwar gewöhnlich Nachmittag um 4 Uhr, in der Tiefe läuten gehört. Auch hat man dort genannte „Sonnenpfennige" gefunden.

Ein Wildwächter hörte in der Klosterecke in einer sternenhellen Nacht einen fürchterlichen Sturm brausen, und sah, wie mehrere Bäume krachend zusammenbrachen. Als er aus Neugierde mit andern, denen er das Wahrgenommene erzählt hatte, am andern Tage an jene Waldstelle kam, standen die Bäume da, wie zuvor. Kein einziger war umgebrochen.

Unter der Oelmühle im Grunde standen früher 2 Schleifmühlen, welche den Mönchen im Kloster Weissenborn gehörten, die Stätte der einen wird noch „der Mönch" genannt. Wenn die Schleifmüller Feierabend gemacht hatten, begannen die Mönche ihr Wesen, und man hört noch immer zu Zeiten des Nachts die schrillenden Töne geschliffen werdender Eisenwerkzeuge, obschon die Mühlen längst nicht mehr vorhanden sind. Auch von einem „Mönchssteine" wiederholt sich hier die Sage ganz wie bei Manebach und Veßra Jenes Feld, wo der Mönch, der den Stein trug, um seinem Kloster Land zu gewinnen, tod niedersank, heißt noch das Mönchsfeld, und es spukt sehr auf selbigem.

Auf der „alten Ruhl" wird zu Zeiten in einer Höhlung eine silberne Kanne erblickt, und bisweilen, selbst mitten im Schnee, hellbrennendes Feuer. Am Johannistage hört man dort ein Glöckchen läuten, wie zum Abendgebet und Ave Maria. In der Nähe der Ruhl liegt ein Felsen, heißt der „Tolljungfernstein", über dem Forsthaus nahe dem Goldbrunnen. In diesen Fels ist eine Jungfer verwünscht, die läßt sich zuweilen sehen, trägt einen Schlüsselbund und blickt sehr traurig. Sie hat ein schloßschleierweißes Gewand an, steht erst auf dem Steine, dann schreitet sie herab, umwandelt den Felsen, rasselt mit den Schlüsseln, und gebehrdet sich wie unsinnig. Daher ihr Name: „Die tolle Jungfer." Am „Schilderstein" und im „Schildergraben" hört man auch in den Hecken eine verwünschte Jungfer nießen, die noch nicht erlöst ist, weil noch Niemand die Geduld hatte, 12 mal hinter einander Gott helf zu sagen, ganz wie bei der Eisenacher Jungfer.

Und da seufzt die unerlöste ganz kläglich. Auf dem „Hausfelde" tanzt im Herbst eine verwünschte Jungfer um zwei Haselbüsche. Andere sagen, eine weiße Frau lasse daselbst sich blicken und klenge Knotten in der Sonne.

Im Pachthofe des ehemaligen Wilhelmiter-Mönchs-Klosters Weissenborn im Ruhla-Thale, dessen Ländereien jetzt eine Domaine bilden, träumte einem Knechte von einem großen Schatze, der unter der Wohnung des Pachters im Stalle liege, einmal, zweimal, und endlich auch zum dritten Male. Da sprang der Knecht aus seinem Bette, und lief in den Stall. Da stand der Schatz zu Tage, eine große alte Urne voll Goldstücke. Schon streckte der Knecht die Hand aus, um hastig einzusacken, als er wahrnahm, daß etwas über ihm schwebe. Wie er aufblickte, sah er einen Mühlstein über seinem Haupte, der hing an einem dünnen Faden, und ein riesiger Mönch stand dabei, der stieß mit seinem Kopf an die Decke, hielt in der Hand eine große Scheere und setzte sie gerade an, um den Faden durchzuschneiden. Da that der Knecht einen lauten Blök, und sprang nach der Thüre. Gleich war der Mann mit der Scheere verschwunden sammt dem schwebenden Mühlstein, aber auch der Schatz war weg.

120.
Die Prinzessin im Wittgenstein.

Im Thale des Ruhlawassers, das dort auch der Erbstrom heißt, ohnweit dem Dorfe Farrnrode, hängt eine Felswand, die heißt der Wittgenstein, ein Name, der auch nach mythischer Frühe deutet; auf diesem Felsen stand einst ein Schloß, und in dem Schlosse wohnte eine Prinzessin, die ist nun in den Felsen gebannt, warum? weiß niemand so recht eigentlich zu sagen. Sie habe einen Ritter gegen den Willen ihres Vaters geliebt, der habe sie entführt, aber der Vater habe ihn eingeholt und erschlagen. Darob sei die Prinzessin alsbald vor Herzeleid Todes verblichen und dann haben beide sehr gespukt, bis der Ritter von Pöpelsträgern in den Ritterberg gebannt worden sei, und die Prinzessin in den Wittgenstein. Nun möchten beide immer gern zu einander, und können nie zusammenkommen. Die Prinzessin darf nur alle 7 Jahre einmal aus dem Felsen - sie hat schon oft Musikanten mit grünen Zweigen, oder andere Wanderer mit allerlei scheinbar werthlosen Dingen, als Knochen, Knotten, Waizenkörnern u. dgl. begabt, von denen den Thörigten, die alles wegwarfen, insgemein noch ein kleiner Rest in Schuhen, Kleidern oder Körben hängen blieb, daraus dann pures Gold wurde. Ein Farnroder Hirte sah bei seiner Heerde häufig eine fremde Kuh, die sehr schön war, die er nicht kannte und die niemanden in der Gemeinde gehörte, und Abends nie unter der Heerde war. Das fiel dem Hirten auf und einmal ging er jener Kuh nach, wie sie unter Erlen und Weiden am Bache sich verlor, und auf einmal trat sie in eine Kluftspalte des Wittgensteins. Jener ging der Kuh nach, da trat ihm plötzlich die Prinzessin im Fels entgegen und fragte: Was willst Du? - Nur das Huthgeld für Eure Kuh, die täglich zu mir auf die Weide kommt! antwortete keck der Hirte. Da gab ihm die Prinzessin ein altes Silberstück, und sagte: Hier hast Du Deinen Lohn! Hättest Du nichts begehrt, würde Dir mehr gewährt. - Die Kuh kam niemals wieder zu jenes Hirten Weidetrift. Von der Erscheinung der Prinzessin aus dem Wittgenstein laufen viele Sagen um, wie sie Choradjuvanten, welche ihr im Vorbeigehen auf dem Wege von Farrnrode nach der Seelbach das Neujahr ansangen, mitten im Schnee Knochen finden ließ, von welchen einige mitgenommene sich in Glück bringende Goldstangen verwandelten, oder Musikanten, die ihr eine Nachtmusik brachten, durch einen Zwerg mit grünen Eichenbüschen belohnen ließ, ganz der Zug einer auch sonst oft wiederholenden Kiffhäusersage.

121.
Der Rabenbrunnen.

Vom „Rabenbrunnen" in der Ruhl geht die Sage von einem Jäger, der seine Geliebte verlassen und in die Fremde ziehen mußte, aus welcher nach einiger Zeit die Kunde kam, er sei gestorben. Nach einiger Zeit verlobte sich die vormalige Geliebte des Jägers, und nach noch einiger Zeit kam letzterer frisch und gesund wieder in die Ruhl, und wollte seine Geliebte freien. Das war sie schon gefreit, obwohl noch nicht getraut, und der Jäger war außer sich, und wollte sich rächen. Ein altes Hexenweib gab dem jungen Mann einen Teufelsrath. Er solle ungehandelt ein Hangeschloß kaufen und dazu in Gedanken sagen: In Gottes Namen. Dann solle er der Trauung in der Kirche beiwohnen, und bei der Einsegnung der Brautleute das offen gehaltene Schloß in des Teufels Namen zuschnappen, und es dann in einen Brunnen werfen. Das geschah alles und gleich nach der Trauung faßte jenes junge Paar eine unerklärliche Abneigung gegen einander, wenn sie beisammen waren, sobald sie aber fern von einander waren, sehnten sie sich zu einander hin, und so quälten sie sich gegenseitig ab. Nun bereute jener Jäger seinen bösen Zauber, den er durch diese Art des Nestelknüpfens geübt, und hätte ihn gern rückgängig gemacht, und das wäre auch gegangen, wenn er das Schloß wieder gehabt hätte. Aber er konnte es nimmermehr wieder erlangen, denn im Rabenbrunnen wohnte eine Wasserfrau, die liebte den schönen Jäger seit dem Tage, als er sich über ihren Brunnenrand gebogen, und das Schloß hinabgeworfen hatte. Und als er nun öfter und öfter kam, nach dem Schlosse zu fischen, ließ sie sich in ihrer holdseligen Melusinengestalt blicken, und zeigte ihm das Schloß und langte es ihm herauf mit dem schönen weißen, weichen Arme, und wie er es faßte, hielt sie es fest, und zog, und da fiel er über den Rand hinab, in ihre Arme. Die Leute oben aber sagten, er habe sich ein Leides angethan, aus Kummer, weil sein Mädchen einen andern gefreit.

122.
Das Löthtöpfchen.

In die grünen Wald- und Wiesengründe des Ruhlathales blickt ernst der Thurmrest des alten Schlosses Scharfenberg herab, wegen seiner Gestalt „das Löthtöpfchen" geheißen. In sanftem Bogen zieht sich um den halben Berg das Dorf Thal. Auf dem Berge stand die erste Kirche dieser Gegend, später wurde sie vom Kloster Weissenborn ins Thal gebaut. Die Umwohner erzählen sich manche Spuksage von den Trümmern dieser alten Burg. Ein brennendes Faß soll zu Zeiten vom steilen Bergeshang abrollend erblickt werden. Zwei Brüder erstachen sich gegenseitig am Bergesfuße nahe bei Thal, deren Geister noch spuken. In alten Zeiten ist um das Schloß Scharfenberg viel und heftig gestritten worden. Ursprünglich besaßen dasselbe Herren von Stein, dann kam es an Thüringen, und wurde in dem Erbfolgekriege zwischen Heinrich dem Erlauchten und Heinrich dem Kinde von Brabant belagert, von dessen und seiner Mutter Sophia tapfern Kriegern aber so gut vertheidigt, daß es unerobert blieb. Später war Scharfenberg an die Grafen von Henneberg gekommen, und wurde häufig Zankapfel, bis es im sächsischen Bruderkriege Friedrich der Sanftmüthige im Jahre 1450 schleifen ließ, so daß nichts übrig blieb als der nicht sehr hohe Thurmrest. Landgraf Friedrich der Ernsthafte hatte früher sehr ernsthaft um diese Burg gekämpft, dort eine große Schlacht geschlagen, und wäre in dieser beinahe selbst erschlagen worden, wenn nicht ein starker und stattlicher Mann, Hans von Frymar, ihm immerdar schützend zur Seite geblieben wäre.

123.
Der große Wartberg und seine Schätze.

Ohnweit der Burgruine Scharfenberg erhebt sich der große Wartberg, auch Mart- und Marktberg genannt, ein Träger zahlloser Sagen, dem Hörseelenberge gegenüber, auch mit einer Höhle, welche das „Backofenloch" heißt, darinnen soll ehedem viel goldhaltiger Sand gelegen haben. Den Gipfel des Berges krönt ein Dolomitfelsenkamm, und Laubwald umfängt und umhängt ihn rings wie ein grüner Mantel. Hier blühen am goldenen Sonntage die Wunderblumen, duften die Heilkräuter, öffnen sich dem glücklichen Finder und Pflücker er ersteren die verzauberten Schachte voll Schätze, wie unter andern das „Geißbeinsloch," das keiner findet, der nicht ein Goldensonntagskind ist.

Venetianer haben das Geißbeinsloch am Wartberge mit dem Hinterbeine einer Geiß „versetzt," d. h. verzaubert, die Oeffnung oder den Eingang verblendet. Eine alte Nachricht sagte aus, das heimliche Loch öffne sich allezeit über das dritte Jahr, also im vierten Jahre an zweien Tagen, und zwar am Walburgistage und am Johannistage (1. Mai und 24. Juni). Ein Erzstock stehe darin von solcher Mächtigkeit und Ergiebigkeit, daß 1 Centner seines Gesteines 30 Pfund Gold und 45 Pfund Silbers gebe. In alten Büchern ist viel über die Schätze des Wartberges geschrieben. Schon in der Mitte des vorigen Jahrhunderts wird ein Forstbediente genannt, Johann Christian König, der Gold aus dem Berge gebracht habe. Ein Nachkomme desselben, Oberförster König, sah bei einem Treibjagen am Ende eines grünen Waldplatzes eine geräumige Höhle offen, wendet sich, und schreit den Kreisern, die ihm folgen, zu, heran zu kommen, und die Höhle auch zu sehen. Da aber die Kreiser ihm noch nicht nahe genug waren, geht er ihnen ungeduldig entgegen, und führt die ersten auf den schönen grünen Platz, aber siehe da, die zuvor erblickte Höhle war hinweggeschwunden. Derselbe Mann hat, wie er oft erzählte, einst mehr als einem Venetianer den Weg nach dem Backofenloch gezeigt, die ihn aufmerksam machten auf den Werth schwarzer Körner, welche Gold enthielten. Häufig wiederholt sich am Wartberge die Sage von der Wunderblume, der Bergeshöhle, den Schätzen darin, dem Zurufe: Vergiß das beste nicht! und den entschwindenden Schätzen.

124.
Der Schlangenkoch.

Am großen Wartberge quillt ein frischer Quell zu Tage, der heißt der Silberborn, bei dem hüthete einst am Johannistage der Schmerbacher Hirte, und rastete in der Mittagsstunde an der Quelle. Da trat ein Mann in fremder Tracht auf die sonnige Trift aus dem Walde heraus, und grüßte den Hirten, ja er gesellte sich zu ihm, und legte sein Gepäck neben die Quelle. Unter des Mannes Gepäck befand sich auch ein kupfernes Kesselchen von uralter Form, wie die Wasserträgerinnen in Venedig auf den Schultern tragen. Der Fremde bat den Hirten, ihm Feuer zu schlagen, er wolle sich ein Mittagsmahl bereiten, sich ein Süpplein kochen. Gern war der Hirte behülflich und entzündete ein kleines Waldfeuer, während der Fremde sich eine Gabel von einem Haselnußstrauche abschnitt, ein Tuch auf den Rasen breitete, mit der geschnittenen Wünschelruthe Kreise zog und dann auf einem Pfeifchen in seltsamer Weise pfiff. Da kamen aus allen Büschen und Felsklüften Schlangen herbei, und zuletzt ein großer Lindwurm, die zischten gräulich und ringelten sich, dann stieg von einem Ulmenbaume eine silberweiße Schlange nieder, das war der Otterkönig, und der kroch auf das Tuch, und legte auf demselben das goldene Krönlein ab, das er trug. Flugs sprang der Venetianer, denn ein solcher war der Mann, hinzu, schlug das Tuch zusammen, nahm das Krönlein an sich, und tödtete die weiße Schlange. Auch den Lindwurm tödtete er, und spießte ihn an einen Baum, dann pfiff er wieder, da krochen die andern Schlangen wieder von dannen. Den Otterkönig, oder es kann auch die Otterkönigin gewesen sein, zerstückte der Venetianer, und warf die Stücke in das Kesselchen, das der Hirte indeß mit Wasser aus den Silberborn gefüllt und über das Feuer gehängt hatte. Da nun die Stücke der silberweißen Schlange gar gekocht waren, an welche der Venetianer auch eine Handvoll Salz geworfen, so zog derselbe zwei hölzerne Löffel hervor, bot dem Hirten einen davon an, und lud ihn ein, an diesem Mahle Theil zu nehmen. Es schwammen prächtige Fettaugen auf der Brühe - gleichwohl war dem

Hirten seltsam zu Muthe, und er empfand keinen Appetit nach Schlangensuppe. Doch „Zureden hilft," sagt das Sprüchwort, und endlich kostete der Hirte einen Löffel voll, und der schmeckte gar so übel nicht. Iß auch Fleisch! Sprach der Venetianer: - es schmeckt wie Aal - aber dazu konnte sich der Hirte nicht überwinden. Er war ohnehin schon ganz verwirrt, denn kaum hatte er den Löffel voll Otterkönigssuppe hinunter, so sah er rings Wald und Blumen in wunderbarem Glanze schimmern, und gegenüber eine offene Grotte, in der es von Gold und Silber und Edelsteinen nur so glitzerte und glänzte, funkelte und flammte. Diese Grotte war eben wieder das Geißbeinsloch. Beide gingen nun hinein, und nahmen so viel sie wollten. Gleich darauf verschwand die Höhle, und der Hirte sah sie nicht wieder. Wie der Venetianer schied, sprach er zum Hirten: Da Du von der Suppe gegessen, konntest Du einmal in die Schätzehöhle eintreten. Hättest Du auch vom Fleische gegessen, so hättest Du sie alle Tage offen und Dir zugänglich erblickt. So lebe wohl! Da hast Du noch ein Wunschtüchlein von Venetianer Seite. Wenn Du das um den Kopf bindest, kannst Du Dich hin wünschen, wohin Du willst - da wünsche Dich einmal zu mir nach Venedig. Das that nach einiger Zeit der Hirte, und fand dort seinen Schlangenkoch als einen Nobile, der ihn gästlich aufnahm und köstlich bewirthete.

125.
Wo der Hund begraben liegt.

Am östlichen Fuße des Wartberges gegen den Inselberg hin liegt das Dorf Winterstein, und zu Winterstein „liegt der Hund begraben". Dort war und ist noch ein ritterliches Geschlecht seßhaft, die Herren von Wangenheim, das einen Hund im Wappen führt, die hatten dort ihr Stammschloß, das jetzt in Trümmern liegt, doch sind noch drei Wangenheimische Schlösser daselbst. Vor 200 Jahren hatte ein Jägermeister des Geschlechtes derer von Wangenheim einen Hund, der hieß Stutzel, und war geschickt, treu und klug, so klug, daß man ihn als einen treuen Boten mit Briefen nach Gotha auf das Schloß Friedenstein schicken konnte. Dieser Hund blieb auch noch der Wittwe jenes Jägermeisters lieb und werth, fast allzulieb, denn als derselbe der Natur seinen Tribut gezahlt, und gestorben war, war die Jägermeisterin Wittwe ganz außer sich vor Schmerz, ließ für den Hund einen Sarg machen, wie für einen Christenmenschen, weinte sehr um ihn und verlangte zumal, daß ihre ganze Dienerschaft ebenfalls um den Stutzel weinen sollte. Letztere that dies auch, mindestens that sie so, als meine sie rechtschaffen; dafür bekam sie auch Trauerkleider von der Herrin geschenkt. Einzig nur die alte Köchin, deren Augen um den Hund völlig trocken blieben, that nicht einmal, als ob sie weine, da bekam sie tüchtig Schelte, worauf sie eine Zwiebel zerschnitt und sich die beiden Hälften an die Augen hielt. Darauf thräneten ihr baß die Augen, und als sie nun so der Herrin unter deren Augen trat, ward letztere tief gerührt, und schenkte der alten Königin auch ein schönes neues Trauerkleid. Nun wollte Frau von Wangenheim den Stutzel durchaus auf den Gottesacker begraben haben, weil er ein gar so frommes Hundevieh gewesen, dagegen widersetzte sich der Pfarrer und sagte, dieß gehe nicht an. Aber die Frau Wittwe bestimmte der Kirche 100 Thaler, und dem Pfarrer 50 Thaler, da mußte es angehen, um der Armuth des Kirchleins und des Wintersteiner Pfarres Willen. Und hatte der Hund eine sehr schöne Leiche. -

Als aber die Sache im Lande ruchtbar wurde, wurden die Einwohner von Winterstein von ihren nachbarlichen Umwohnern furchtbar geneckt und verhöhnt, daß auf ihrem Kirchhof „der Hund begraben liege". Und der Pfarrer wurde vor ein Herzogliches Consistorium nach Gotha gerufen, ihm eine Strafpredigt gehalten und der Text gelesen ganz gehörig, dann wurde der Pfarrer abgesetzt, und der Stutzel ausgegraben, worauf ihn die Frau Jägermeisterin in der alten Schloßruine beisetzen, und ihm einen schönen Grabstein errichten ließ, auf dem Stutzel abgebildet zu sehen ist, wie er leibte und lebte, nicht etwa heraldisch, daß man denken könnte, die Sage sei aus dem Familienwappen abgekünkelt. Darunter steht mit lateinischen Buchstaben folgende Inschrift:

H. V.   1650 war der Hund begraben,   H. V.
W.   Daß ihn nicht sollen fressen die Raben.   W.
        Stutzel war sein Name genannt,
        Bei Fürsten und Herren wol bekannt,
        Wegen seiner Treu und Munterkeit
        So er seinem Herrn und Frauen geweiht.
        Schickt man ihn hin nach Friedenstein,
        So lief er hurtig ganz allein.
        Gut hat er sein Sach ausgericht't,
        Drum hat er diesen Stein gekriegt.

126.
Vom Gerberstein.

Wenn man von der Ruhl aus nach Altenstein wandert, hat man beträchtlich zu steigen und kommt nicht weit vom Gerberstein vorüber, den eine zertrümmerte Felsenwelt von kleinförmigen, wild zerklüfteten Granit schmückt. Dieser Hochgipfel hat außer dem genannten in Büchern, nicht im Volksmund, noch mehrere Namen, die ihn mehr erläutern sollten, z. B. Gebirgsstein, als wenn nicht jeder Felsblock auf Höhen ein Gebirgsstein, als wenn nicht jeder Felsblock auf Höhen ein Gebirgstein wäre, oder Gräberstein, wahrscheinlich weil man droben keine Spur von Gräbern findet; oder Gervinstein, woher? Ja die niemals blöde oder unfruchtbare Grübelforschung wollte in ihm den Mons Gabreta erblicken, sie, die stets in ihrer Ueberstudirtheit erblickt und lehrt, was nicht wahr ist.
Der ächte altdeutsche Name ist Gervuenestein, so kommt er schon im Jahre 933 urkundlich vor. -

Auch vom Gerbersteine geht die Sage vom hüthenden Schäfer, der ein Liedlein auf der Schalmeie bläßt, dann die Wunderblume findet, dann eine Thüre in das zertrümmerte Felsenschloß sich öffnet, darin große Fässer voll Gold, aber auch voll Wein im Gewölbe sieht, den Hut, darauf er die Blume gesteckt, abthut, tüchtig zecht, und beim wiederaufsetzen des Hutes die Blume verliert. Auch hier der warnende Zuruf: Vergiß das Beste nicht! und das entzweischlagen der Ferse durch die Thüre. Nachher hat gar mancher droben auf dem Gerberstein sein Glück mit dem finden der Wunderblume versucht, aber stets fruchtlos.

127.
Luthersfuß, Luthersborn und Luthersbuche.

Nicht weit abwärts vom Gerberstein, im tiefen Walde des Steinbacher Forstreviers, liegt eine Wüstung: „Das Glasbach", oder auch „auf der Wallfahrt" geheißen. Man zeigt einen Hügel, der die Trümmer einer Kapelle enthalten soll, gespenstige Nonnen wandeln dort; Schätze wurden an diese Stelle oft zu heben versucht. Eine weiße Jungfer bewacht die Schätze. Viele Leute, die des Weges nach der Ruhl gingen, der nahe vorbeiführt, sollen sie gesehen haben. Auf dem Wege selbst liegt ein Stein mit einem eingetieften Mannestritt, der Luthersfuß genannt. Weiter hinab in der Thalestiefe ist die Stelle, an welcher der allgemeinen Sage nach Luther auf seiner Reise von dem nahen Aelternheimathorte Möhra über Schweina und Altenstein, aufgehoben und nach Schloß Wartburg gebracht wurde. Dort fand eine starke Buche, unter der ein Brünnlein hervor quoll, und man nannte seitdem den Baum die Luthersbuche, den Quell den Luthersbrunnen. Der Brunnen quillt noch immer frisch und klar, von der Buche aber steht nur noch der hohle Stammrest, ein Orkan, der am 18. Juli 1841 über diese Wälder brauste, brach die oberen Aeste des lange geschützten Baumes ab.

128.
Der Wallfahrtgarten.

Häufig sollen auch noch in späteren Zeiten Wallfahrer hier vorbeigezogen sein, hinauf zur Wallfahrt am Glasbach, um welche einsame Waldeswildniß die Sage häufig ihre Schleiergespinnste wob. Ein wackerer Landmann zu Witzelrode (Dorf, 1 Stunde von Schloß Altenstein), schrieb bereits im Jahre 1816 in schlichter Weise folgendes nieder: „Eine Quelle entspringt bei dieser alten Ruine, wo die Leute vorgeben, sie käme aus dem verborgenen Keller. Auch sollen in diesem sich große Reichthümer befinden. Eine Frau aus Steinbach, mit der ich selbst gesprochen, und die mir versicherte, die folgende Erscheinung gesehen zu haben, erzählte mir: sie wäre bei die Wallfahrt gekommen, so hätte sie vor ihren Augen einen sehr schönen Lustgarten wahrgenommen, nach der Kunst in die Höhe geleitete Johannis- und Stachelbeerbäumchen, Beeren von allen Farben, auch Bäume voll Aepfel, Birnen und Kirschen, mit reifen Früchten. Sie ging zu dem schönen nach der Kunst eingerichteten Zaun und Eingange, und steht gleich darauf ganz erschrocken eine Gestalt, wie ein Jäger gekleidet, im grünen Rocke mit einem breiten rothen Gürtel um die Lenden. Indem sie nun mit bangem Herzklopfen fragen will, ob sie von den Früchten etwas nehmen dürfe, ist alles vor ihren Augen verschwunden. Eine andere verstorbene Frau, wurde mir von deren Schwager erzählt, kommt auch zu dieser alten Ruine und bemerkt ebenfalls diesen Garten, welcher mit unerdenklich schöner weißer Wäsche behangen ist. Nach dem ersten Schreck will sie sich von dieser Wäsche etwas zueignen, aber so wie sie die Hand nach einem Stücke ausstreckt, ist alles verschwunden. Ein Steinbacher Mann erzählte mir, vor 15 bis 20 Jahren habe er und noch mehrere bei dieser Wallfahrt ein sehr feines Geläute, wie von Silberglocken, gehört, und zwar mehrere Jahre um die Osterzeit. Und dieser Mann behauptete, man könne in dieser Waldgegend kein Geläute von Dorfglocken hören, was mir auch wahr erscheint. Derselbe Mann sagte mir, sie hätten oft zur Nacht hier gearbeitet, um einen reichen Schatz zu graben; einmal hätten eine große Anzahl Schatzgräber ein Loch 6 Schuh tief gegraben, so seien mehr als tausend blaue Lichter entstanden. Einer von ihnen habe ein Kästchen voll des Erdreiches mit nach Hause genommen, es wäre aber nur kießartiges Zeug gewesen.

Es geht auch eine Sage von einem Kinde, das seine Leute im Walde bei der Wallfahrt allein ließen und welches nun Beeren suchte. Da kam eine weiße Jungfrau und führte das Kind in einen schönen Garten, und gab ihm Blumen, Johannisbeeren und Kirschen, dann aber hieß sie das Kind wieder zu seiner Mutter gehen. Das Kind erzählte nun seiner Mutter alles, und begehrte immer wieder in jenen Garten zurück, aber die Mutter fürchtete sich, und ließ es nicht von sich, zumal sie von keinem Garten wußte. Da härmte das Kind sich sehnsüchtig ab - und wurde krank, und auf einmal in der Krankheit rief es: Siehst Du Mutter! Da kommt die weiße Jungfer, und bringt mir rothe Beeren und Johannisbeeren" - Und da starb es.

129.
Bonifacius.

Ganz nahe bei dem herzoglichen Sommerschlosse Altenstein steht ein schroffer, mit einem Kreuze verzierter Felsen, vom Volke insgemein „der Bonifacius" genannt. Vor mehr als hundert Jahren standt dort noch ein Kapellenrest, welcher der Bonifaciusthurm hieß. Die Sage kündet, und es mag wol mehr als Sage sein, daß der Apostel Thüringens, Winfried-Bonifacius, von diesem Felsen herab dem Volke dieser Gegend das Christenthum gepredigt, und eine Kapelle, dicht an den Fels gelehnt, erbaut habe. Der ganze Vorberg, durch den die Straße von Schweina herauf nach Altenstein führt, hieß früher „der Kirchberg," und es war diese Straße einer der Hauptzüge aus Thüringen nach Franken. Bonifacius verlieh dem am Fuße seines Felsen sich anbauenden Ort Schweina am gleichnamigen Flüßchen (933 bereits urkundlich Sueinaha) den heiligen Antonius zum Schutzpatron, entweder, weil dieser auch der Patron der Schweine ist, oder weil der Ortsname auf diesen Heiligen leitete. Seine um das Jahr 724 erbaute Kapelle übereignete der Apostel Thüringens dem Stifte Fulda, und dieses zog sie in den Bereich einer auf diesem Boden erbauten Neuburg. Diese Neuburg ist häufig mit der von dem eisernen Landgrafen über Freiburg an der Unstrut erbauten verwechselt worden, und ein in der Steinbacher Flurmarkung gelegener „Landgrafenacker" hat dieser Verwechselung scheinbar festen Halt gegeben, obschon frei steht anzunehmen, der Landgraf könne möglicherweise das dort so heilsam angewandte Heilmittel gegen Trotz und Auflehnung auch hier in gleicher Weise und mit gutem Erfolge versucht haben, wenn er in dieser Gegend Vasallen gehabt hätte.

Der heutige Flecken Schweina begeht noch alljährlich in der Christnacht ein dem heidnisch-mythischen Cult entstammendes Wintersonnenstillstandfest, jetzt freilich völlig verchristlicht. Auf einem nahen Berge, dem Töngels (Antonius-)berge entzündet die männliche Jugend, nachdem sie mit brennenden Fackeln hinaufgezogen, ein hochloderndes Feuer, umgeht es, und singt Christnachtlieder - worauf in den Ort wieder herabgeschritten und dort nochmals zur Musik gesungen wird. Dann läuten alle Glocken, und um 12 Uhr ist eine Betstunde, Nachhall der ehemaligen Christmette. Ich habe zum öftern von Salzungen aus in der Entfernung zweier Stunden von Schweina den nächtlichen Fackelzug und die Feuersäule vom Berge leuchten sehen. Die Kirche zu Schweina war indeß nicht dem h. Antonius Eremita, sondern dem heiligen Laurentius geweiht. Ganz eigen ist es, wie in dieser Gegend Hirten-, Ritterburg- und Kapellensagen, zwischen denen das geisterhafte Erscheinen und Wandeln unerlöster Jungfrauen geteilt ist, vorwalten, von welchen fast ganz gesondert die Bergmanns- und Jägersagen bestehen, bis die spätere Zeit mit Teufels, Hexen- und Croatensagen den phantastischen Reigen abschloß, der für sich allein genügend wäre, ein Buch zu füllen, und ehe man es sich versieht, leuchtet meteorisch aufflammend der frühe Mythus in diese nebelhafte Dämmerung. Eine Kapelle am Bonifacius, eine auf dem Antoniusberge, eine im Glasbach, eine am Fuße des Altenstein, nach der Schutzpatronin „das Katharinchen" genannt, eine am Fuße des Windsbergs, ohnweit des Wasserfalles, eine Einsiedelei: die Eckenzelle, in welcher, wie man wissen will, der treue Eckart büßend sein Leben beschloß, welcher sonach, wenn diese Sage stichhaltig sein sollte, seines Wächteramtes am Hörseelenberge überdrüssig oder entbunden worden sein müßte. Oben auf dem Glöckner, abermals ein sein Betglöcklein läutender Waldbruder, dasselbe, das vielleicht zu Zeiten noch immer tönend die Waldleute mit hellem Silberklang fernher vernehmen, und den Schall nicht zu deuten wissen, nicht wissen, von wannen er komme.

Endlich hinter Liebenstein am „Thüringer Thale" die ehemalige Dorf-Wüstung Atterode (Adinrode, Odinrode) wo man sogar aus der versunkenen Kirche noch ein Glöcklein auffand, war es zwar keine Kirchthurmglocke, so war es doch eine Meßglocke, die immerhin noch schön lautet.

130.
Burgsagen um Altenstein.

In graue Zeiten der germanischen Frühzeit hinauf ragt die Gründung einer Ritterburg, auf einem felsigen Abhange des Thüringerwaldes gegen das Werrathal. Es war ein Stein, schier verwachsen mit dem Felsen, eine Landesschirmhut und Grenzveste, wie noch näher der Werra, bei Salzungen, auch ein Stein lag, zum Schutze der Salzquellen, welchen später die Dynasten von Frankenstein als ihre Stammburg behaupteten. Des ersten Steines bemächtigten sich Thüringens älteste Schirmvögte und Grenzenhüther, die Markgrafen, nach denen er zeitweilig den Namen Markgrafenstein trug. Gleichzeitig aber blieb ein Rittergeschlecht lange Zeit im Besitze der mächtigen Bergfeste, die nach deren ursprünglichem, einfachen Namen sich einfach nannten. Das waren die de lapide, die Herren vom Stein. Von der dynastischen Eigenmacht des alten Geschlechtes aber sanken Abzweigungen zu Vasallen herab, welche die Nachbar-Burgen Liebenstein so wie Alt- und Neuringelstein erbauten und inne hatten. Vermehrter Wohnungsbedarf oder noch wahrscheinlicher geistlicher Besitzergriff der Gegend Seitens des Hochstifts Fulda, ließ später ganz nahe bei der Burg Stein eine neue Burg aufrichten, die dann gleich den Namen: die Nuemburg, Neuburg bekam und nun hieß, um der ältesten Bergfeste das Vorrecht ihres Alters zu bewahren, dieser der alte Stein, daraus der heutige Name Altenstein geworden. Daß die der Burg Altenstein so nahe Nuemburg mit der Nuemburg über Freiburg a. d. U. durch Namensverwechselung zur Wiederholung einer Landgrafensage Anlaß wurde, ward schon angeführt. Ebenso werden die Sagen von dem unsichtbaren oder verschwindenden Garten bei der Wallfahrt am Glasbach (der nach einer sehr frühzeitlichen Glashütte deutet), auch von der Neuenburg erzählt. Die beiden Burgen Ringelstein sind bis auf wenige Reste verschwunden, ihre Bewohner kennt die Sage nur als Raubritter. Die Weinstraße führte dort vorbei. Noch geht dort eine weiße Jungfrau um, und klengt Flachsknotten im Sonnenschein, auf einem über den Waldboden gebreiteten Tuche. In Salzungen entführten die Raubritter einst eine Braut, und schlugen, um ihre Spur zu verbergen, den Pferden die Hufeisen verkehrt auf. Nach kurzem Aufenthalt gelang es der Waid, der Raubburg zu entfliehen und zu Pferde wieder Salzungen und ihr Aelternhaus zu erreichen. Der sie unablässig verfolgende Ritter hieb noch wüthend mit dem Schwerte ins Gebälke der Hausthüre. Da die Ritter der Ringelsteine so hart an der Weinstraße wohnten, die aus Franken das edle Naß des Weines dem weinärmeren Thüringen zuführte, so raubten sie des Weines weit mehr, als sie zu trinken vermochten und bewahrten ihn auf in ungeheuern Kellergewölben. Deren Thüren verfielen und liegen vom Schutte der gefallenen Burgen überdeckt, es verfaulten die Dauben der Fässer, aber nicht früher, bis der Weinstein sich zur Krystallhaut verdichtet, die nun den Wein umschloß. Die Sage von diesen Fässern erhob sich zu poetischer Prophezeihung. Einst, wenn der Tag des Weltgerichts genaht ist, und unter dem Posaunenschall der Erzengel die Gräber sich öffnen, werden auch diese verborgenen Keller und Gewölbhöhlen sich aufthun, und der Herr wird sich dieses Weines bedienen, sein großes Liebes- und Abendmahl zu halten, und die Treubewährten trinken und mit ihm zum Zeichen des ewigen Lebens.

131.
Die Hunde von Wenkheim.

Die Burg Altenstein war zur Zeit, als sie bereits Markgrafenstein hieß, im Besitz der Dynasten von Frankenstein; von diesen ging sie durch Verschwägerung an ein thüringisches Rittergeschlecht, die Herren von Salz über. Von einem derselben, Friedrich von Salza, wurde sie im Jahre 1346 an Friedrich den Ernsthaften, Landgrafen von Thüringen verkauft. Deren Nachkommen, Kurfürst Friedrich der Weise und sein Bruder, Herzog Johann der Beständige, belehnten einen Burgmann, Hans Hund von Wenkheim für treu geleistete Dienste mit Burg und Gericht Altenstein. Von dem Geschlechte der Hund von Wenkheim geht auch hier die gleiche Stammsage, wie vom Geschlechte der Welfen, und so vielen Geschlechtern des Namens Hund. Eine der Ritterfrauen beschuldigte eine arme Frau, die mit Drillingen niedergekommen war, deshalb des Ehebruchs und ließ sie hinrichten. Auf der Richtstätte verwünschte die Arme die Edelfrau, daß sie statt 3, 13 Kinder zugleich gebären solle, die Unglückszahl, und bald darauf gebar die Herrin 13 Knäblein auf einmal, welche eine Dienerin aus Furcht vor dem strengen Eheherrn, bis auf einen, ins Wasser tragen sollte. Der Ritter begegnete dieser Dienerin, fragte was sie trage, und die Erschrockene stammelte: Herr! Junge Hunde. Aber der Herr deckte den Korb auf und fand die kleinen Junker in demselben. Heimlich ließ der Ritter sie in einer entlegenen Mühle aufziehen, und als sie insgesammt zu hübschen Knaben erwachsen waren, fragte er die unnatürliche Mutter: welcher Strafe ein Weib verfalle, die ihr neugeborenes Knäblein gleich einem jungen Hunde ertränke? und antwortete: Was sie mit Wasser verschuldet, muß sie mit Feuer büßen. Wohlan denn Weib! zürnte da der Ritter: so muß man Dich nach Deinem eigenen Richterspruch zwölfmal verbrennen! Siehe hier Deine Hunde! - und ließ die Thüre öffnen und die zwölf Knaben eintreten. Die Edelfrau erwartete ihre selbstauferlegte Strafe, aber der Gemahl vollzog diese nicht - er ließ sie blos in einem Kloster ihre beabsichtigte Unthat abbüßen, dann fügte er den 12 Söhnen den Namen Hund zu ihrem Familiennamen bei, worauf das Geschlecht sich weit verbreitete. Der auserwählte aber, der zurückbehalten worden war, und den Namen Hund nicht führte, soll erbenlos gestorben sein. „Burckhardt Hund, Ambtmann zu Gotha und Rentmeister" wie er sich schrieb, erhielt von seinem Herrn dem Kurfürsten zu Sachsen, nebst hans von Berlepsch, Hauptmann und Amtmann auf Wartburg, den Befehl, Doctor Luther auf seiner Reise über Altenstein durch den Wald gefangen zu nehmen, und führte diesen Auftrag auch in Verbindung mit dem genannten treulichst aus, so daß noch immer sein Name unvergessen ist, und in Ehren genannt wird. Im Jahre 1722 erlosch mit Ehrhard Friedrich Hund von Wenkheim, dessen Andenken durch fromme Stiftungen in Segen lebt, dieses edle Geschlecht, das 2 Jahrhunderte auf Altenstein geboten hatte, und Helm und Schild wurden zerbrochen mit in die Gruft gesenkt.

132.
Bergschätzesagen zum Altenstein, Steinbach und Liebenstein.

Der in früheren Zeiten sehr erheblich betriebene Bergbau dieser Gegend auf Silber, Kupfer, Kobalt und Eisen, des Gewinns, anderer nutzbarer Mineralien, wie Fluß- und Schwerspath kaum zu gedenken, rief eine Menge darauf bezüglicher Sagen ins Leben, in denen theils Berggeister, theils die halbmythischen Venetianer, die auch unter demselben Namen durch Sagen des Erzgebirges wie des Harzes und durch die Sagen Tirols als Venediger Manndl (Männchen) gehen, theils Bergentrückte, so wie Schätze hüthende Jungfrauen, Hunde und Schlangen ihre Rolle spielen. Im Regine-Schacht des Glücksbrunner Bergwerkes erschien einem Häuer ein Berggeist in Gestalt eines Bergamtsobern, mit einen Grubenlicht und so groß, daß er schier an den First anstieß. Dieser Geist schien angeredet sein zu wollen, der Häuer aber wagte aus Furcht nicht ihn anzureden, und ihm den Bergmannsgruß „Glückauf!" zu geben, wodurch vielleicht der Geist erlöst und der Häuer reich geworden wäre - aber der letztere arbeitete weiter, und der Stollen des Glückes blieb ihm verschlossen. Zu anderer Zeit haben auch andere Häuer eine ähnliche Erscheinung erblickt, und zwar auf dem Schacht Segen Gottes. Des Geistes Grubenlicht war so flammend, daß es fast die Hälfte des aufwärtsgehenden Schachtes hell beleuchtete. Am Löhlein geht ein goldener Hirsch um, der eine Goldader anzeigt, die sich unter den Lobberg zieht. Die Herren Trier, die das Schloß zu Glücksbrunn erbauten, und unter denen der Bergbau in der nächsten Umgegend den höchsten Flor erreichte, ließen dort einen Schacht erteufen, aber sie schlugen nicht tief genug ein, und ließen, ehe sie noch Ausbeute gewannen, die Grube zum Erliegen kommen, ja in dieselbe, als bald darauf eine große Viehseuche ausbrach, das krepierte Vieh hinabstürzen. Da zeigte sich fast allabendlich der goldene Hirsch, that sehr ängstlich, und lief hin und her. Fünf Lachter tiefer nur, und die Goldausbeute würde unermeßlich gewesen sein.

Am Kreuzweg, dessen einer Arm ins Atterod führt, zeigt sich alle 7 Jahre ein hell-loderndes Feuer, das lodert über einem unter ihm ruhenden Schatze, der nicht ruhen mag, sondern gehoben werden will, wie die verschiedenen Jungfrauen darauf brennen erlöst zu werden. Ein Holzhauer, der alte Wolfshein (Heinrich) kam mit einer Welle Reissigholz den Rennsteig herab, und erblickte von ferne das lohende Feuer, und gewahrte, näher kommend, daß niemand dabei war. Das wunderte ihn, doch ging er still vorüber, und spät erst kam ihm der Gedanke, es möge dort vielleicht ein Schatz brennen, den er hätte heben können, wenn er etwas darauf geworfen. Jetzt blickte und wandte der alte Wolfshein um, aber da war das Feuer verschwunden. Ein anderer Mann aus Steinbach, der alte Schmids Sömm (Simon) war mit Venetianern bekannt, und diente diesen als Wegweiser in das höher liegende Gebirge, wo es viele Höhlen mit Schätzen giebt, die aber alle nur mittelst der Wünschelruthe gehoben werden können, weil sie von den Venetianern versetzt, d. h. unsichtbar gemacht, verzaubert, sind - einmal ging der Sömme allein durch den Wald, und fand eine solche Höhle offen, kroch auch ein Stück hinein, kam aber an ein breites Wasser, und über dem Wasser lag, groß und dick wie ein Baumstamm, eine Feuer und Flammen auszischende Wächterschlange. Da gab der alte Sömme schleunigst Fersengeld. Hätte er den Muth gehabt der Schlange auf den Kopf zu treten, dann hätte sich dieselbe in eine feste Brücke verwandeln müssen, über die er hätte schreiten können, und nehmen so viel er gewollt.

An einem goldenen Sonntage gingen mehrere Männer aus Steinbach spatzieren, und trafen eine vorher von ihnen nie gesehene Höhle an, vor der sie Kleider, Ranzen und Wanderstäbe liegen fanden, und muthmaßten, diese Stücke müßten Venetianern angehören, welche in die Höhle gekrochen seien. Um diesen einen Possen zu spielen, versteckten sie die Sachen hinter einen Baum, und sich selbst verkrochen sie hinter einen anderen, um ihre Freude daran zu haben, wenn jene aus der Höhle kämen, und in Verlegenheit geriethen. Doch aus der Höhle kam niemand, die lauschenden Steinbacher aber überkam der Schlaf, und sie fanden sich mit einem male in einer ihnen wildfremden Gegend, erblickten andere Bäume, andere Blumen, andere Menschen, als daheim, und verstanden die Sprache nicht, welche in dieser fremden Landschaft geredet wurde. Endlich gesellten sich ein Mann zu ihnen, der verstand ihre Sprache in etwas, und sie klagten diesem ihre bereute That und ihre Sehnsucht nach der Heimath. Der Mann warnte sie, gleich dem treuen Eckart, das was sie gethan, ein anderesmal nicht wieder zu thun, er wolle sie wieder nach Hause bringen; sie möchten seiner nur unter einen Baume, den er ihnen zeigte, eine kurze Weile harren. Die Männer, vom langen herumwandern müde, schliefen abermals ein, und wie sie erwachten, waren sie in ihrer Heimath, unter den Bäumen, hinter die sie sich versteckt und unter denen sie entschlummert waren. Jene Sachen aber waren hinweg, und die zuvor offene Höhle war nicht nur nicht mehr offen, sondern gar nicht mehr zu sehen. Und nun gingen sie in ihr Dorf hinab, da lief und rief ihnen alles verwunderungsvoll entgegen, und stürmte mit Fragen auf sie ein, wo in aller Welt sie denn gewesen und geblieben seien? Am Sonntage Trinitatis waren die Männer aus dem Dorfe spatzieren gegangen, und am siebenten Sonntage nach Trinitatis kehrten sie wieder.

Hinter Liebenstein, beim Dorfe Baierrode, nimmt das Thüringerthal seinen Anfang. Dort sind große Felsen, und eine Wand heißt der Eselssprung, auch Eselsfuß, weil noch die Fußtapfen eines Esels in den Fels eingetieft sind, und zwar soll einst der Herr Christus über das Gebirge auf dem Esel geritten sein, mit dem er in Jerusalem einzog. Gleich dabei erhebt sich ein Bergeshaupt, der Judenkopf genannt. Eine bewaldete Felskuppe daneben heißt der Eselskopf - es giebt auch unbewaldete Platten, die so heißen - auch dort ist eine Venetianer-Höhle, die sich in der Johannisnacht aufthut, das ganze übrige Jahr aber unsichtbar bleibt. Die Venetianer kamen alljährlich zu zweien oder dreien, und wohnten in Steinbach beim Messerschmied Löser, und nahmen diesen einmal mit in die Höhle. Da hing das Gold wie Eiszapfen an den Wänden - aber ehe man es erreichen konnte, mußte man erst über eine große Schlange schreiten, und das ließ der Löser fein bleiben, denn er dachte, selbe Schlange könnte ihn beissen. Dafür ging er so arm aus der Höhle, als er hineingegangen war. - Ein Liebensteiner Hirte, der am Eselskopf hüthete, nahm einen Stein auf die Schippe, und wollte den nach einer Kuh werfen, da trat ein Venetianer zu ihm, und sprach das bekannte Wort, indem er den Stein an sich nahm: Hirte, der Stein ist mehr werth als die Kuh, nach der Du ihn werfen wolltest. Und schlug vom Stein ein Stück ab, da gleißte alles goldig, und wurde dem Hirten in Wahrheit grün und gelb vor den Augen.

Oberhalb Baierrode quillt noch immer ein Quell der heißt der Goldborn, und hat früher Goldkörner ausgeworfen, daher ward ihm dieser Name. Die Venetianer kannten des Bornes Eigenheit, kamen alljährlich und nahmen die Körner. Die Baierroder merkten das und kamen nun jenen zuvor, so daß letztere als sie wieder kamen, das Nachsehen hatten. Da versetzten sie den Born so, daß er keine Goldkörner mehr ausführte, sondern daß diese sich innerhalb versammelten, dann kamen die Walen und fischten zur guten Stunde den Reichthum heraus.

Im Höchheimer Holze, zwischen Baierrode und dem Judenkopf, ist auch eine Höhle, welche von Venetianern in der Johannisnacht besucht wurde, die ihre Wohnung beim alten Knieling zu Steinach hatten, und aus der jene Walen ganze Säcke voll braunen Kieses fortschleppten. Dort im Thüringer Thale steht auch „der Eisermannstein" - ein Fuhrmann dieses Namens soll dort erschlagen, und der Stein ihm zum Gedächtniß gesetzt worden sein. Er soll noch spuken. Man höre Nachts das Gerassel seines Karrens, das Knallen seiner Peitsche, das Geräusch der Pferde und seinen Ruf: Hoi! Hoi! vom Bärenloch durch ganze Atterode bis zu dem Stein - dann noch einen schrecklichen Aufschrei, dann ist alles still. In der Nähe zieht die Kniebreche steil zum Rennsteige empor, auch an ihr eine verzauberte Höhle, zu der einst ein Venetianer aus Dankbarkeit einem Einwohner von Baierrode den Schlüssel hinterlassen, weil er selbst genug davon getragen, und nicht wieder nach Thüringen zurückkehren wollte. Der alte Fuchs, hieß der baierroder Mann, ging in Folge der Belehrung, welche ihm von dem Venetianer zu Theil geworden, in der nächstfolgenden Johannis richtig in die Kniebreche, fand das Thor der Höhle, schloß es auf, ging hinein. Muth mußt Du haben! hatte der Venetianer gesagt, und der alte Fuchs hatte Muth. Er fürchtete sich nicht, als er an einem zweiten Thore große schwarze, grimmige Zottelhunde mit feurigen Telleraugen und blutrothbrennend aus dem Rachen hängenden Zungen erblickte, und erschloß auch das zweite Thor. Vor dem dritten Thore saß ein Drache der hatte Zähne armslang und spie Feuer klafterlang und hatte einen Schweif schürbaumlang. Der muthige Fuchs ging mitten durch des Drachen Feuerschnauben und erschloß auch das dritte Thor. Jetzt fand eine ganze Braupfanne voll Gold vor ihm, er begann wacker einzusacken, und um nicht, wie die Schätzefinder gewöhnlichen Schlages, das beste, den Schlüssel zu vergessen, steckte er diesen vorsichtig zu allererst in seine Jackentasche. Mit einemmale krachte und polterte es hinter ihm, als ob der Berg zusammenprassele, und die Höhle bebte, und der alte Fuchs sah sich erschrocken um, und war ihm doch das Umsehen bei Leibe verboten. Da erbebte die Höhle in ihren Grundfesten, Larven umgrinzten den Schatzfinder, es wurde ihm angst und bange, er warf das bereits eingeraffte Geld aus seiner Tasche, und in der Eile warf er den Schlüssel auch mit heraus, - da hatten die Geister ihr Eigenthum wieder und Fuchs entkam, arm wie zuvor, und den Schreck in allen Gliedern. Die Höhle aber schloß sich für immerdar, und keines Sterblichen Auge hat weder sie, noch ihre Pforte, jemals wieder gesehen.

133.
Von Freischützen und Zigeunern.

Wald- und wildreiche Gegenden hegen häufig die Jägersage: dieß ist auch bei der um Liebenstein, Steinbach und Altenstein der Fall, und eigenthümlich genug weisen und deuten diese Sagen selten über die Zeit des dreißigjährigen Krieges. Dessen Tracht ist die vorherrschende bei spukhaften Jägergestalten, in der auch der gewaltige Seelenjäger, der Teufel selbst erscheint. Zigeuner gelten häufig als Teufelsbändner, die Hexen sind es anerkanntermaßen ohnehin, und die nichtsnutze dreißigjährige Kriegslandplage Deutschlands, die Croaten, die den Teufel völlig im Leibe hatten, treten nicht selten ebenfalls in diesen ziemlich bestimmt umgrenzten Sagenkreis ein.

Nach Steinbach kam einmal ein Fremder, der wurde dort krank, erhielt aber gute Pflege, und ehe er den Ort verließ, sprach er zu dem Manne, bei dem er gelegen, er möge mit ihm kommen, er wolle ihm zum Danke zu einem feisten Hirsche verhelfen. Der Mann folgte, nahm aber auch seine beiden Söhne mit, denn er mochte sich etwa nicht recht trauen, mit dem Fremden allein zu gehen. Die Männer und Bursche gingen nun hinauf ins Birkicht, und der Fremde bedeutete sie, sie möchten jetzt ganz stille sein, und auch still stehen bleiben, sobald er seine Mütze fallen lasse. Bald darauf that er letzteres, stand, legte an, zielte, schoß. Keiner sah ein Bild - jener aber, als sie fragten, weshalb und nach was er geschossen habe, antwortete: Der Hirsch liegt. Dann führte er die Gefährten weit und tief in das Dickigt, und da lag ein frischgeschossener Hirsch, und war aufs Blatt getroffen. Der Mann war ein Freischütze. Der alte Schmieds Sömme war auch einer. Einmal saß er auf Wild spannend im Atterod, da fuhr der Teufel durch die Luft, und der alte Sömme schoß nach ihm, und traf ihn so, daß er ein Faß Branntwein, den der Teufel vor kurzem erst in dieser Gegend erfunden hatte, herunter fallen lassen mußte. Dem Sömme that nur leid, daß das Fäßchen vom Sturz entzwei ging.

In Gumpelstadt, 1 Stunde von Altenstein, lebte ein Wildschütz, Namens Kaiser, der war in der ganzen Gegend gefürchtet. Er nahm seine heimlichen Jagdgänge meist in die Ruhlaer und Wilhelmsthaler Forste, und war den Förstern und deren Gehülfen äußerst verhaßt und zuwider. Sie lauerten ihm häufig auf, konnten ihm aber nie etwas anhaben, weil er sie durch Freischützenkünste verblendete. Oft waren sie dagegen in seiner Hand, im Bereich seiner Kugel, doch war nicht Menschenmord des Wildschützen Sache. Nur bisweilen ein kleiner Denkzettel, ein Schreckschuß, damit jene wußten, der Kaiser ist noch wohlauf. Da war ein Jägerbursche in der Ruhl, Namens Witsch, auf den hatte es der Kaiser absonderlich abgesehen, der nie anders als mit Freikugeln schoß. Bald nahm eine solche, niemals fehlende Kugel dem Witsch die Mütze vom Kopf, bald fuhr sie ihm durch den Rock, einmal, als er es recht eilig hatte, und nach einer Stelle lief, wo er den Kaiser vermuthete, streifte ihm eine Kugel die Ferse. Da wandte der Witsch auch Freikugeln an, und zeichnete sie. Ehe er sichs versah, fand er eine solche Kugel, die er nach dem Kaiser abgeschossen, in seiner Schnupftabaksdose wieder, denn der Kaiser fing jede nach ihm geschossene Kugel mit dem Hute auf, und zauberte diese dann an jeden andern beliebigen Ort. Da aber der Witsch dem Kaiser dadurch mehr und mehr aufsässig wurde, so machte letzterer jenen einmal im Walde fest, bindet ihn prügelt ihn durch, und läßt ihn gebunden im Walde liegen, wo er durch Hunger, Durst und Ungeziefer die grimmigste Pein erdulden mußte, bis endlich Weiber ihn fanden, die ins Streuzeug gegangen waren. Nun wurde mit allem Ernst von der Jägerei in der Ruhl auf den Kaiser gefahndet, und am hohen Kiesel, einem Bergkopfe zwischen der Ruhl und Waldfisch wurde der Wildschütz endlich gefangen und nach der Ruhl gebracht. Man setzte ihn fest, und am folgenden Morgen saß er wieder ruhig daheim in Gumpelstedt beim Warmbier, als man ihn zum Verhöre in das Amt abführen wollte, und statt seiner - einen Strohwisch fand.

Zigeuner kamen sonst oft in diese Gegend, die weiten Waldstrecken boten dem Wanderfalke lustige Gehege. Auch sie übten Freischützen- und sonstige Zauberkünste, wahrsagten, bettelten und stahlen nebenbei. So lange die gute Jahreszeit es irgend litt, übernachteten sie in keinem Hause, einmal aber war das Herbstwetter gar zu schlimm, da kam eine Bande nach Steinbach, und hat flehentlich um ein Obdach. Da war ein altes gutmüthiges Bäuerlein, das Reeschen (Andreschen) geheißen, der nahm sie auf, und gönnte ihnen, die Nacht in seiner Scheune, in der die ganze Aernte lag, zuzubringen. Wie erschrak aber das gute Reeschen, als die Leute schreiend durcheinander liefen, und ihm ansagten: die „Ziehüner" hätten mitten in der Scheune ein Feuer angemacht, das bis hinauf zum Bärn lohe. Und dem war wirklich so, aber wie nun das Reeschen die Zigeuner wüthend schalt, so bedeuteten ihn diese, er möge ganz außer Sorgen sein, die Zigeuner haben Macht über das Feuer, das dürfe kein Getraidestroh oder Heu anbrennen. Zum Beweise dessen nahmen sie ein Paar Schütten Stroh auf eine Heugabel, hielten sie mitten in das lodernde Feuer, besprachen dieß in ihrer kauderwälschen Sprache, und siehe da, es brannte kein Halm an. Weiter sagten die Zigeuner: So lange wir in einem Dorfe sind, kommt in demselben nie ein Brand aus, auch wollten sie dem Reeschen sein Haus und seine Scheuer zum Danke für seine Aufnahme also besprechen und bewahren, daß beide nie in Feuer aufgehen könnten, und wenn auch rings um sie das ganze Dorf abbrenne.

Croaten spuken in der Ruhl, wie in der Nähe von Altenstein. Ueber den „Croatengräbern" bei Waldfisch am Walde erwachen alle sieben Jahre die in einer Schlacht zwischen Schweden und Croaten gefallenen Krieger unter Schlachtgetöse, in der Mitternachtstunde des Schlachttages, und kämpfen erbittert miteinander, bis die Glocke Eins schlägt. Auch bei der „Siegwiese" und am „Haderkopf" fiel eine Schlacht vor, davon so viel Blut der Schweden und Kaiserlichen den Boden bedeckte, daß er noch immer roth davon ist, und „die Röthe" heißt. Alle 7 Jahre erscheint dort ein Reiter-Officier, der nachsieht, ob eine von ihm vergrabene Kriegskasse noch in der Erde steht? Womit er nachsieht, weiß man so eigentlich nicht, denn er hat keine Kopf.

134.
Hexen-Steinbach.

Zu Steinbach bei Liebenstein hat es vor Zeiten gar arg viele Hexenleute gegeben, daher dieser Sachsen-Meiningische Ort zum Unterschiede von dem hessischen Steinbach unter Hallenberg - Hexensteinbach genannt wurde. Doch gab es nicht allein zu Steinbach Hexen, sondern auch zu Schweina und Gumpelstadt, in der Ruhl, zu Winterstein und in Brotterode, um den Inselberg her, auch zu Herges, das nach Schmalkalden zu liegt. In der Nähe von Steinberg ist ein Berg gelegen, welcher der Lobberg heißt, weil auf selbigem Berge „zum Lobe Gottes" die Hexen verbrannt wurden. Droben ist ein Fleck, auf dem nie ein Gras wächst, das ist der Hexenplatz, dann ist noch ein Platz in der Nähe, auf dem haben die Steinbacher Hexen ihre Tänze gehalten, und sich dem Teufel gelobt. Die Schweinaer Hexen hielten ihre Tänze im sogenannten Hofgarten, der deshalb auch noch bis heute der Teufelsgarten heißt. Die großen Hexenfahrten aber geschahen zu den drei heiligen Zeiten auf den Inselsberg, oder auf Hochflächen in dessen Nähe, so namentlich zum Ketzersrasen, auf dem die weit sichtbare Tanzbuche steht, die ihren Namen nur den Hexentänzen dankt.

Auf den allerschlechtesten Wegen, wo selbst ein Wagen von Eisen Gefahr laufen würde, zu zerbrechen, und auf den gefährlichsten Bergabhängen läßt die Sage die Hexen in gläsernen Kutschen fahren. In der Ruhl erblickt man bisweilen eine gläserne Kutsche, in dieser sitzen Hexen, die der Teufel spatzieren fährt. Kommt man der Kutsche nahe, so verschwindet sie plötzlich. Bei Steinbach fahren sie durch den Hohlweg des Schäferbergs, der weniger als ein Weg ist, und am Steiger. Die gläserne Hexenkutsche ist mit 6 Ziegenböcken, des Teufels Lieblingsvieh, bespannt, oder mit sechs Rappen ohne Kopf, der auch dem Kutscher fehlt. Manche sagen, daß in der einen Steinbacher Kutsche eine verwünschene Prinzessin fahre.

135.
Sagen vom alten Schlosse Liebenstein.

Das alte, längst als Ruine die romantische Gegend des Badeortes Liebenstein zierende Bergschloß, welches sich auf ziemlich hohem, vom „Hain" umgrünten Berggipfel über ersteren erhebt, ist von mancher Sage geschmückt. Den Namen aber, wie lieblich er klinge, und wie viel auch schon in seiner Nähe und in seinem Schattenhaine geliebt worden sein mag, trägt es nicht von der Liebe, sondern von der Loibe, Wald, wenn nicht vom Vornamen Lewin, der früh in der Familie derer von Stein begegnet. Schon bei der Erbauung dieses Schlosses wurde nach der alten heidnischen Opfersitte ein Kind, das von seiner Mutter verkauft wurde, lebendig in die Mauer eingeschlossen; das rief, ohne sein Verderben zu ahnen, Anfangs: „Mutter! ich sehe Dich noch!" dann schrie es kläglich: „Mutter! ich sehe Dich nicht mehr!" Und bald darauf erfaßte Reue die unnatürliche Mutter, und sie stürzte sich von dem Felsen; nun umwandelt sie als unseliger Geist das alte Gemäuer, und lauscht dem Gewimmer ihres Kindes, und will es mit den Nägeln aus der Mauer graben. Manche sagen, man höre das Kind nur alle sieben Jahre wimmern, und die Maurer, die es eingemauert, seien in Eulen verwandelt worden, die noch erbärmlicher schrien als das Kind, und die so lange um die Trümmer fliegen müßten, als noch ein Stein derselben auf dem andern stehe. - Außer dieser Spukfrau wandelte sonst auch noch eine andere weiße Frau in den Trümmern umher, die ist aber erlöst worden durch ein Mädchen aus Schweina, welchem die gespenstige Wandlerin erschienen war, und ihr die Bedingungen gesagt hatte, an deren Erfüllung sich jener Erlösung knüpfte. Die Jungfrau mußte in den Kirchen zu Liebenstein, Barchfeld und Witzelrode opfern, und zwischen Ostern und Pfingsten für die Armen Brot backen, dann am goldenen Sonntage hinauf zur Burg gehen, was sie auch alles that, nur wurde sie durch Besuch etwas verspätet, und mußte eilen, doch nahm sie die besuchende Freundin mit. Oben an den hohlen Fenstersimsen stand schon ihrer harrend die schleierweiße Dame, und winkte sehr hastig und ängstlich, sich zu sputen. Die Mädchen eilen rasch empor, und hören, als sie in das Burgpförtchen eintreten, eine himmlische Musik; mitten in dem engen Raume des Mauerumfanges aber steht eine Truhe voll Kleinodien und Münzen offen da, die weiße Frau erscheint mit einem ganz verklärtem Gesichte, deutet nach dem offen da stehenden Schatze, und giebt zu verstehen, etwas auf denselben zu werfen; die Jungfrau, welcher derselbe bescheert war, war aber so befangen und furchtsam - und da begann drunten in Liebenstein die Uhr zwölfe zu schlagen, und mit dem ersten Schlage rief die weiße Frau mit einem zärtlichen und dankbaren Blick: Heil Dir! Heil mir! Ich bin erlöst! - Indem verschwand sie, verschwand auch der Schatz und verstummte die Musik. So hatte für ihr Erlösungswerk die Jungfrau für den Augenblick keinen Lohn, aber es ist ihr hernach immer wohl ergangen, sie hat Segen gehabt, und ist eine glückliche Braut und Frau geworden.

Manche wollen sogar Nachts zwei weiße Jungfrauen, mit Schlüsselbunden am Gürtel, vom alten Schlosse herab nach dem kleinen Teiche an der Straße, die von Schweina nach Liebenstein führt, erblickt haben, in welchem Teiche die Jungfrauen sich dann gebadet. In früher Zeit, als das neue Schloß im Dorfe Liebenstein selbst noch von einer Adelsfamilie bewohnt war, zeigte sich in demselben eine schleierweiße Ahnfrau jedesmal, wenn in dieser Familie ein Todesfall eintreten sollte. - In der Grotte am Erdfall, in welche Felsengänge tief unter der Erde ihre krystallenen Wohnungen haben, und durch meilenweite Gänge mit verrufenen Berghöhlen und Nixenflüssen in Verbindung stehen.

Zu einer Zeit hörten ein Paar Liebensteiner Männer, daß ein Schatz droben in der Ruine stehe, den ein Geist bewache. Da legten sie Geld zusammen, und holten drüben von Dermbach vor der Rhön einen Jesuiter, der sollte den Geist zitiren und bannen, ihn auch fragen, womit der Schatz versetzt sei. Dieß geschah und der beschworene Geist sagte, der Schatz könne mittelst eines ganz schwarzen Hahnes, an dem aber bei Leibe kein einziges weißes Federchen sein dürfe, gehoben werden. Nun war ein Mann dabei, den nannten seine Freunde Nakkelkappe, einer von den sehr klugen, wie es deren giebt, der sagte, solchen Hahn wolle er bald beischaffen. Schaffte auch einen kohlschwarzen Hahn bei, der nur ein einziges kleines weißes Federchen im Schwanze hatte, und dieses raufte ihm der sehr kluge Nakkelkappe heraus, so hatte der Hahn kein weißes Federchen mehr. War ein echter Schlaukopf, der Nakkelkappe. Um die Mitternachtstunde trafen nun die Schatzgräber abermals droben im alten Schlosse Liebenstein ein, gruben ein Loch, hielten darüber den Hahn, und stachen ihn mit einem Messer in die Brust, und ließen das Blut in das Loch träufeln. Da that es einen Krach, als breche der ganze alte Liebenstein zusammen, und eine Geisterstimme schriee: Jetzt will ich dem den Hals umdrehen, der dem Hahn die weiße Feder ausgerauft hat! - Und alsbald kam ein Gespenst mit Hörnern, das stieß die Schatzgräber alle über den Haufen, den Nakkelkappe aber zuerst, und verfolgte sie bis eine ganze Strecke den Berg hinunter. Alle kamen mehr tod als lebendig heim. Der sehr kluge Nakkelkappe starb vom gehabten Schreck nach drei Tagen. Von diesen Männern ging nie wieder einer hinauf in das alte Schloß.

136.
Die Teufelsmahten.

Vom alten Schlosse Liebenstein geht auch noch diese Sage, die mythischen Kreisen wieder zuleitet: Ein Herr von Stein, der droben in dem Steinnest wohnte, war etwas rauh und wild geartet, und schloß, da er sich vor dem Teufel nicht fürchtete, einen Pakt mit dem Teufel, daß er ihm dienen mußte so und so lange, und sann auf nichts, als den Teufel zu schinden und zu plagen, daß selbiger schier aus der Haut fahren mochte. So gab der Ritter von Stein einmal dem Teufel auf, auf dem großen Acker-Felde, das sich ostwärts der Burg weit ausbreitet, in einem Tage alles Getreide zu mähen, das hundert Schnitter in drei Tagen nicht vollbracht hätten. Nun stand es so um den Pakt, daß, wenn der Teufel nicht that, was der Ritter wollte, sofern es Erdenarbeit war, der Pakt null und nichtig wurde, daher that der Teufel ein Uebriges, ließ sich von seinem guten Freunde Tod die Sense borgen und fing an auf Teufelsmanier zu mähen, nämlich bald rechts, bald links, mächtige Mahten, und schlug alles nieder, worauf er aber des Ritters Dienst so satt bekam, daß er ihm aufsagte, denn er war von solcher Arbeit so schachmatt geworden, daß er sich kaum noch regen konnte. Damals soll er, wie ein schönes Märlein erzählt, sich in die Einsamkeit zurückgezogen und den Branntwein, das gebrannte Teufelswasser, zu seiner eigenen Stärkung erfunden haben.

137.
Die Geister des Flußberges

Hinter und über Liebenstein und Steinbach erhebt sich ein oben bewaldeter Bergkopf, der mit Felszacken gekrönt ist, die sich ausnehmen wie eine Trümmerburg, mit Mauern und Thürmen. Die Felsenmauer ist 1000 Schritt lang und 20 bis 40

Fuß hoch. Alle diese Felsen bestehen aus grünlich schimmernden Flußspath, daher der Name des Berges Flußberg. Er ist von mythischen Sagen umschwebt, und abermals einer der Heerdstätten der wilden Heeressage. Nie war es droben geheuer, nie ging gern ein Mensch allein zu dem einsamen Felsenpalast, der Geisterwohnung, zumal wann der Abend dämmerte, oder gar bei Nacht. Solche einsame Wanderer wurden stets geneckt, bald am Ohr gezupft, oder an der Jacke, oder mit Maulschellen bewirthet, die von unsichtbaren Händen kamen. Manch einer hörte sich beim Namen rufen und erblickte nie einen Rufer, oder hörte vor sich her eine wimmernde und barmende Stimme, wie von einem weinenden Kinde, und ging er nach, so war es immer eine Strecke vor ihm, und ehe er sichs versah, war er gänzlich irre geführt, oder stürzte in eine der zahlreichen Schluchten und Klüfte, zuletzt selbst in die größte, das verrufene Flußloch hinein, denn diese gähnende Kluft steht 40 Fuß weit offen zu Tage und führt in unergründliche Höhlengänge tief in den Bergesschooß hinunter. Drunten treiben Wichtlein ihr Wesen, welche in dieser Gegend „Bergmännchen" heißen, und auch sonst in der Nähe von Steinbach und Atterode, beim Eisermannstein sich gezeigt haben, als das Bergwerk noch blühte, und die Einwohner von Steinbach noch Bergknappen und nicht Messermacher, wie jetzt, waren. Das ewige pochen und klopfen der Hämmer und das schrillen und schwirren der geschliffenen Klingen hat die Bergmännchen vertrieben. Einst ging ein Bergknappe aus Steinbach auf die „Windleite". Als er noch eine Strecke davon war, sah er eine Menge kleine Bergmännchen an der Winde stehen, und eifrig aufwinden, andere schienen ämsig bemüht, Gestein zu zerkleinern. Wie aber der Knappe täppisch näher kam, stürzten sich alle die Bergmännchen kopfüber hinab in den Schacht, die Winde versank vor seinen Augen und der ganze Schacht brach zusammen. Darüber erschrak der Knappe so heftig, daß er alsbald hinüber über den großen Hirschpaltz in die Ruhl ging und sich bei einem Messerschmied in die Lehre gab, und als er ausgelernt hatte, das Messerschmiede-Handwerk in seine Heimath brachte, und dort als erster Meister sich aufthat.

Im Flußberge hat das „wüthige Heer" einen seiner Sitze und Rastorte. Das zieht aus dem Hörseelenberge nach seiner Felsenburg und Höhle auf den großen Wartberg, von da zum Felstrümmerschloß auf den Gerberstein, von da über den großen Hirschplatz, wo es ohnehin nicht geheuer, wo man Feuermänner des Nachts lodern und mit einander streiten sieht, auf und in den Flußberg, und läßt sich darin nieder. Wehe Dem, dem es auf seinem brausenden Zuge begegnet, denn es dreht ihm den Hals um. Nur das eine giebt Schutz, wenn man es heranbrausen hört, sich platt und der Länge lang auf den Boden und aufs Gesicht zu legen, und ein Vaterunser zu beten, denn das Heer muß mit seinen Larven stetig in der Luft bleiben, darf Gottes Erde nicht berühren, und nur in Berghöhlen darf sichs einthun, um die Verdammten zu quälen, die in ihnen Pein leiden.

Die Sage eignet dem Flußberg vorzugweise drei Männer der nächsten Umgegend zu, welche ob sträflicher Unthaten des Betruges, und des Grenzsteinverrückens, nachdem sie auf Erden schrecklich gespukt, und endlich von Jesuiten gebannt, und als böse Putze und Pöpel in das Flußloch getragen wurden. Da drunten sitzen sie und spielen mit eisernen glühenden Karten, rumoren gräulich, werfen einander ihre Sünden und Laster vor, und prügeln einander. Oft haben Leute, die durch den Flußberg mußten, ihr lärmendes Geschrei und Geheul gehört, und den Spektakel, den sie machten, ärger als das wüthige Heer.

Hier hat wieder die Hörseelbergsage einen Wiederhall gefunden, nur ist er schwach, ist spätere Verjüngung. Nicht Fegefeuerpein für verdammte Seelen insgesammt, sondern nur für drei - gleich den drei Alten im Zopten - und den Geistern im Innern der Burg Waldstein, die der Feilenhauer von Butzenreut, ein Erzpöpelsträger, hinunter trug und drinnen fest bannte.*) (Siehe D. S. B. Sagen 648 u. 701.) Kein treuer Eckart und keine Frau Hulda wird genannt, und dennoch ist die Oertlichkeit wichtig. Fast überall, wo wüthiges Heer, wilde Jagd, Wild-G'fahr (tirolisch), in sagenhafter Erscheinung begegnet, sind auch Wichtlein in Bergen und Wäldern heimisch - so auch hier, und wenn bis jetzt hier unmittelbar noch keine Beziehung beider zu einander kundbar wurde, so schließt das nicht die Möglichkeit aus, daß sie dennoch vorhanden sei, aber nur geheim und stillfortlebig, nicht in jedem Munde.

138.
Hausgeister in Brotterode.

In der Gegend des Fleckens Brotterode, am östlichen Fuße des Inselberges, lebt ebenfalls die Wichtleinsage, nur daß diese Erdzwerge dort minder als Berggeister, denn als hülfreiche Hüthchen und Hausgeister auftreten. Auf einer großen Waldwiese zwischen Brotterode und der Ruhl, welche „der Mönch" heißt, stand einst eine Schleifmühle, deren Besitzer ein Hausgeist fleißig diente. Sonach müssen diese Hütchen sich leichter als andere an das Geräusch der Klingen und Schleifsteine gewöhnt haben, als die Berggeister um Steinbach. Das Hütchen in dieser Schleifmühle schliff selbst unermüdlich, und der Schleifer brauchte seine Klingen nur in das Werk zu thun und sich dann nicht weiter darum zu bekümmern, er fand sie dann am andern Morgen nicht nur geschliffen, sondern auch polirt wieder. Zu Zeiten ließ sich das Hüthchen auch erblicken - es trug sich wunderlich genug, erschien als ein kleines Männlein, so groß etwa wie ein einjähriges Kind, hatte ein Hüthchen auf, das einer umgestülpten Glockenblume oder einer Fingerhutblüthe glich, und gab zu Zeiten einen ganz eigenthümlichen Ton von sich. Da wandelte eines Tages dem Schleifmüller in seltsamer Laune die Lust an, diesen Ton seines kleinen Hülfsgeistes spöttlich nachzuahmen, als das Hüthchen sich zuerst vor ihm sehen und diesen Ton vernehmen ließ. Da verstummte der Geist und verschwand. Am andern Morgen lagen die Klingen ungeschliffen im Werke, am folgenden stand das Wasserrad - der Müller verfiel in große Armuth, bis er zuletzt gar verdarb und selbst von seinem Hause nicht die kleinste Spur mehr übrig ist.

In einer andern Schleifmühle, welche 2 Brüder inne hatten, waren auch 2 Hüthchen thätig, und die Brüder kamen zu gutem Ansehen und Vermögen.

Auch sie erblickten bisweilen die Hausgeisterlein, und zwar in äußerst dürftiger Kleidung, und da geschah es, daß sie miteinander eins wurden, auf gemeinschaftliche

Kosten den Wichtlein neue und schöne Kleider machen zu lassen. Solches thaten die Brüder, ließen nach ohngeführem Maaßstabe rothe Jäckchen, blaue Höschen und braune Mützchen machen, und legten diese Kleidungsstücke neben die zu schleifenden Klingen. Wie die Hüthchen diese Stücke erblickten, wurden sie sichtbar und sprachen mit traurigen Abschiedsblicken:

> Da liegt nun unser Lohn -
> Jetzt müssen wir auf und davon! -

rafften die Kleider auf und kamen niemals wieder. Auch diese Mühle ging ein, und wo sie stand, blieb blos am Boden der leere Schall des Namens: „Die Schleifmühle" haften.

139.
Erscheinende Jungfrauen.

Auch in und um Brotterode ist die so weit verbreitete Jungfrauensage heimisch. Ueber dem Orte soll das Schloß eines Grafen Bruno oder Brunwart gestanden haben, daher der Ort früher Brunwartsrode nach diesem ersten Herrn und Gebieter genannt worden sei. Alle sieben Jahre zeigte sich diese Jungfrau, von einem Hündlein begleitet, und sprach leise vor sich hin:

> Ein Knäblein, ein Knäblein
> Von sieben Jahren,
> Mit weißen Haaren,
> Kann von dem bösen
> Bann mich erlösen.

Manche sagen, die Gräfin, die in der Burg gelebt, sei eine stolze und herrische Schönheit gewesen, die nichts lieber gehabt, als ihr schönes langes Haar, daher sie sich auch eigens eine Dienerin darauf gehalten, ihr das Haar zu strählen. Es konnte dabei nicht fehlen, daß die Herrin, die sehr ungeduldiger Natur war, mit solchen Dienerinnen oft wechselte, da es ihr keine zu Dank machte, die sehr schwer war, das schöne lange Haar in Ordnung zu halten, und beim strählen so zu verfahren, daß es die Besitzerin nicht zu Zeiten was weniges rupfte. Da kam auch einmal eine solche Strählersche, wie die Brotteroder statt Strählerin sagen, zu dieser stolzen und strengen Gräfin, das war ein Wünschelfräulein, dem die Gabe gegeben war, daß alles geschah, was es wünschte. Ueber dieselbe gerieth bald genug die Gräfin, wie über alle, die vor jener dieselbe Stelle bei ihr bekleidet hatten, in grimmigen Zorn, und wünschte der Strählerin dieß und das schlimme und ungute, und gab ihr so lange heftige Worte, bis in der Strählerin endlich auch der Zorn aufwallte, und sie die Worte ausstieß: Ei so wünsch' ich, daß Ihr sammt mir und dem ganzen Schloß gleich zwanzig Klafter tief unterm Erdboden säßet. Krach! da erzitterte der Bau und begann alsbald zu sinken, und die Erde schloß sich über ihm und allen seinen Insassen. Nun aber hatte das Wünschelfräulein seinen letzten Wunsch noch zu thun, aber, statt sich die ewige Seligkeit zu wünschen, wünschte es nur von Zeit zu Zeit herauf an's Tageslicht zu kommen, um zu sehen, wie es da oben auf der Erde beschaffen sei, und sich dabei auch ein wenig sehen zu lassen. Viele sagen, die Gräfin dürfe dann auch mit herauf, und sich dann ihr Haar in der Sonne strählen lassen, müsse aber mäuschenstille dabei sein und dürfe nimmermehr wieder zanken. Das sei ihre Strafe, weil sie beim Erdenleben zu viel gezankt.

In einem Keller zu Brotterode, und zwar in dem des alten Gemeindewirthshauses, hat sich ein Geist in Gestalt einer Flitterbraut gezeigt, und in der Küche eine Brautzüchterin (anderorts Kränzlerin, Brautjungfer). Die Letztere griff immer ängstlich und hastig nach einer kleinen Lücke in der Wand, bis ein Mann gewahrte, daß aus der Oeffnung einige Fädchen heraushingen. Er faßte sie, zog daran, und es folgte ein altermorsches Beutelchen von Leinwand, das nur ein paar alte schimmelige Silbergröschlein enthielt. Damit war die Züchterin erlöst. Die andere, die Flitterbraut, fand später ebenfalls ihre Erlösung. Sie war Hütherin eines Schatzes, der dadurch glücklich gehoben wurde, daß sie der Tochter des Hauses erschien, und daß diese sie anredete, weil sie glaubte, es sei eine Freundin, die an diesem Tage just Hochzeit hatte, und deren Hochzeit im Wirthshause ausgerichtet wurde. Der Schatz wurde gehoben, der Wirth wurde zum reichen Manne, aber die Tochter begann zu kränkeln, und starb bald darauf, nachdem sie die Erscheinung der Flitterbraut erblickt und mit derselben gesprochen hatte - denn es ist nicht gut, mit Geistern zu sprechen, und man sagt, daß von denen, die der Hebung eines Schatzes beiwohnen, stets einer oder zwei bald sterben müssen.

Von Geistern und Schätzen gehen in Brotterode viele Sagen, die einander meist sehr ähneln. Auch Hirtensagen sind in diesen waldigen Gebirgshöhen und Thälern heimisch von vielerlei Spuk. Nahe beim Orte liegt ein Berg, heißt der „Ave Maria," darauf hat ein Kapellchen gestanden, in dem zum Ave geläutet wurde. Ein wunderlicher Felsen in der Nähe heißt „die Kirche," und ein anderer Fels daneben die Kanzel. Auf dieser läßt sich ein gespenstiger Schulmeister sehen, mit einem Gesichte wie Spinneweben und Spucke. Selbiger hält Volksreden trotz einem Schulmeister im Jahre des Heils 1848, daß den Leuten hören und sehen vergeht und alles davon läuft.

Auf dem Wege von Broterode nach Tabarz kommt man an einer Felsreihe vorbei, die heißt „die ungeheure Mauer," nicht von ungeheurer Größe, sondern von der gespenstigen Ungeheuerlichkeit, denn vielen ist es begegnet, die dort vorbeigingen, daß sie wispern und sprechen hörten, und zwar wurde zu ihnen gesprochen, und doch sahen sie niemand und verstanden nicht, was gesprochen wurde, fast wie im Wisperthale und am Wisperbache ohnweit Lorch am Rhein.

140.
„Karle quintes Funn."

In eigenthümlicher Weise heftet die Sage sich gern an Helden- und große Kaisernamen; bannt deren Träger in Bergestiefen, und läßt sich mit ihren Wappner-Schaaren herausziehen aus dem sich öffnenden Schooß der Berge. Man denke an Widukind in der Babilonie, an Karl den Großen im Gudensberge, an Friedrich den Rothbart im Kiffhäuser und im Untersberge, an die Kaiser unter der Burg zu Nürnberg und im fränkischen Guckenberge, an den Siegfried unter Burg Geroldseck ec., und so wird auch Kaiser Karl der Fünfte in diesen mythischen Sagenkreis herein gezogen, ja es widerfährt noch ungleich später glorreich aufgetreten Helden ein Gleiches.

Wunderbar und ohne allen historischen Halt läßt denn auch die örtliche Sage die Gemahlin Karl V. auf einer Reise nach Brotterode gelangen, und dort, da Wehen sie überfallen, eine Niederkunft halten. Die Gemeinde zeigt sich stolz auf das ihr so unverhoffte Glück, wartet der hohen Wöchnerin und der Amme auf mit dem besten Bier, und hält die Kaiserin in höchsten Ehren. Das erfreut denn auch des Kaisers Herz und er begabt den Ort mit trefflichen Freiheiten, schenkt ihm einen großen Wald, auch das Blutgericht, und ein Fahnenlehnen, welches besagt, daß so lange die Brotteroder Kirmse währt, jeder Nachbar, will sagen Hausbesitzer, Bier schänken und auch selbst trinken darf, so viel er kann und mag; darf auch in „der Braut" fischen, so heißt der Bergbach, der den Ort durchrollt, und tiefer unten die Lauter oder den Lauterbach aufnimmt, da denn beide vereinte Bäche „die Druse" heißen, durchs Drusenthal und das Dorf Drusen rinnen, und endlich in die Werra fallen. Vom Drusenthale haben die übergelahrten Schriftler und Diftler viel gefabelt, daß weiland der Römerfeldherr Drusus hindurchgezogen, und seinen Namen dem Thale, das nie einen alten Männer sah, zurückgelassen habe. Die Druse hieß am Anfang des zehnten Jahrhunderts Drusanda, und an Drusus dachte keine vernünftige Seele.

Die von Kaiser Karl V. den Brotterodern zum Fahnenlehen verliehene Fahne verehrten sie wie ein Heiligthum, und erneuern sie noch heute, wenn ihr Tuch in Abgang kommt, denn alljährlich hängt sie acht Tage lang, so lange die Kirmse dauert, aus einem Schallloch des Kirchthurmes. Man nennt sie in der örtlichen Sprache nur „die Funn von Karle quintes." Ich habe sie mit eigenen Augen gesehen; es ist auf das schwarze Tuch mit gelbem Garn ein Bergwappen: Keil und Schlageisen ins Andreaskreuz gelegt, darüber eine Krone, eingenäht.

141.
Vom Inselberge und Rennsteige.

Im schönsten Theile Thüringens erhebt der Inselberg sein mächtiges Haupt. Lange Zeit hielt man ihn für den höchsten der Berge des Thüringer Waldes, ja überhaupt für den höchsten Berg in ganz Thüringen, und mühte sich mit allem

Fleiße seinem Namen eine falsche Ableitung zu geben. Da sollte er „Heunselberg" heißen, von den Heunen, und Emsenberg, weil ihm ein Flüßchen entspringt, das die „Emse" genannt wird. Einzelberg klang auch nicht übel, da sein Gipfel vereinzelt über die Nachbarberggipfel emporragt, sonst liegt der Berg gar nicht vereinzelt. Oft aber hebt sich dieser Gipfel, einer Insel gleich, über dem ihn umwogenden Nebelmeere, das hat ihm den Namen verschafft. Das Volk spricht insgemein Inselsberg, wie es schmerzensreich, demuthsvoll ec. spricht. Ueber den Inselberg nicht nur, sondern auch über den ganzen Kamm des Thüringer Waldes hin, zieht sich der Rennsteig, Rennstieg, Rennweg, Rinneweg, Reinweg, über dessen Namen früher, wichtiger Sitte, jeder Landgraf, sobald er zur Regierung gekommen war, mit seinen Vasallen diesen Rennsteig reiten, denn derselbe galt als Landesgrenze und Völkerscheide zwischen Thüringen und dem Frankenlande, daher findet man auch noch in Büchern die Benennung „Reiterstraße". Man überblickt vom Inselberg, schönste Aussicht genießen, einen großen Theil des Thüringer Landes mit zahlreichen Hochwarten der Sage wie der Geschichte: Wartburg und Hermannstein, Harz und Hainig, Sachsenburg und Kiffhäuser, Tenneberg, Hörseelenberg und die drei Gleichen, Schaumberg und Altenberge mit dem thüringischen Candelaber, Dolmar und Geba; Beerberg und Schneekopf, den Krainberg und den fernen Meißner - diese alle umziehen in weitem und mannichfaltig mit Städten, Dörfern, Schlössern und Bergen geschmückten Rundbilde den Hochgipfel.

Um den Inselberg ist die Venetianersage vorwaltend; mehrere Bergklüfte und Höhen werden genannt, in denen Walen gehaust haben sollen, und den Reichthum des Gebirges fortgegangen, Sagen, die sich in gleicher Weise in den engen Thalrinnen um dem Schneekopf wiederholen, wie auf allen deutschen Gebirgen, und die auch in Tirol nicht minder häufig sind. Meist heftet die Sage diesen Venetianern etwas Dämonisches an, schreibt ihnen übernatürliche Kenntniß und Künste zu. Von einigen Orten am Fuße des Inselberges berichtet die Sage, daß sie Bergleuten, die vom Harzgebirge herüber gekommen, ihre Gründung verdanken, insonderheit Kawarz und Tabarz, die am Ausgange des Laugegrundes liegen, der einst Goldkörner geführt haben soll.

142.
Die weiße Frau auf Tenneberg.

Ueber dem Städtchen Waltershausen erhebt sich das stattliche Haus Tenneberg, ein altes Schloß der Thüringer Landgrafen, noch baulich wohlerhalten und bewohnt. Einst war es Eigenthum und Vatergeschenk des Bastards Landgraf Albert des Entarteten, Apitz, der es aber bald wieder räumen mußte. Die Sage weiß vieles zu berichten von eine weißen Frau, die sich zur Nachtzeit erblicken läßt, hervorwandelt aus einem Thurme, in dem ihr Grab sein soll, und dessen Fenster bisweilen lichthell blinken sollen. Man sagt, diese weiße Frau sei der ruhelose Geist einer geheimnißvollen Fremden, die vor dreihundert Jahren an den Hof

Johann Friedrich des Mittleren, Herzogs zu Sachsen kam, und aussagte, sie sei Anna von Cleve, geschiedene Gemahlin König Heinrich VIII. von England, die man zwar für tod ausgab, aber sie sei nicht gestorben, sondern der englischen Drangsal entflohen. Nun soll man aber auf die Vermuthung gekommen sein, jene Fremde sei nicht Anna von Cleve, Englands gewesene Königin, und habe sie auf Tenneberg eingekerkert, sehr übel behandelt, ja gefoltert, bis sie wahnsinnig wurde und sich selbst Teufelsumganges zieh. Sie sah in einem gemauerten Gewölbe des erwähnten Thurmes, und trug ein langes weißes Kleid, und in diesem Thurme soll sie denn auch gestorben sein, und nun umgehen mit vorwurfsvollem Blicke, starrem Schmerz in ihrem erdfahlen Antlitz, eine trauervolle und unheilkündende Erscheinung; auch habe sie dem Hause des Landesherrn ihren Fluch gegeben, der am Herzog Johann Friedrich dem Mittlern sich genugsam durch das traurigste Geschick erfüllte, und fortwirkend haften blieb an jedem „Johann Friedrich" durch frühen Tod oder Tod im Irrsinn, so daß ein Hausgesetz errichtet ward, diesen Namen nie wieder einem Prinzen beizulegen.

143.
Fische auf Bäumen.

Dicht unterm Schlosse Tenneberg ist die freundliche Waldstadt Waltershausen erbaut, deren Namen man theils einfach und doch simpel vom Walde, theils gesucht von Balderich, dem Sohne des Königes Bisinfried von Thüringen ableitete. Heinrich der Finkler erhob den Ort zur Stadt, und umzog ihn mit Mauern. Er gewann vier Vorstädte, blieb aber doch klein. Die Stadt führt in ihrem Siegel einen schwimmenden Karpfen zwischen drei Bäumen, und soll es mit dieses Wappens Entstehung eine besondere Bewandniß haben. Vor dem Waldthore am Strömelberge sprang eine schöne Quelle, welcher der sonst ziemlich wasserarmen Stadt das Trinkwasser zuführte. Da geschah es eines Tages, daß in Folge einer Erderschütterung die Quelle so heftig ausbrach, daß sie als ein wilder Bergstrom sich in das Thal ergoß, der durch das Waldthor in die Stadt herein braußte, sie und die ganze Gegend furchtbar überschwemmte, und bis in die oberen Stockwerke der Häuser drang. Da war guter Rath sehr theuer, zudem das Wasser, obschon die heftige Strömung bald nachließ, fort und fort allzustark hervorquoll. Man fand allerlei Fische, Aale, Karpfen, Hechte und Forellen auf Bäumen, und das wurde Anlaß, zum Angedenken an diese Fluth das Stadtwappen so zu bestimmen, wie es nach der Hand an vielen Urkunden ersichtlich ist. Der Stadtrath berief aber auch zugleich einen nekromantischen Mönch aus Reinhardsbrunn, daß er die Quelle besprechend stopfte, und dieser erheischte als Sühne für den zürnenden Wassergeist den berühmten Sammetärmel, mit dem sich in kleinen thüringischen Städtlein, wie man auch von Plaue bei Arnstadt, Blankenburg, Wasungen u. A. meldet, ehedem der Bürgermeister Sonntags aus dem Fenster legte, um die Leute glauben zu machen, er besitze einen völligen Talar von Sammet. Sothanen Aermel stopfte der Reinhardsbrunner Mönch unter gemurmelten Zaubersprüchen in die Quelle, und alsbald hörte sie auf zu fließen, und zwar so, daß auch kein Tropfen mehr ausfloß. Da war guter Rath abermals theuer, denn es gab nun kein Trinkwasser mehr zu Waltershausen, und das gute Bier, das man daselbst schon seit hundert Jahren braut, verstand man noch nicht zu brauen, ist auch schwer, Bier zu brauen ohne Wasser. Da wurde die Stadtgemeinde Waltershausen mit der Dorfgemeinde Wahlwinkel einig um einen Bach, den die erstere der letzteren um ein Stück Tannenwald abtauschte, und mit großen Kosten in die Stadt leiten ließ. Jene Quellstätte heißt heute noch „Der Sammetärmel".

144.
Die Gründung vom Kloster Reinhardsbrunn.

Etwas Wunderbares geschahe zu den Zeiten, als Graf Ludwig II. von Thüringen, der Sohn Ludwigs mit dem Barte und der Erbauer der Wartburg regierte. Dieser Graf hatte sein väterliches Erbtheil wesentlich vermehrt, den Pfalzgrafen Friedrich zu Sachsen ermordet, dessen Wittwe geheirathet, war von der Veste Giebichenstein bei Halle entsprungen, und wohnte mit seiner Hausfrau auf der Veste Schauenburg, wo beiden die Reue ankam über das, was im Einverständniß schlimmes gegen den Pfalzgrafen gethan. Darauf wollte Graf Ludwig gen Rom, und empfing vom Papste Stephan Vergebung der Sünden unter der Bedingniß, daß er ein Kloster stifte, und in demselben selbst als Mönch seine Sünden abbüße. Zu derselben Zeit wohnte in dem Waldthale, das sich ohnweit Waltershausen und Tenneberg nach Friedrichrode erstreckt, ein Töpfer, des Namens Reinhard, in der Nähe eines starkfließenden Brunnens. Dieser erblickte plötzlich Nacht um Nacht zwei brennende Lichter, die hellen Glanz verbreiteten, so wie er aber auf dieselben zuging, verschwanden sie, und sobald er sich entfernte, leuchteten sie wieder. Von dieser Erscheinung empfing Graf Ludwig Kunde, ritt selbst an den Ort, und sah die wunderbaren Flämmchen. Und da er die ganze Zeit her sich zersonnen, wohin er das gelobte Kloster erbauen solle? nahm er sie für ein göttliches Zeichen, daß hier und nirgend anderswohin der himmlische Vater das neue Kloster haben wolle. Er ordnete den Bau und gab dem neuen Hause von dem Töpfer und dem Borne den Namen Reinhardsbrunn. Als das Kloster fertig und geweiht, auch mit Mönchen des Benedictinerordens versehen war, begab sich der Stifter und Gründer selbst in dasselbe, starb darin und ward darin begraben.

145.
Landgrafenbedrängniß zu Reinhardsbrunn.

Wie ich Graf Ludwig von Thüringen, zubenamt „der Springer oder Salier", in dem von ihm gegründeten Kloster hatte begraben lassen, so that auch die Mehrzahl seiner Nachkommen ein Gleiches. Als Ludwig der erste Landgraf, des genannten Sohn, auf Wartburg gestorben war, wurde er gen Reinhardsbrunn geführt und dort beigesetzt, und da Landgraf Ludwig der eiserne auf seiner Neuenburg an der Unstrut im Sterben lag, legte er seinen um ihn versammelten Vasallen noch zur Buße ihrer Aufruhrgelüste auf, ihn im Sarge von Freiburg bis nach

Reinhardsbrunn auf ihren Schultern zu tragen, ein schweres Stück Arbeit, auch wenn ihrer viele waren, und oft gewechselt werden mochte, denn die Weglänge betrug mehr denn 10 Meilen, aber sie gelobten es ihn an die Hand bei Treu und Glauben, weil sie gelernt hatten, ihn, seit er vom Schmiede in der Ruhl hart geschmiedet war, mehr als den Teufel selbst zu fürchten; ja sie hatten zu befahren, er möchte etwann sich tod stellen, sein Begräbniß anordnen, und wehe ihnen dann, wenn er noch lebendig war, und sie ihn trugen. So hielten sie denn ihr Gelübde, und trugen ihn, wie unerträglich ihnen auch solch tragen fiel und vorkam. Ludwig der Milde starb in Accon, und seine Gebeine kamen nach Reinhardsbrunn in das landgräfliche Erbbegräbniß. Gleichermaßen die seines Sohnes Ludwig des Heiligen, der ganz besonders Reinhardsbrunn schätzte und schützte, der die von einem Herrn von Salza auf dem Altenberge zum Schaden des Klosters aufgeschlagene Bergfriede brach, und jenem Urfehde abdrang; der um ein den semperdurstigen Mönchen geraubtes Stückfaß Wein bis tief nach Franken hinein eine Heerfahrt that, und den Räuber zur Wiedergabe zwang. Sein Gebein wurde aus Otranto nach der Gruft in der Reinhardsbrunner Klosterkirche geführt.

Der letzte Landgraf, dessen irdische Ueberreste im Kloster Reinhardsbrunn ihre Ruhestätte fanden, war Friedrich der Einfache, mit ihm erlosch zugleich das Thüringer Landgrafenthum.

146.
Der fromme Bäcker.

Im Kloster zu Reinhardsbrunn lebte, als es noch im hohen Flor war, ein frommer Bäcker, des Namens Wolfhart, der ganz das Gegentheil seines Namens war, weder ein hachiger Wolf, wie so viele seines Zeichens, noch hart gegen die Armen. Da fiel eine Zeit schwerer Theuerung und Hungersnoth ein, und die Bettler drängten sich in ungewöhnlichen Schaaren, Almosen des Klosters zu heischen. Nun hatte der Abt des Klosters seit lange dem Bäcker, dessen Redlichkeit, Frommsinn und Menschenliebe ihm bekannt war, die Austheilung der für die Armen bestimmten Brodspende übertragen; da er nun sah, daß der Bäcker weit mehr Brod austheilte, als sonst, und keinen Armen ohne Spende aus der Klosterpforte gehen ließ, so fürchtete der Abt, es möge bei dem eingetretenen Kornmangel zuletzt dem Convente selbst an Nahrung gebrechen, und sprach darüber mit dem Bäcker, der aber erwiederte getrost: Wir haben des Korns vollauf, und dürfen nicht sorgen. Gleichwol gebot der Abt dem Bäcker die äußerste Sparsamkeit, und verordnete, nur an bestimmten Tagen die Armen zu speisen - aber gleich am andern Tage, welcher keiner der bestimmten Tage war, sah der Abt den Backmeister mit bauschenden Geren (Rockschoß) voll Brod über den Hof kommen und nach der Pforte zu schreiten, wo die Armen harrten. Rasch trat der Abt ihn an, wie Landgraf Ludwig vordessen die heilige Elisabeth am Wartburggange, mit der Frage: Was trägst Du? - Spähne! Herr Abt Gnaden! antwortete der Bäcker. Da riß der Abt ihm den Rockschoß auf, und da fielen eitel Hobelspähne heraus. Der besorgte Abt aber begab sich nun in eigener Person auf den Fruchtboden, und erschrak nicht wenig, als er denselben fast leer fand, und so wenig Vorrath, daß damit der Convent unmöglich ausreichen konnte, und wenn auch gar kein Brod an die Armen gegeben wurde. Sehr erzürnt ließ der Abt den Bäcker nun zu sich entbieten und schalt ihn übel, und sagte ihm, der Fruchtboden sei ja fast leer, und wohin er denke? Woher er Brodfrucht nehmen wolle? - Der fromme Bäcker hörte des Abtes Strafpredigt ganz geduldig an und sprach dann: Herr Abt Gnaden, ich kann's nicht glauben! - So sollst Du es schauen, folge mir! - gebot der Abt, und der Bruder Kornrentner mußte abermals mit hinauf und den Fruchtboden öffnen. Und da stand Korns die Fülle, Sack an Sack, genug auf Jahr und Tag und schier fürs halbe Land. Da trauerte der Abt kaum seinen Augen, erhob seine Hände betend und lobpreisend, und sprach zu dem Backmeister: Bruder, Du solltest des Klosters Abt sein, denn Dein Glaube ist mächtiger, wie der meine. Walte im Segen Deines Doppelamtes! -

147.
Der steinerne Kopf.

Das Waldstädtchen Friedrichrode nahe bei Reinhardsbrunn und dicht unter der Schauenburg, berühmt durch sein herrliches Wasser, durch seine Leinwandbleichereien und seine Sommerfrischen, ist ziemlich alt. Zwei Brüder, Friedrich und Ernst, welche den Boden dieser waldigen Gegend zuerst gerodet, sollen die ersten Urheber von Friedrichrode und Ernstrode gewesen sein. Der erste Ort hatte früher vielleicht mehr als jetzt von der Spottsucht seiner Nachbarn zu leiden. Letztere dichteten auf Friedrichrode ein arges garstiges Spottlied - das hin und her auch auf Brotterode, Orlamünde und andere kleine Berg- und Landstädtlein gesungen wird. Wer es hören will, mag in Friedrichrode danach fragen, und frage daselbst insonderheit nach dem letzten Vers, der wird ihn traum erbauen.
Am Stadtthore zu Friedrichrode ist oder war ein steinerner Mannskopf eingemauert, mit weit aufgesperrtem Munde. Davon erzählen die neckelustigen Spötter: Einst kam ein fremdländischer Wanderer weit her gereist, sah Friedrichrode vor sich liegen und begegnete einem Friedrichroder Manne; den fragte er alsbald: Guter Freund! Was ist das für ein Dorf? Wie heißt dieses Dorf? - Darauf antwortete der Friedrichroder beleidigt: Guter Freund! Das ist kein Dorf, und das heißt kein Dorf! Das ist die Stadt Friedrichrode! - Wie der Eingeborne selbes sagte, blieb dem Fremdling vor Verwunderung und Staunen der Mund weit offen stehen, und konnte ihn nimmer wieder zu bringen. Darauf wurde vom hochweisen Rathe zu Friedrichrode beschlossen, zum warnenden Wahrzeichen einen solchen Kopf, der das Maul vor Staunen aufsperre, am Stadtthore anbringen zu lassen, damit sich jeder ein Beispiel daran nehme.

148.
Vom Sankt Johanniskirchlein.

Von Friedrichrode wandelt man zum Theil auf den herrlichgrünen Bleichwiesen und durch waldige Gehege oder auch über Bergpfade nach Georgenthal, einem stattlichen Amtsdorfe, in welchem vormals ein berühmtes Kloster stand, von dessen

Kirche Mauergrund und Säulenreste in neuerer Zeit ausgegraben wurden. Wandelt man über die Berghöhen, so wird das Dorf Altenberga berührt, und mit ihm ein geheiligter Boden, denn gleich über Altenberga erhebt sich ein frei stehender und weit sichtbarer Bergkopf, und auf diesem hat, der alten Sage nach, Bonifatius-Winfried nächst jener Kapelle bei Schloß Altenstein, die erste Christenkirche in Thüringen begründet, und dieselbe in die Ehre Sankt Johannes des Täufers geweiht. Es war aber auch diese Höhe schon vor Bonifacius Ankunft ein geheiligter Ort, und wenn die auf genaueren Forstkarten am Abhange dieses Berges verzeichneten Namen „Oelberg" und „Heiligenholz" auf christliches Alterthum hinzeigen, so erinnert der Name des Waldes, der den Bergscheitel unmittelbar bedeckt: „Hain" an die vorzeitliche Bedeutsamkeit dieser Stätte. Oft faßte das kleine Kirchlein nicht die Menge der Hörer, wenn der Gottesmann predigte, und die Menge der Hörer, wenn der Gottesmann predigte, und die Menge der auf dem Berge versammelten Raben, Dohlen und Krähen störte durch ihr Geschrei die Predigt. Da der fromme Bischof diese Störung zum Heile der neuen Gläubigen nicht dulden wollte, so wünschte er unter Gebet die Vögel weg, und siehe da, augenblicklich zerstreuten sich deren Schaaren nach allen Winden, und kamen niemals wieder. Die ersten Christen der Gegend fanden auch ihre Ruhestätte droben bei dem Kirchlein, das später, als es baufällig wurde, Graf Ludwig mit dem Barte wieder herstellen, und darin seinen erstgeborenen Sohn taufen ließ. Allmählich wurde aber das St. Johanniskirchlein zu eng, und der Kirchhof zu klein, um die zuströmende Menge der Lebenden und Toden zu fassen. Da beschlossen die den Berg zunächst umwohnenden Dorfgemeinden, das Kirchlein abzubrechen, und am Fuße des steilen und beschwerlich zu erklimmenden Bergkegels bei das Dorf Altenberga, das an dessen Fuße, aber doch noch beträchtlich hoch liegt, wieder erweitert aufzubauen. Aber Sankt Johannis Kirchlein wollte nicht im Thale oder am Bergesfuße stehen, sondern auf der Höhe bleiben, auf der es stand, und so geschah es, daß sich an jedem frischen Morgen des Tages zuvor herab geschaffte Baumaterial wieder droben befand. Da mußte man das alte Kirchlein wieder leidlich herstellen, und wenn man in Altenberga eine Kirche haben wollte, eine neue daselbst aufrichten, und dann das Sankt Johanneskirchlein noch lange gestanden, bis es von selbst verfiel. In neuer Zeit wurde an seiner Stelle der große thüringische Candelaber zur Erinnerung an die Bedeutung dieser hehren Stätte von Sandstein errichtet, ein Riesenleuchter, aus dessen Becken drei Flammen, die drei christlichen Hauptconfessionen, schlagen, und ist auch von Priestern der drei Kirchen in christlich brüderlicher Liebe eingeweiht worden.

149.
Asolverod.

Ein Graf von Kevernburg, des Namens Sizzo, erbaute hinter dem Sankt Johanniskirchlein auf der Berghöhe noch eine Kirche, und weihte sie dem heiligen Georg; noch heißt der Platz, wo diese Kirche stand: „Sinn Jörgen." Dann faßte der Graf mit seiner frommen Gemahlin Gisela und beider Söhnen Heinrich und Günther den Entschluß, ihre fromme Stiftung zu erweitern, fanden aber auf dem alten Berge keinen Raum, wol aber im nahen Thale, daselbst ein Mann, mit Namen Asolv, bereits die Waldung gerodet hatte, dessen Land erkürten jene, erbauten darauf die Kirche und das Kloster und nannten es Asolverod, und da man früher den Ort, wo die erste dem heiligen Georg geweihte Kirche stand, Georgenberg genannt, so nannte man die Klosterstätte nun Georgenthal. Zum Grafen Sizzo kam ein Verwandter, Graf Eberhard vom Berg und von der Mark, der auf einer langen Pilgerfahrt durch die Lande reiste, frommen Sinnes und geistlich geworden war, der wurde der erste Abt des neuen Klosters, doch starb er nicht in Georgenthal, sondern pilgerte weiter, und gründete später mit seinem Bruder Adolph das Kloster Altenberge in der Rheingegend, und gaben diesem Mönche aus dem Kloster Morimont. Den Namen Altenberge hatte Graf Eberhard aus Thüringen mitgebracht. Das mannliche Geschlecht der Grafen von Kevernburg starb gegen das Ende des 14. Jahrhunderts mit Graf Günther aus, der auf dem Berge Sinai verschied. Seine Gebeine wurden nach Thüringen auf das Schloß Kevernburg, die Stammburg des alten Geschlechtes, gebracht, und von da über Arnstadt und Ohrdruf geführt, um bei den Cisterziensern zu Georgenthal in der Ahnengruft beigesetzt zu werden.

150.
Der heilige Bonifacius in Ohrdruf.

Da Winfried-Bonifacius auf seinen Bekehrungszügen mehr denn einmal in Thüringen verweilte, so kam er nach Gründung der Bergkapellen auf dem Altenstein und auf dem Altenberge von letzterem aus in das nahe Thal der Ohre, von wo er nicht weit hatte zur Hofburg der Landesherren, der Grafen von Kevernburg, die er zum Christenthum bekehrte, und die ihm in ihrem Waldgebiete Land schenkten. Die Legende dieses Heiligen erzählt mehr als ein Wunder, das er in diesen Gegenden gethan; wie ihm und seinem Diener Speise gebrochen, und letzterer darob kleinmüthig geworden sei, aber alsbald ein Fischaar einen großen Fisch gebracht und auf den Tisch nieder fallen lassen, auch wie am Ohra-Ufer den Gottesmann himmlischer Glanz umleuchtet, und in diesem Glanze der Erzengel Michael ihm erschienen sei und ihn ermuthigt habe zum großen und schweren Werke der Heidenbekehrung. Bald darauf erbaute Bonifacius zu Ohrdruf eine Kirche und ein Kloster und weihte beide dem Erzengel Michael.

Der Name der Stadt Ohrdruf ist verschiedentlich abgeleitet worden, und mehr als eine dieser Ableitungen verräth wenig Geist. Es habe an Wasser gefehlt, und ein Mönch aus dem Michaeliskloster sei deshalb ins Waldgebirge gegangen, und habe sein Ohr auf einen Platz im Walde gelegt, worauf er das Wasser habe in der Tiefe rauschen hören, und es ergraben; so sei die Ohre entsprungen und habe ihren Namen erhalten. Ohre und Dorf bildeten einfach den Namen der heutigen Stadt Ohrdruf.

Ende des ersten Bandes.

Inhaltsverzeichnis - Band 2

151. Die Jungfrau des Heidentempels 9
152. Der Falkenstein 10
153. Wasser in Bergen 11
154. Haderholz und Falkenberg 11
155. Walenkunden 12
156. Das versunkene Dorf im Ebertsgrunde 13
157. Burg Hallenberg über Steinbach 14
158. Die Ritter im großen Hermannsberge 15
159. Musikanten spielen auf dem Hermannsberge 16
160. Die Ruppbergs-Jungfrauen 16
161. Fahrsamengewinnung 17
162. Die alte Braut 18
163. Der verschüttete Bergmann 19
164. Das Pfäffchen 19
165. Schätze und Zauber in Heinrichs 20
166. Heidengrab und Ottilienstein 21
167. Der rothe Stein 22
168. Die Goldlauter 23
169. Teufelsbad und Teufelskreise 23
170. Der Jägerstein 24
171. Die Kirche zu Schmiedefeld 25
172. Das Gottesfeld 26
173. Die Wasserminnen 27
174. Gespenstige Jäger und Bockreiter 27
175. Der Wässermann 28
176. Reichmannsdorf 29
177. Schloß Wespenstein 30
178. Schätze in der Bärenwand 30
179. Die sechs Bergzwerge 31
180. Suinenburc 32
181. Der Hexenstein 32
182. Die Zwerge bei Naila 33
183. Der lange Mann 32
184. Das seltsame Stadtrecht von Schöneck 32
185. Schloß Voigtsberg 33
186. Frau Bertha von Reuß 33
187. Der Reußen Mannlichkeit 36
188. Götter und Geister 37
189. Der Ochse mit der Laterne 40
190. Der Lintwurm 41
191. Der wilde Jäger haßt Kröstau. 42
192. Ursprung der Stadt und des Namens Plauen 42
193. Die steinerne Nonne 43
194. Der Schäfer 43
195. Thauma und Losa ist auf 43
196. Der Lintwurm bei Syrau 44
197. Der Stelzenbaum 44
198. Der Stelzenbaum, zweite Sage 45

199. Die schöne Nixe   46
200. Die lederne Brücke   46
201. Der tiefe Brunnen   47
202. Silberglocken   47
203. Das Beil des Zimmergesellen   48
204. Jagdlohn   48
205. Holzweibel um Greiz   48
206. Der Venetianer   49
207. Holzleute in der Schlee   50
208. Der Mönch   50
209. Der Trappengeist   51
210. Der Schatz im Steinbühel   51
211. Volksrache   52
212. Die wohlfeile Burg   52
213. Der Schafstein   52
214. Gespenstiger Spuk in Burggraben   53
215. Geist im Lele   53
216. Schloß Trifels und der Kreuzstein   54
217. Geister im Schlosse Berga   54
218. Kobold in Waltersdorf   54
219. Der wilde Jäger im Rußthale   55
220. Des wilden Jägers Netz   55
221. Der Sach voll Wildpret   56
222. Der Nixenstein   56
223. Klosterstätte Querfurth   57
224. Tanzende Katzen   58
225. Mönchstein und Kroatengraben   58
226. Der ausgerissene Grenzstein   59
227. Die Zwerge   59
228. Die Nixen im Abgewehr   60
229. Holzweibel-Kuchen   60
230. Die Sägespäne   61
231. Der merkwürdige Traum   61
232. Die Schlachtwiese   61
233. Geist in der Wiedenkirche   62
234. Holke   62
235. Der gefundene Schatz   63
236. Der Mönch zu Mildenfurt   63
237. Der böse Vogel in Gera   64
238. Frohntanz in Langenberg bei Gera   64
239. Zwerglöcher bei Gera   65
240. Die verwünschte Prinzessin   66
241. Ulrichswalde   67
242. Zwerge schieben Kegel   68
243. Unterirdische Gänge in den Bergen   68
244. Der Todenstein-Riese bei Neunhofen   68
245. Der Finger Gottes in Arnshaugk   69
246. Das Wappen von Triptis   69
247. Tripstrill   70
248. Der Todtenkerfer   70

249. Heckberg und Hirte bei Thräna 71
250. Das Pestläuten in Hain 71
251. Die helfenden Holzweibel 72
252. Die Holzweibel in der Hart 72
253. Das Moosweibelviertel 72
254. Der unvorsichtige Kucksmüller 73
255. Gespenstige Thiere 74
256. Donner-Wirthshaus 74
257. Die Seele geht in ihr Stammhaus zurück 75
258. Kirche zu Triebes sucht ihre eigene Stelle 76
259. Das Holzweibel im Ofenloche 76
260. Der feurige Hund im Weißendorfer Schlosse 77
261. Der Mittelpunkt der Welt 77
262. Die Duellanten 77
263. Das rächende Apostelbild 78
264. Der Klosterpropst 79
265. Der strenge Geist 79
266. Der immer wiederkehrende Sechser 79
267. Das Licht für sich 80
268. Nixenwäsche 80
269. Das ausgehöhlte Brod 81
270. Kümmelbrod 81
271. Der Todenfels bei Zoppoten 82
272. Das Männel aus dem Ranzen 83
273. Das Futtermännel zu Thiemendorf 83
274. Das Witzenthal und der Feuermann 84
275. Brod mit harten Thalern 84
276. Des wilden Jägers Hündlein 85
277. Die Frau des wilden Jägers 85
278. Die Wassernixen in der Zaucke 86
279. Der Pestmann zu Schleiz 86
280. Das freundliche Licht 87
281. Der Teufelskanzelstuhl 87
282. Holzweibel und Quergel 88
283. Die Kobolde zu Eßbach 88
284. Das Teufelswehr 89
285. Die erlöste Großmutter 90
286. Die Beschwörung der Toden 90
287. Hilde und die Wasserjungfern 91
288. Die feurige Schlange an der Todenquelle 91
289. Der Schaafknecht und das Waldweibchen 91
290. Das gehetzte Waldweibchen 92
291. Die Braupfanne auf dem Probst 92
292. Die strafende Nixe im Teiche bei Oppurg 93
293. Gottesdienst in der wüsten Kirche 93
294. Frau Perchten-Pflug 93
295. Der Spinnerinnen Trug 94
296. Die Wassernixe im Gräfenteiche 95
297. Die beleidigte Wassernixe 95
298. Gevatterin Kröte 95

157

299. Berndietrich 96
300. Das versunkene Schloß im Chamsenberge 96
301. Entrücktes Vieh 97
302. Der Schlangenkreis 98
303. Das vergessene Kind 98
304. Der Bauer und sein Glück 99
305. Der arme Musikant 99
306. Der Stadt Pösneck Ursprung und Name 100
307. Das Holzweibel auf der Karrendeichsel 101
308. Die fleißige Spinnerin 101
309. Der Thränenkrug 102
310. Der gefährliche Werber 102
311. Frau Perchthen-Bier 103
312. Die Häckelweiber 103
313. Teufelsspuk am Buffertsteiche 104
314. Der Mönch auf Burg Ranis 104
315. Die Alten auf Burg Ranis 105
316. Der Gesang im Engelsberge 106
317. Das Teufelsthor bei Seisla 106
318. Das Nixenkind 106
319. Der Tanzteich bei Wilhelmsdorf 107
320. Perchtha, die Heimchenkönigin 107
321. Die goldene Wiege 108
322. Das vertriebene Holzweibel 109
323. Holzweibel beklagt sein Männchen 110
324. Der verschmähte Kuchen 110
325. Das verwünschte Bergwerk 111
326. Der Otterkönig 111
327. Nixenliebschaft 112
328. Der Wechselbalg zu Goßwitz 112
329. Die sieben Alten 113
330. Glück bringende Mäuse 113
331. Der verkeilte Wagen 113
332. Die Vögel auf dem Ipssattel 114
333. Die Hohewart und Frau Welle 115
334. Von der Stadt Saalfeld 115
335. Die silberne Orgel 116
336. Der Klosterschatz 116
337. Die Kornmutter 117
338. Langenschade 117
339. Die weißen Tauben zu Wissen 118
340. Die Hange-Eiche 118
341. Die Schwarza goldreich 119
342. Der Schatz im Schwarzathale 119
343. Der weiße Reiter 119
344. Die Teufelstreppe 120
345. Riesenspielzeug 120
346. Die Riesenkegelbahn 121
347. Riesengasthof 121
348. Die goldene Ruthe 122

349. Nixen in der Schwarza 122
350. Nixe beim Tanze 123
351. Vom alten Schlosse Schwarzburg 123
352. Der heilige Berg 124
353. Der Name von Königsee 124
354. Vom unweisen Rathe zu Königsee 125
355. Das Querlichloch bei Garsitz 125
356. Soldaten aus Häckerling 126
357. Die kecke Magd 126
358. Von Paulinzelle 127
359. Der Lintwurm 127
360. Die Kirchensäulen 128
361. Der betrogene Teufel 128
362. Der glückliche Einfältige 128
363. Die Kirschkerne 129
364. Die sieben Prinzessinnen 129
365. Die grüne Frau 129
366. Die weiße Frau 130
367. Heilsberg 130
368. Bonifacius-Kirche zu Heilsberg 131
369. Ein Wunder des heiligen Bonifacius 132
370. Die Todenschauerin 132
371. Die weiße Prinzessin 133
372. Die hohe Warte 133
373. Das Ritterfräulein zu Heilingen 134
374. Die Silberschaumquelle 134
375. Das goldene Kegelspiel 135
376. Der Hirsch mit dem goldenen Geweihe 135
377. Der Riesenfinger 136
378. Die wandelnde Laterne 137
379. Der Name von Aue 137
380. Der Goldtopf 138
381. Tauschwitz 138
382. Der Merseburger Rabe 139
383. Die Frau von der Weißenburg 139
384. Der Sprung vom Giebichenstein 140
385. Die Saalnixen 141
386. Der Kaiser Friedrich 141
387. Der Hofhalt im Kiphäuser 143
388. Bergentrückungen in den Kiphäuser 143
389. Das alte Brautpaar 145
390. Der Schmied von Jüterbogk 146
391. Bergschätze im Kiphäuser 146
392. Das Rathsfeld und die Rothenburg 147
393. Der braune Bühel 148
394. Heiligenstadt 148
395. Die drei Rebhühner 149
396. Der Wunderbaum in Vargula 149
397. Von der Sachsenburg 150
398. Bonifacius-Pfennige 151

399. Vom Kloster Oldisleben   151
400. Vom Kloster Memleben   152
401. Die lebende Mauer   153
402. Weimars Name   154
403. Die Ilmnixe   155
404. Wunderzeichen in Weimar   155
405. Schloß Burfart   156
406. Das Zwerg-Weiblein aus dem Frau Hollenloche   157
407. Der Hain beim Oberschlosse   158
408. Die Judenstadt   158
409. Die Frau im Stubenbrunnen   159
410. Das Wahrzeichen   160
411. Das Scherflein der Wittwe und das Mönchsbild   160
412. Vom Singerberge   161
413. Ilmenau   162
414. Burg Hermannstein   162
415. Das Ritterschwert   163
416. Elgersburger Nixe   163
417. Die Zwerge der Kammerlöcher   164
418. Der Hirsch in den Kammerlöchern   166
419. Die verstopfte Salzquelle   166
420. Das Götzenthal   167
421. Die Hölersmännchen   167
422. Frau Holle im Walperholze   168
423. Feuer verfluchen   169
424. Von den drei Gleichen   169
425. Die Gleichensche Doppelehe   170
426. Verrufene Stellen   172
427. Der milde Herr Augustin   172
428. Merwigsburg   173
429. Der Kindertanz   174
430. Das stille Kind   175
431. Das Sibyllenthürmchen   175
432. Der eherne Wolfram   176
433. Doctor Faust in Erfurt   176